ética

COLEÇÃO CONCEITOS-CHAVE EM FILOSOFIA

Goldstein, Brennan, Deutsch & Lau – Lógica: Conceitos-Chave em Filosofia
Matthews, E. – Mente: Conceitos-Chave em Filosofia
Medina, J. – Linguagem: Conceitos-Chave em Filosofia
Norris, C. – Epistemologia: Conceitos-Chave em Filosofia

F989e Furrow, Dwight
     Ética : conceitos-chave em filosofia / Dwight Furrow ;
tradução Fernando José R. da Rocha. – Porto Alegre :
Artmed, 2007.
     184 p. ; 23 cm.

     ISBN 978-85-363-0911-8

     1. Ética: Filosofia. I. Título.

CDU 17

Catalogação na publicação: Juliana Lagôas Coelho – CRB 10/1798

ética

CONCEITOS-CHAVE EM FILOSOFIA

DWIGHT FURROW

Associate Professor of Philosophy at San Diego Mesa College, USA

Tradução:
Fernando José R. da Rocha

Consultoria, supervisão e revisão técnica desta edição:
Maria Carolina dos Santos Rocha
Professora e Doutora em Filosofia Contemporânea pela ESA/Paris e UFRGS/Brasil.
Mestre em Sociologia pela Escola de Altos Estudos em Ciências Sociais (EHESS)/Paris.

Reimpressão

2007

Obra originalmente publicada sob o título *Ethics: Key Concepts in Philosophy Series*
ISBN 0-8264-7245-1

©Dwight Furrow, 2005

This Translation is published by arrangement with The Continuum International Publishing Group.
All rights reserved

Capa
Paola Manica

Preparação do original
Maria Lucia de Souza Lima Maregalli

Leitura final
Lara F. Kengeriski

Supervisão editorial
Mônica Ballejo Canto

Projeto gráfico
Editoração eletrônica

artmed®
EDITOGRÁFICA

Reservados todos os direitos de publicação, em língua portuguesa, à
ARTMED® EDITORA S.A.
Av. Jerônimo de Ornelas, 670 - Santana
90040-340 Porto Alegre RS
Fone (51) 3027-7000 Fax (51) 3027-7070

É proibida a duplicação ou reprodução deste volume, no todo ou em parte, sob quaisquer formas ou por quaisquer meios (eletrônico, mecânico, gravação, fotocópia, distribuição na Web e outros), sem permissão expressa da Editora.

SÃO PAULO
Av. Angélica, 1091 - Higienópolis
01227-100 São Paulo SP
Fone (11) 3665-1100 Fax (11) 3667-1333

SAC 0800 703-3444

IMPRESSO NO BRASIL
PRINTED IN BRAZIL
Impresso sob demanda na Meta Brasil a pedido de Grupo A Educação.

A Jordan
Quem muito me ensinou sobre caráter

Sumário

INTRODUÇÃO 9
    1. A AÇÃO MORAL 17
    2. RAZÕES MORAIS OBJETIVAS 43
    3. RAZÕES MORAIS EM CONTEXTO 71
    4. OBRIGAÇÃO 93
    5. FELICIDADE 117
    6. QUALIDADES DO CARÁTER MORAL 141
    7. A RESPONSABILIDADE MORAL 165
EPÍLOGO 181
ÍNDICE 183

Introdução

A Filosofia Moral é o estudo sistemático da natureza da moralidade. Quando estudamos a natureza de alguma coisa, espera-se aprender fatos novos dos quais não tínhamos conhecimento antes de iniciar tal estudo. Estudamos Biologia, porque desejamos descobrir fatos novos a respeito de organismos naturais; estudamos Economia, porque desejamos compreender os processos que explicam o funcionamento do mercado. No entanto, moralidade é algo que a maioria de nós já conhece mesmo antes de entrar na sala de aula de uma universidade. Todas as sociedades têm códigos morais e a maioria das pessoas, ao atingir a fase adulta, conhece as regras ou práticas que compõem o código moral. A maioria de nós sabe que não deve matar pessoas inocentes, roubar os pertences de outras pessoas, ou tornar-se mentiroso patológico, havendo aprendido a conduta apropriada com várias autoridades morais na sociedade. E a maioria das pessoas quando se torna adulta pode fazer um relato razoavelmente coerente do porquê a moralidade é importante – sem ela, nossas vidas em sociedade seriam, quando muito, caóticas e difíceis. Os pais, autoridades religiosas e os líderes comunitários são responsáveis pelo ensino da moralidade. Pode a discussão filosófica nos ensinar o que aqueles ainda não nos ensinaram? Com certeza, algumas pessoas, aparentemente, não veem o porquê da moralidade, ou a elas nunca foi ensinada moralidade, em primeiro lugar, mas eu duvido que tais pessoas escutarão os filósofos ou autores, se elas não estão dispostas a ouvir autoridades morais mais familiares.

Para dar sentido à razão pela qual é importante submeter a moralidade à investigação filosófica, devemos ver a moralidade não como uma coleção de regras, mas como um conjunto de diretivas que devemos aplicar às circunstâncias muito complexas de nossas vidas. Sabemos que, em geral, é errado mentir, mas também sabemos que há algumas circunstâncias nas quais se pode justificar a mentira. Além disso, as nossas várias considerações morais frequentemente entram em conflito – podemos ter feito promessas que não podemos cumprir, ou sermos forçados a mentir para não quebrarmos uma promessa. Para tomarmos boas decisões, não é suficiente o simples conhecimento das regras que deveríamos seguir. Devemos saber como adaptar tais regras às nossas circunstâncias e, para fazer isso eficientemente, devemos saber porque certas normas morais são justificadas. Isto é uma questão filosófica.

Quando olhamos tão somente abaixo da superfície da moralidade, – não somente para regras e normas, mas também como as devemos aplicar em circunstâncias específicas – há uma grande discordância a respeito de questões morais. A maioria das pessoas sabe que é errado matar uma pessoa inocente. Mas um feto é uma pessoa inocente? Esta é uma questão sobre a qual pessoas razoáveis discordam, de maneira que devemos encontrar um modo para se chegar a uma resposta apropriada. No mundo contemporâneo, dada a grande discordância a respeito de questões morais, devemos justificar nossas crenças e ações com relação aos outros dando razões inteligentes e coerentes para a nossa conduta. A filosofia tem a tarefa de esclarecer e justificar e pode nos auxiliar a nos tornarmos melhores na articulação de nossos pontos de vista morais. Pensamentos confusos sobre essas questões podem nos envolver em problemas; assim sendo, todos temos razões para pensar e refletir a respeito de questões morais.

A Filosofia oferece um tipo de reflexão, mas não o único. Podemos ganhar uma boa dose de *insight* por meio de apenas uma conduta de vida consciente, pensada e cuidadosa, sem jamais abrir um livro de filosofia. No entanto, esta necessidade de refletir e pensar depara-se com um obstáculo. Nós nem sempre sabemos muita coisa a respeito das ideias das quais nos servimos em nossas reflexões morais. Seguidamente, aprendemos a pensar e agir de acordo com padrões habituais, sem reconhecermos seus significados e sua importância. O fato de que aprendemos nossas crenças morais nos primórdios de nossas vidas é uma boa coisa, porque isto nos possibilita crescer como seres sociais. No entanto, isto tem um lado negativo, porquanto, frequentemente, tomamos como pressupostos os conceitos morais que aprendemos e não conseguimos ver como alguns fatores, em nosso mundo social, podem distorcer ou corromper nossa estrutura moral. Embora nossos conceitos éticos pareçam óbvios e familiares para nós, nossas limitações nos estimulam a utilizá-los inadequadamente. Uma combinação de fraqueza de vontade, auto-enaltecimento e simples ignorância esconde a deformação.

Quando a nossa estrutura moral é seriamente deformada, a miséria humana é, com muita frequência, o resultado. Os episódios de morte em massa e de miséria na história da humanidade – guerras religiosas, o comércio de escravos, o Holocausto, para nomear apenas uns poucos – não foram momentos nos quais as preocupações morais foram ignoradas. Cada um deles tinha as justificações morais que faziam com que parecessem óbvias e familiares aos seus perpetradores. A necessidade de contar, a nós próprios, uma história ética de quem somos está sempre presente. Mas, algumas vezes, podemos entender aquela história de um modo tragicamente errado.

Nosso mundo social é tanto uma ecologia quanto nosso meio ambiente natural. Quando aquela ecologia está desequilibrada, frequentemente não podemos ver os problemas sem uma perspectiva mais ampla que leve em conta os elementos mais básicos de nossa situação humana. Temos de olhar além de nossos sentimentos de todos os dias e padrões de raciocínio a fim de encontrar os pressupostos e significados escondidos, que estruturam nossas vidas cotidianas, sem que saibamos disso. Isto é o que a filosofia moral nos ajuda a realizar. Ela é uma forma de autocompreensão, na qual o que foi coberto pelos sedimentos de nossa época pode ser desenterrado e investigado. É um dos modos de que dispomos para saber quando estamos entendendo mal a nossa história ética.

Segue-se disto que uma das principais tarefas da filosofia moral é a do esclarecimento. Quando se reflete a respeito da ética de modo sistemático, uma variedade de conceitos surge naturalmente. Para que possamos começar a compreender nossa situação moral, devemos esclarecer melhor seu significado e função – daí o título deste livro e dos seus capítulos. Quaisquer que sejam os detalhes de nossa história moral, ela emergirá a partir de nossa compreensão das capacidades que tornam uma pessoa um agente moral, da natureza do raciocínio moral, do objetivo da felicidade, da natureza da obrigação, e dos elementos de caráter que fazem com que uma pessoa seja uma boa pessoa.

Como começamos a esclarecer nossos conceitos morais? Uma coisa que poderíamos fazer é proceder como faria um cientista, descrevendo o comportamento e as práticas humanas nos vários contextos nos quais surgem problemas morais, explicando aquele comportamento por meio da identificação de seus motivos, desenvolvendo teorias a respeito do que leva as pessoas a agirem assim. Poderíamos fazer tal análise de indivíduos, grupos, sociedades ou culturas, e comparar os resultados obtidos, a fim de identificar similaridades e diferenças. O propósito de tal investigação seria descrever e explicar a conduta moral, por isto a chamamos de investigação descritiva. Historiadores, psicólogos, sociólogos, antropólogos e outros cientistas sociais estão engajados neste tipo de investigação.

No entanto, independentemente de quão completa seja nossa descrição da conduta moral, não podemos, jamais, descobrir por intermédio de uma investigação descritiva quais as ações morais que devemos pôr em prática. Não se segue do fato de que nos engajamos em determinadas práticas morais que nós *devamos* nos engajar nelas. Se devemos ou não nos engajar nelas é uma questão de valor e não de descrição. A principal preocupação da filosofia é com questões de valores. Queremos saber se nossas práticas morais são justificadas ou não. A filosofia se engaja em uma investigação prescritiva, normativa ou avaliativa, na qual tentamos responder questões a respeito do que devemos fazer.

As relações entre uma investigação descritiva a respeito de ética e uma investigação prescritiva ou normativa são um assunto disputado entre filósofos. A maioria dos filósofos argumenta que "dever implica em poder". Isto quer dizer, o que devemos fazer deve estar relacionado com o que podemos fazer. Portanto, isto é importante para estabelecer uma ligação entre teorias sobre o que devemos fazer a uma concepção do que somos capazes de fazer. Na condição de filósofos, não podemos ir adiante sem uma compreensão de nossas capacidades morais.

Nossos conceitos e práticas morais, como os vemos correntemente, fornecem-nos um relato inicialmente plausível de nossas capacidades morais. A vida cotidiana dos seres humanos deve, aqui, desempenhar um importante papel. Afinal de contas, nossas conclusões filosóficas a respeito do que devemos fazer devem ser testadas. Em última instância, o teste deve ser se podemos viver de acordo com essas conclusões e prosperar. Uma vez que não temos modo algum de testar pontos de vista filosóficos experimentalmente, o melhor que podemos fazer é compará-los com nossas amplamente difundidas crenças de senso comum, para ver se nossa filosofia apresenta inconsistências ou inadequações quanto ao senso comum, ou se o senso comum apresenta inadequações de nossas teorias filosóficas. Caso verifiquemos inconsistências entre a filosofia e o senso comum, teremos de tomar uma decisão quanto a modificar nossa filosofia ou nossa crença de senso comum. Devemos relutar a desistir de crenças amplamente sustentadas caso desempenhem um papel prático em nossas vidas. Por outro lado, o senso comum contém muitos preconceitos irracionais, os quais a filosofia tem como tarefa expor, assim que devemos estar preparados para abrir mão daquelas crenças que a análise mostre parecer ser incoerente, disfuncional ou inconsistente com crenças mais bem embasadas. Na tentativa de explicar nossas práticas morais, a reflexão filosófica verifica onde nossas práticas falham, e sugere uma reforma. No entanto, ainda devemos tomar uma decisão quanto à validade da reforma de nossa visão de vida.

OBSTÁCULOS À FILOSOFIA MORAL

Há muitos obstáculos para fazer com que a filosofia moral decole. Um desses obstáculos é a crença de que a moralidade é inteiramente subjetiva e que qualquer abordagem do que é certo ou errado é uma questão de preferência pessoal. No entanto, uma reflexão momentânea mostra que é virtualmente impossível viver de acordo com tal visão da moralidade. Suponha que sua mãe seja estuprada. O julgamento de que algo profundamente importante foi violado não é uma crença opcional que alguém poderia ter ou não, dependendo de suas preferências atuais. Faz parte de amar alguém se preocupar com seu bem-estar. Deixar de ver tal ação como errada é deixar de ter as ações apropriadas que constituem o amor. Uma vez que nossa sobrevivência conta e que devemos depender dos outros para sobreviver, o bem-estar de outras pessoas, assim como o nosso próprio bem-estar, não pode ser uma questão indiferente. Que eu goste de chocolate é uma questão de opinião pessoal, mas somente o fato de eu gostar de chocolate não tem consequência moral alguma. Se o meu gosto pelo chocolate de alguma forma induzisse uma reação psicótica entre meus amigos, esta questão não mais seria indiferente. Todos os nossos relacionamentos dependem de nossa habilidade de fazer avaliações de conduta que sejam defensáveis. Somente alguém que não se preocupasse com nada poderia considerar os julgamentos morais como puramente uma questão de preferência pessoal. Felizmente, tais pessoas constituem uma minoria.

Outro obstáculo para a filosofia moral é uma dependência excessiva na religião como uma fonte de moralidade. Se fosse o caso de que para uma compreensão profunda da moralidade tudo o que se deve fazer é consultar autoridades religiosas, então a filosofia não tem nada a dizer. Não haveria razão para que se pensasse filosoficamente questões morais profundas, uma vez que a resposta a tais questões já se encontra mais prontamente disponível em outro lugar.

Há uma relação entre a religião e a moralidade porque a religião tem sido, através de grande parte da história da humanidade, o veículo primário pelo qual as culturas transmitem crenças morais. No entanto, empiricamente, a conexão entre religião e ética não parece ser particularmente forte, uma vez que há pessoas boas que não têm um comprometimento religioso e algumas pessoas muito más que são crentes. Além disso, o apelo a uma perspectiva religiosa não resolve questões morais. Em parte, isto se deve ao fato de que os textos fundacionais que contêm ensinamentos religiosos devem ser interpretados por seres humanos e devem usar padrões humanos de compreensão. Além disso, há uma variedade de religiões, com uma variedade de práticas morais. Sem um caminho independente de avaliar as várias religiões, não há como determinar qual delas é correta.

No entanto, há uma razão mais profunda para que a religião não possa ser a derradeira autoridade a respeito de questões morais. As religiões monoteístas dizem que Deus comanda o que é certo e errado. De acordo com a teoria do comando divino, o que faz com que uma ação seja correta é o fato de Deus nos ordenar que façamos aquele ato. Deste ponto de vista, Deus é a derradeira fonte de toda a moralidade. Mas, quais são os padrões segundo os quais Deus julga se um ato é certo ou errado? Só há duas respostas possíveis para esta questão. Ou Deus se baseia na razão para julgar se um ato é certo ou errado, ou Deus julga arbitrariamente, sem usar critério algum. Se Deus emitiu seus mandamentos arbitrariamente, então não há padrão de conformidade para o julgamento, e poderia haver o caso no qual o assassinato, o estupro e a tortura fossem comandados por Deus. Aparentemente isto não é o que Deus fez, mas Deus o poderia ter feito, uma vez que Deus é todo poderoso.

No entanto, isto tem implicações que não são bem-vindas. A moralidade é, deste ponto de vista, arbitrária, um produto do capricho de Deus, uma vez que não houve envolvimento da razão. Caso Deus tivesse ordenado o estupro, o assassinato e a tortura, então a teoria do mandamento divino implica que o estupro, o assassinato e a tortura seriam dignos de louvor e não haveria fundamentação racional para objetar, uma vez que a moralidade não está baseada na razão. Intuitivamente, parece que tais atos nunca poderiam ser louváveis, e soa falso que não poderíamos ter algum argumento válido contra tal possibilidade. Se devemos considerar a moralidade seriamente, ela não pode ser caprichosa ou arbitrária. Além do mais, se Deus julga arbitrariamente, Deus não poderia ser o ser supremamente racional, que ele ou ela alega ser. Um ser supremamente racional não poderia escolher alguma coisa arbitrariamente. Portanto, esta opção parece totalmente inaceitável.

Suponha, então, que Deus comanda o que é certo e errado com base na razão. Se assim é, o conteúdo das razões faz com que uma ação seja certa, não o fato de que Deus a comandou. Consequentemente, a moralidade é um padrão independente de Deus, ao qual Deus recorre, e nós devemos nos engajar no raciocínio filosófico para o compreender. Uma vez que a primeira opção implica em uma abordagem inaceitável da moralidade, somos forçados a concluir que a teoria do comando divino é falsa.

Isto não é negar que a religião possa desempenhar um papel importante, fornecendo às pessoas um marco moral compreensível, no qual elas podem ter confiança e modelos de conduta admirável para imitar. No entanto, ela não pode tomar o lugar da reflexão racional a respeito de questões morais.

Uma vez afastadas estas más compreensões, podemos levar adiante nosso pensamento a respeito da natureza da moralidade, na esperança de encontrar aqueles elementos em nossas vidas morais que fazem sentido e como eles se agrupam em uma visão abrangente da vida moral. O objetivo deste livro é apresentar os principais elementos da concepção moral que caracteriza a sociedade ocidental. Alguns desses elementos têm raiz na nossa história intelectual. Não podemos compreender nossa visão moral contemporânea sem compreender algumas dessas raízes históricas. Assim sendo, parte desta investigação enfocará temas na história da filosofia moral. No entanto, qualquer um que tenha aberto um jornal recentemente sabe que nossa vida moral passa por mudanças contínuas, e o mesmo faz a filosofia.

Além de fornecer um levantamento no campo da filosofia moral, este texto desenvolverá um ponto de vista. Enfaticamente, em filosofia não se trata da aceitação de doutrinas a partir de autoridades, mas envolve uma abordagem crítica de crenças para ver se elas suportam o escrutínio. Embora seja importante saber o que outros filósofos disseram sobre um dado tópico, só podemos compreender a filosofia ao praticá-la. Portanto, eu tento transmitir um pouco da excitação de fazer filosofia por meio do desenvolvimento de argumentos e tratamento de objeções. É possível que tais posições sejam controversas, mas é assim que devem ser. A contradição é inerente à prática da filosofia.

Dado o objetivo de desenvolver um amplo argumento, as linhas gerais do meu argumento são as seguintes. Como já vimos, a filosofia moral nos permite avaliar se a história que contamos a nós próprios sobre o nosso contexto moral é razoável ou não. As teorias de princípios éticos que dominam a nossa tradição moral – utilitarismo e deontologia – fizeram, uma vez, justamente isso. (Descreverei, detalhadamente, estas teorias nos capítulos subsequentes) Estas teorias são produtos do século XVIII, um século devotado a derrubar os privilégios hierárquicos que tinham caracterizado as monarquias europeias até então. Essas teorias expuseram a injustiça da desigualdade, enfatizando a importância da imparcialidade e da objetividade.

Hoje, nos deparamos com um desafio diferente. Aquelas teorias do século XVIII colocavam a autoridade moral em um ideal abstrato de perfeição moral. Em decorrência disso, a ética filosófica tem parecido impraticável, inatingível e incompatível com as satisfações da vida. Além disso, essas teorias obscurecem a fonte real da autoridade moral – nossas relações com outras pessoas das quais depende o nosso desabrochar. Esta compreensão errônea, no que diz respeito à fonte da autoridade moral, permitiu a sobrevivência de uma forma corrosiva de individualismo, que só pode ser superada se considerarmos nossas relações seriamente. Assim argumentarei.

1
A ação moral

Para que possamos chegar a algumas conclusões a respeito de como devemos viver e quais obrigações específicas temos para com os outros, devemos começar por compreender a natureza humana e o que dá densidade aos seres humanos. De nada adiantaria vir com uma concepção de moralidade segundo a qual os seres humanos não poderiam viver ou só poderiam adotar com grande dificuldade, sacrificando algum outro componente essencial da existência humana. Consequentemente, desejamos começar nossa investigação descobrindo quais são os motivos que estão em jogo quando as pessoas agem moralmente e fornecem um relato do que faz com que a conduta moral seja inteligível para nós. Em outras palavras, queremos saber o que capacita os seres humanos a agir moralmente.

Um agente é alguém que age; um agente moral, portanto, é alguém que tem a habilidade para tomar decisões morais e agir de acordo com elas. Quais são as capacidades que nos habilitam a fazer julgamentos morais? A maioria dos filósofos, hoje, concordaria que, minimamente, para que sejamos agentes morais, devemos ter a capacidade de tomar as nossas próprias decisões e agir de acordo com elas. Isto, porque responsabilizamos os agentes morais por suas ações e os louvamos ou culpamos, dependendo da avaliação que fazemos de suas ações. Se não tomamos nossas próprias decisões, se nossas ações não estão sob nosso controle, a prática de louvar ou culpar outras pessoas por suas ações faria pouco sentido. Assim sendo, um requisito básico para o agir moral é a autonomia. Em breve, aprimorarei esta definição, mas, por enquanto, podemos definir a autonomia como a habilidade que alguém tem de tomar suas próprias decisões, de ser uma pessoa que governa a si própria.

Segue-se que crianças e animais, para não mencionar objetos inanimados, não são agentes morais. As crianças gradualmente adquirem autonomia e, consequentemente, ação moral na medida em que adquirem controle sobre suas ações. Os psicólogos de animais descobriram alguma evidência de comportamento moral em outros primatas. No entanto, é duvidoso que os animais tenham o nível de controle necessário para qualificá-los como agentes morais por inteiro, até onde sabemos.

Um agente moral não só age autonomamente, ele deve também ser capaz de realizar ações morais. Quais são os tipos de ações que contam como ações morais? Sobre este tópico há alguma disputa, e a resposta que se possa dar a esta questão depende da teoria moral que se endossa. Em vez de entrar nessas disputas agora, estipularei que ações morais são aquelas que a maioria das pessoas tomam como exemplos paradigmáticos de ações morais. Quando dizemos a verdade, cumprimos promessas e auxiliamos os necessitados, ou evitamos causar-lhes mal, estamos então engajados em uma conduta moral.

Estes exemplos de conduta moral são de lugar comum, mas algumas ações morais são extraordinárias e heroicas. Quando as pessoas salvam vidas incorrendo em custos ou riscos pessoais, suas ações entram na categoria geral de ações morais igualmente. As ações heroicas são interessantes porque revelam a respeito de nossas capacidades morais. Assim, desejo iniciar nossa análise do agir moral focando, brevemente, sobre ações morais heroicas.

Meu exemplo favorito é o de Oskar Schindler, que salvou judeus durante o holocausto, e personagem do filme *A lista de Schindler*. Prefiro Schindler porque ele, como a maioria de nós, é complexo. Oskar Schindler foi, ao menos sob alguns aspectos, uma figura heroica, embora não um santo. Schindler foi um bem-sucedido industrialista alemão com base na Polônia durante a ocupação nazista. Seu negócio principal era a fabricação de vários itens para a máquina de guerra alemã, enquanto corria atrás de todos os belos rabos de saia na Cracóvia. Sua esposa, ciente de suas infidelidades, permanecia em sua casa na Alemanha. Schindler mantinha relações cordiais e de cooperação com os nazistas e, no começo, foi tolerante em relação às políticas de repressão contra os judeus. No entanto, quando o gerente do escritório de Schindler, um judeu, foi levado ao depósito da via férrea para ser embarcado para o que era, por eufemismo, chamado de "campo de trabalho", Schindler tomou medidas para o resgatar, e foi confrontado com a desumanidade de ver embarcarem um grande número de seres humanos em vagões de trens concebidos para gado. Investigações posteriores levaram Schindler a descobrir a brutalidade do regime nazista e, à custa de considerável risco pessoal e de sua firma, ele dedicou-se a esquemas elaborados para proteger os seus trabalhadores e sabotar a máquina de guerra alemã.

Por que alguém como Schindler correria tal risco em beneficio de outros? Há muitas semelhanças entre as ações de Schindler e atos morais mais corriqueiros? A maioria de nós jamais salvará a vida de centenas de pessoas. No entanto, a experiência de se sentir obrigado a fazer alguma coisa pelos outros, mesmo quando isso possa ir contra nossos próprios interesses, é uma experiência humana comum. A maioria de nós, ao menos alguma vez, ajuda os outros quando a nossa ajuda é necessária, diz a verdade, cumpre promessas, respeita a propriedade dos outros, etc., mesmo quando essas ações terão algum preço para nós. Por quê? Se as ações morais são ações que escolhemos, por que escolhemos engajar-nos em ações que beneficiam os outros, mas não a nós próprios?

INTERESSE PRÓPRIO

Comumente, agimos porque desejamos atingir algum propósito, ou satisfazer um interesse ou desejo. Vamos ao trabalho para ganhar dinheiro, fazemos o jantar para saciar a fome, etc. Então, talvez possamos responder nossas perguntas a respeito da motivação para a moralidade, identificando o propósito ou desejo a que ela atende. Há algum propósito ou interesse compartilhado pela maioria dos seres humanos que explicaria nossa conduta moral? A que propósito ou interesse estavam as ações de Schindler atendendo?

Os seres humanos são diversificados, cada um de nós é único de várias formas, assim, pode não haver sequer uma coisa que todos queiramos. No entanto, todos nós podemos ser conduzidos por um motivo comum – interesse próprio. Pense a respeito da variedade de ações que você realiza a cada dia. Você não as faz por que está tentando levar adiante seus interesses?

Alguns pensadores têm dito que a motivação do interesse próprio explica todas as nossas ações. Em consequência, qualquer abordagem plausível da moralidade deveria mostrar como a moralidade nos ajuda a conseguir alguma coisa que desejamos. Chamamos de egoísmo psicológico esta abordagem da motivação humana. O egoísmo psicológico argumenta que os seres humanos sempre procuram maximizar seus interesses próprios.

Além de serem voltados para seus próprios interesses, os seres humanos são também racionais. Somos capazes de encontrar meios efetivos de satisfazer nossos próprios interesses. Se sou um egoísta racional, sei que é da natureza humana que eu sempre cuide de mim. Também me dou conta de que as outras pessoas também estão cuidando de si próprias, e não só evitam que eu tenha o que quero, mas tentarão tomar o que possuo. Assim, para que eu possa ter parte daquilo que desejo, assumo compromissos. Concordo em abrir mão de alguns de meus desejos e seguir regras morais e legais, contanto que as outras pessoas estejam dispostas a fazer o mesmo. Minha ação é ainda dirigida pelo interesse próprio, mas, na maioria das vezes, tenho interesse em cooperar com os outros e os ajudar. No entanto, quando nossos interesses individuais entram em conflito com os interesses dos outros, e podemo-nos safar, invariavelmente escolhemos agir em nosso próprio interesse, de acordo com o egoísta psicológico. As instituições da moralidade, portanto, surgem de motivos puramente voltados ao interesse próprio. Alguns egoístas psicológicos pensaram a moralidade como um contrato social, no qual eu abro mão de parte da minha liberdade para ganhar segurança.

O egoísmo psicológico generaliza todas as ações humanas, e isto deixa a teoria aberta a alguns contraexemplos óbvios. A maioria de nós já ajudou uma pessoa idosa a fazer suas compras, disse a verdade quando poderíamos ter nos escapado com uma mentira, fez doação de alimentos na época do Natal, ou talvez, como Schindler, salvado vidas. Mas, de acordo com o egoísta psicológico, embora não estejamos conscientes de nossos verdadeiros motivos, eles são, não obstante, egoístas. As ações moralmente boas nos fazem sentir bem, abrem a possibilidade de reciprocidade no futuro, fazem com que pareçamos bem aos olhos dos outros, ou aumentam nossas chances de salvação, e nós as realizamos por estas razões. Aparentemente, o egoísta psicológico pode livrar-se de qualquer contraexemplo.

O egoísmo psicológico torna-se atraente para muitas pessoas, porque ele parece ser teimoso e realista na sua compreensão da natureza humana ou porque ele reforça a suspeita de que há camadas profundas de significados escondidos na experiência humana que a maioria de nós não quer reconhecer. No entanto, quando desempacotamos a posição, sua plausibilidade desaparece. As ações de Schindler parecem ser um contraexemplo. Não temos um profundo conhecimento de Schindler para atribuir com precisão motivos a ele – o que sabemos a seu respeito sugere que ele estava longe de ser uma pessoa de caráter exemplar. Podemos imaginar que ele se sentisse, de várias formas, satisfeito ao resgatar seus trabalhadores judeus – talvez ele gostasse da emoção de enganar os nazistas, ou talvez o sentimento de que as pessoas dependiam dele aumentasse o seu respeito próprio, e que ele tivesse prazer nas emoções fortes de suas fraudes. Assumamos que essas satisfações eram parte de seus motivos para continuar sua perigosa missão. Não se segue daí que ele não tivesse também uma preocupação genuína pelo bem-estar de seus trabalhadores. O fato de que uma ação nos dá satisfação não implica em que a busca de tal satisfação seja o motivo primário. Eu tenho satisfação ao ser bem-sucedido, ao tocar uma passagem difícil no violão. No entanto, o objetivo de minha ação e o objeto de meu desejo é chegar, com sucesso, ao fim da passagem – não estou visando a satisfação. A satisfação é um produto colateral da minha ação.

A questão, aqui, é que os seres humanos são complexos e têm uma multiplicidade de desejos, cada um com seu próprio objeto distinto, e nossas ações são frequentemente explicadas por muitos desejos que operam simultaneamente. Contudo, o egoísta psicológico deve afirmar que todos os nossos desejos têm somente um objeto – o nosso interesse próprio.

Para ver como isto é implausível, imaginem dois Schindler hipotéticos – Schindler 1 e Schindler 2. Schindler 1, depois da guerra, recebe uma visita inesperada em sua casa, que lhe informa que um bando de sobreviventes nazistas, sistematicamente, caçou e matou todas as pessoas que ele havia resgatado. Schindler 1 recebe a notícia com indiferença e convida o portador da notícia a tomar uma cerveja para comemorar a vitória de um time esportivo local. Por outro lado, Schindler 2, após haver recebido a mesma visita, fica inconsolável durante dias, sacudido psicologicamente pelas notícias horríveis, e pergunta se há alguma coisa que ele possa fazer pelos sobreviventes dessas famílias. Certamente, nossos Schindlers imaginários, ao resgatar seus trabalhadores, não estariam motivados pelo mesmo desejo. Além disso, a melhor explicação para a resposta de Schindler 2 é a de que ele, genuinamente, desejava fazer o bem aos outros, independentemente do seu interesse próprio. A estas alturas, ele não tem nada a perder pela morte daqueles que resgatou, mas seus sentimentos indicam uma preocupação genuína pelo bem-estar deles. Acredito que muitos de nós conhecemos pessoas que, em uma situação semelhante, teriam respondido como Schindler 2. De fato, eu suspeito que a resposta de Schindler 2 seria a mais comum. A melhor explicação para esta resposta comum é a de que os seres humanos são, ao menos algumas vezes, motivados por uma preocupação genuína para com os outros, comumente expressa como empatia, simpatia, ou compaixão.

Certamente, o egoísta psicológico sempre pode argumentar que nossas ações para beneficiar os outros satisfazem alguma necessidade psicológica profunda e inconsciente. No entanto, se este é o caso, a única maneira de satisfazer aquela necessidade é ter como um de nossos objetivos o bem dos outros.

Este argumento mostra que o egoísmo psicológico não pode explicar **toda** ação humana. Ao menos alguns seres humanos são psicologicamente capazes do que eu chamarei de altruísmo de tamanho econômico – agir, ao menos em parte, segundo uma genuína preocupação para com os outros. Além disso, Schindler parece ser capaz de uma forma ainda mais ampla de altruísmo. Ele é capaz de sacrificar seus interesses mais importantes pelo bem-estar dos outros – um altruísmo tamanho gigante.

De fato, a maioria dos seres humanos tem alguma capacidade para um grande altruísmo, embora talvez não no nível do de Schindler. Suponha que você esteja atrasado para uma entrevista para um emprego que lhe promete garantir um avanço significativo em sua carreira e um substancial aumento de salário. Você está em Boston, no mês de janeiro. Faz frio e a neve está começando a cair. Para ganhar tempo, você faz um atalho através de uma viela e para, petrificado, ao ouvir um choro de bebê vindo detrás de uma fila de latas de lixo. Você descobre que um bebê foi abandonado, coberto somente por um cobertor fino. Não há ninguém por perto, seu celular está sem bateria, e se você parar para prestar auxílio, certamente perderá a entrevista e sacrificará sua chance de ocupar o novo emprego. No entanto, a maioria das pessoas pararia para prestar ajuda. Por que, se não somos capazes de colocar os interesses dos outros antes dos nossos próprios? De fato, soldados, médicos e enfermeiras que prestam auxílio em emergências, bombeiros e policiais, algumas vezes sacrificam suas vidas por estranhos. Um grande altruísmo, embora esteja longe de ser comum, é um traço significativo de nossa vida moral.

No entanto, pode acontecer que, embora sejamos capazes de realizar atos altruístas, seríamos tolos se deixássemos que sentimentos de altruísmo nos motivassem. Talvez, a atitude racional a ser feita é agir sempre de modo a colocar o nosso interesse próprio em primeiro lugar. Esta posição é chamada de egoísmo ético. O egoísta ético diz que devemos fazer sempre o que atende ao nosso interesse próprio, e que nunca temos obrigação de pôr o interesse dos outros diante do nosso. O egoísmo ético evita os problemas que o egoísmo psicológico tinha para descrever nossos motivos com precisão. O egoísta ético não está descrevendo os nossos motivos, mas está advogando uma abordagem para a tomada de decisões.

Esta visão parece obrigatória para muitas pessoas porque, novamente, parece advogar uma racionalidade de sentido prático, não sentimental enquanto nos aponta em direção de uma busca válida de felicidade pessoal. Além disso, é importante tomar conhecimento de que o egoísta ético não será necessariamente um monstro moral. Assim como o egoísta psicológico racional, um egoísta ético racional reconheceria que é de seu interesse próprio, de longo prazo, na maioria das vezes, cooperar, ajudar e seguir as normas morais. No entanto, quando a cooperação não lhe traz vantagens, ele deveria buscar somente seu próprio interesse.

Novamente, apesar dos atrativos superficiais desta visão, uma vez escrutinada, sua plausibilidade desaparece. Em primeiro lugar, um mundo onde todos fossem egoístas éticos seria um mundo no qual as pessoas evitariam cooperar ou seguir normas morais, a menos que houvesse claras razões de interesse próprio para assim proceder. É razoável concluir que pessoas que relutam em cooperar ou hesitam em seguir normas morais seriam menos confiáveis e lentas para resolver desacordos, assim fazendo com que os conflitos fossem ainda mais persistentes do que eles são no controverso mundo de hoje. É difícil ver como um mundo ainda mais conflituoso poderia ser vantajoso para alguém.

Além do mais, como poderia alguém consistentemente advogar o egoísmo ético? Fazer isto seria advogar que os outros também ajam de acordo com seus próprios interesses, que frequentemente conflitam com os seus. Consequentemente, se eles levarem o seu conselho a sério, você estaria advogando contra seus interesses, o que violaria o princípio básico do egoísmo. Portanto, para evitar a violação de seus próprios interesses, um egoísta deve advogar o egoísmo para si próprio e para todos os outros que compartilham seus interesses em uma dada situação, mas advogar o altruísmo para os demais. Um tamanho nível de desonestidade e incoerência é difícil de sustentar, especialmente em contextos nos quais a confiança e os padrões de julgamento consistentes são necessários para a realização de tarefas práticas. Imagine um egoísta ético tentando ensinar a uma criança quando dizer a verdade. Papai diz "fale sempre a verdade para mim, mas apenas algumas vezes para sua mãe, quando sua honestidade não me prejudicar". Certamente, mamãe, também uma egoísta ética, está dando ao pequeno Joãozinho o mesmíssimo conselho. Exatamente o que o pequeno Joãozinho deve fazer?

Tirando estas inconsistências de lado, o egoísmo ético apresenta dificuldades mais profundas e informativas. Os cientistas sociais frequentemente lançam mão de um recurso chamado de o dilema do prisioneiro para apontar as dificuldades que apresentaria uma sociedade de egoístas éticos. Suponha que a Polícia Federal prenda o Pedro e a Marisa por haverem entrado ilegalmente no sistema de computadores de um banco, embora a evidência não seja tão forte quanto o promotor gostaria. O Pedro e a Marisa são levados ao prédio da polícia para interrogatório e postos em salas separadas; a PF faz a mesma proposta a cada um deles. A seguinte conversa se dá entre a PF e Marisa:

> Marisa, caso vocês dois se recusem a confessar, teremos de admitir que não temos evidências suficientes para condená-los como *hackers*,* mas os encarceraremos por um ano por porte de *software* ilegal. Mas, se você testemunhar a favor do governo, e nos ajudar a condenar Pedro, então você será liberta e Pedro ganha 20 anos de condenação. No entanto, se você não confessar e o Pedro sim, então ele será liberto e você ganhará os vinte anos atrás das grades. Então, o que vai acontecer?

> Marisa pensa um minuto e então pergunta: "Suponha que nós dois confessemos". "Se vocês dois confessarem, ambos levam 10 anos" responde o agente.

---

*N. de T. Peritos em informática que logram quebrar o código de segurança de computadores e interferir neles ilegalmente.

Então Marisa pensa.

Suponhamos que Pedro confesse. Se eu não confessar, ganho 20 anos. Mas se eu confessar ganho somente 10. Por outro lado, suponhamos que Pedro não confesse. Caso eu tampouco confesse, irei para a prisão por um ano. Mas se eu confessar e ele não, eu serei liberta. Assim sendo, não importa o que Pedro faça. Eu devo confessar.

Lembre-se de que Pedro sendo racional está usando o mesmíssimo raciocínio. Então ambos confessam e ambos vão para a cadeia por 10 anos. A PF, certamente, está muito contente, porque se ambos tivessem mantido silêncio, teriam pego somente um ano de prisão. Note que se caso Pedro e Marisa tivessem cooperado um com o outro, e não confessado, ambos teriam tido uma melhor sorte. Certamente, o problema é que se Marisa tivesse decidido, com vistas à cooperação, que ela deveria ter confiança em seu parceiro, Pedro poderia ter tirado vantagem dela e, então, os planos dela estariam estragados. Assim, parece que sempre será vantajoso não cooperar. Isto conduz ao que os cientistas sociais chamam de o problema do *free-rider**. O cenário que apresenta o melhor caso para o egoísta é aquele no qual todos os demais colaboram, exceto ele, de modo que possa tirar os benefícios da cooperação dos outros, livre de todos os custos. Mas neste caso, Pedro foi suficientemente compreensivo para não ser um aproveitador. A moral da história é que o agir em interesse próprio nem sempre nos dá o que desejamos. Caso Pedro e Marisa tivessem confiado um no outro, em vez de perseguir seus próprios interesses, ambos teriam se saído melhor. O egoísta ético nos está oferecendo um mau conselho.

A dificuldade com o egoísmo ético é que ele não leva a sério as muitas situações nas quais a cooperação faz-se necessária e os tipos de motivações que fazem com que as pessoas sejam cooperadores confiáveis. Se você é do tipo de pessoa que sempre age em interesse próprio, o que as outras pessoas pensarão de você? Que tipo de reputação você terá a longo prazo? Caso as pessoas descubram que você é do tipo de pessoa que será relutante em cooperar, elas podem se mostrar menos inclinadas a entrar em acordos que poderiam ser vantajosos para você. Assim sendo, é vantagem sua cooperar mesmo se isto possa custar-lhe a curto prazo. De fato será vantajoso para você desenvolver o hábito de cumprir suas promessas, dizer a verdade, ajudar e ter consideração para com as outras pessoas, porque isto o ajudará a assegurar-se de que, no futuro, os outros o tratarão deste mesmo modo.

---

*N. de R.T. Esta expressão idiomática atrela-se ao sentido de 'comprar alguma coisa sem necessitar gastar dinheiro ou sem dispensar esforço próprio'. Poder-se-ia traduzir como 'o aproveitador'.

Verifique, no entanto, que este raciocínio está bem longe de requerer motivos altruístas. Um egoísta racional poderia conceder que devemos, comumente, parecer honestos, confiáveis e cooperativos, porque é vantajoso para nós quando os outros nos veem como tal. Mas, se podemos dar-nos bem sendo desonestos e egoístas, sem prejudicar a nossa reputação, devemos defender o nosso interesse próprio. Novamente, o egoísta ético está nos dando um mau conselho. O problema disto, como uma abordagem para a vida, é que não podemos contar com ser bem-sucedido em esconder das pessoas os nossos motivos reais. Se só fingimos estar preocupados com os outros, nosso fingimento está sujeito a ser descoberto. Revelamo-nos aos outros de modos incontáveis, que dão a eles pistas às atitudes e aos desejos que estão por detrás de nossas ações. Quando revelamos motivos egoístas, temos que lidar com as consequências da falta de confiança, que pode minar qualquer iniciativa que requeira cooperação.

Além do mais, o egoísmo ético não pode explicar a nossa capacidade para a interação social cotidiana. A necessidade do egoísta, para disfarçar seus motivos, inibirá o desenvolvimento de padrões de comportamento efetivos. Pense a respeito do quanto sua atividade diária é habitual e rotineira. Na maioria das vezes, nossas ações e interações com os outros não são produtos de planejamento cônscio e deliberado. Não construímos cuidadosamente cada frase em uma conversação, ou fazemos um cálculo exaustivo dos custos e benefícios de cada opção de que dispomos ao tomarmos decisões corriqueiras. A maioria de nossas ações flui espontaneamente de um tipo de resposta omissa para com a realidade, que reflete padrões de pensamento e de sentimento que construímos ao longo de muitos anos de experiência. Isto é uma coisa boa, porque de outra forma não seríamos capazes de conduzir um carro enquanto conversamos, ou interagir com um grupo de pessoas onde temos de processar simultaneamente um fluxo de informações. Em contextos sociais, se não pudéssemos confiar em nossos hábitos de pensamento e sentimento, nossas tratativas com os outros seriam laboriosas e desajeitadas, como uma centopeia que deve pensar como mover cada pata ao caminhar.

Do mesmo modo, responder a situações de maneiras moralmente apropriados requer hábitos de pensamento e sentimento – motivos – que moldam nossas ações de forma que as tornam efetivas. A honestidade que consegue que as pessoas tenham confiança em você requer uma preocupação genuína para com a verdade. Somente uma pessoa que tenha prática em pesar a importância genuína da verdade em uma variedade de circunstâncias, pode ser honesta sem ferir as outras por falta de tato, assim fazendo com que elas levantem suspeitas quanto aos seus motivos. A ajuda do tipo que as pessoas realmente apreciam, por ser benéfica, requer uma preocupação genuína por pessoas que necessitam de ajuda. De outra forma, corremos o risco de interferir nas vidas dos outros de modos que não seriam bem-vindos, assim, fazendo com que os outros fiquem relutantes para procurar nossa cooperação.

A questão, aqui, é que falsos motivos – que mascaram interesse próprio – raramente produzem uma ação efetiva, porque estão faltando os padrões de sentimento e de pensamento que são necessários para tornar nossas ações efetivas. Em poucas palavras, se você pede ajuda a alguém e ele tem que pensar muito antes de responder, procure assistência em outro lugar.

No entanto, o egoísta ético está advogando que sejamos semelhantes à centopeia acima mencionada. De acordo com o egoísta, em situações nas quais o egoísmo poderia causar desconfiança, deveríamos confiar no motivo do interesse próprio, fazendo o cálculo de onde está nossa vantagem, mas disfarçá-la, agindo como se não estivesse visando o interesse próprio. Somente o trapaceiro mais habilidoso pode realizar esta façanha com segurança. Para a maioria de nós, em muitas situações, nossas ações devem decorrer dos nossos reais motivos para que sejam bem-sucedidas, o que, ao menos algumas vezes, deve incluir um olhar genuíno pelo interesse dos outros.

Finalmente, o egoísmo ético é ainda menos plausível quando relações próximas são levadas em consideração – amizades, relações românticas e familiares, colaborações no local de trabalho, etc. Por exemplo, suponha que você tenha uma carreira de sucesso e altamente gratificante. Sua esposa, que está insatisfeita em seu trabalho, recebe uma oferta de trabalho que aumentará enormemente sua satisfação e uma renda igual à sua. Infelizmente, o novo trabalho de sua mulher requer uma mudança para o outro lado do país, o que implicaria em que você abrisse mão de seu atual trabalho, com perspectivas incertas quanto às suas condições profissionais na nova localidade.

O egoísta advoga que você deveria fazer de conta que considera os interesses de sua mulher, mas resistir a qualquer decisão de fazer a mudança, uma vez que isto seria contra seus interesses. Somente se sua esposa ameaçar deixá-lo, e você valoriza mais a sua relação do que seu trabalho, você deveria, genuinamente, considerar a mudança. Caso sua esposa seja também uma egoísta, tal ameaça parece inevitável. No entanto, uma relação na qual ameaças e contra-ameaças são necessárias para que os cônjuges levem o interesse do outro genuinamente em consideração é pouco provável que seja feliz ou bem-sucedida. Certamente, não há uma resposta correta para o que o nosso casal hipotético deveria fazer. Eles terão de, por si próprios, encontrar uma solução. Mas, qualquer que seja a decisão tomada, o resultado, provavelmente, só será aceitável se ambos levarem em consideração os interesses do outro. O problema do egoísmo ético em relações íntimas é que, se levamos em consideração o interesse dos outros somente quando as ameaças chegam à beira do insuportável, e que ser desconsiderado torna-se uma ameaça aos nossos próprios interesses, as decisões do dia a dia viram cenas tumultuadas de conflito e de risco, nas quais uma acomodação acontece somente depois que muito dano já ocorreu à relação.

A conclusão a ser tirada daqui é que temos razões de interesse próprio para garantir que, nas circunstâncias apropriadas, ajamos a partir de motivos de empatia e cuidado. Para que atinjamos nossos próprios objetivos, devemos desenvolver disposições e padrões de pensamento e de sentimento, nos quais nossas ações pautem a consideração pelos interesses dos outros enquanto tais. Isto é o que acima eu chamei de altruísmo tamanho econômico. O sucesso na vida requer que levemos em conta os interesses dos outros com seriedade, enquanto deixamos que nossos próprios interesses escorreguem para o pano de fundo da nossa atenção.

Aqui, alguém poderia objetar, salientando que mesmo quando estou atendendo os interesses dos outros, meu interesse próprio ainda desempenha o papel de me estimular a agir, segundo motivos genuínos de preocupação para com os outros. Mas, esta necessidade generalizada de cooperar e manter relações não é adequadamente descrita como egoísmo, porque meu motivo primário e o objeto de minha intenção é o bem dos outros. Quando o objeto de minha intenção é o bem de alguma outra pessoa, minha ação não pode ser caracterizada como um ato de egoísmo, embora possa haver motivos de interesse próprio agindo no pano de fundo. Como salientei acima, somos seres complicados, com motivos que se misturam.

Certamente, nada disto sugere que nunca devamos ter motivos egoístas ou que devamos ser sempre rigorosamente sinceros a respeito de nossos motivos. As interações sociais são complexas e requerem graus variados de interesse próprio e de sinceridade, e o interesse próprio é um dos mais poderosos e efetivos motivos. Mas, para que as interações sociais sejam bem-sucedidas, devemos manter a capacidade de levar os interesses dos outros, seriamente, em consideração.

O egoísta ético tem mais uma objeção em seu arsenal. Eu tenho argumentado que a necessidade de cooperação em relações bem-sucedidas requer que tenhamos a habilidade de agir em benefício dos outros. Mas, isto parece nos levar a concluir que quanto menos eu tiver que colaborar com os outros, tanto menos eu preciso os tratar bem. Alguém pode concluir que o melhor conselho é tornar-se tão independente das outras pessoas quanto possível, a fim de evitar emaranhados morais. Em reposta à minha afirmação de que é pouco provável que o egoísta tenha relações bem-sucedidas, um egoísta poderia argumentar que às relações é atribuído demasiado valor, precisamente porque elas nos impedem de agir em interesse próprio. Uma vida vivida independentemente, evitando tanto quanto possível a influência constrangedora dos outros, pode ser o derradeiro refúgio do egoísmo.

A maioria dos seres humanos provavelmente encontraria esse tipo de vida vazia de compensações, assim sendo, o egoísmo pode, no melhor dos casos, ser uma filosofia à qual somente algumas poucas pessoas podem aderir. No entanto, esta objeção merece uma resposta, que darei mais adiante, onde é desenvolvida uma abordagem mais rica da ação moral.

Temos explorado a afirmação de que ser capaz de agir moralmente é ter certos interesses ou propósitos que a cooperação com os outros pode beneficiar. Temos visto que embora tais interesses e propósitos estejam relacionados a si mesmo, devemos ser capazes de atender aos interesses dos outros igualmente, de modo a permitir que nosso interesse próprio passe para o pano de fundo, como uma consideração de segunda ordem. Assim sendo, o interesse próprio, como um motivo dominante, não explica nossa capacidade para agir moralmente. O agir moralmente é mais bem explicado pela nossa necessidade de sermos cooperadores confiáveis.

No entanto, embora a nossa necessidade de cooperar com os outros certamente explique uma boa parte de nossa capacidade de agir moralmente, ela não propicia uma explicação completa. Na vida, muitas situações surgem nas quais a cooperação não é uma questão. Nós não dependemos de todas as pessoas que encontramos, e certamente poderíamos tratá-las mal e, ainda assim, não prejudicar a nossa habilidade de cooperar com aqueles dos quais dependemos. Assim sendo, a necessidade de cooperar não explica nossa capacidade ou desejo de agir bem em relação àqueles dos quais não dependemos.

Além disso, o fato de que a cooperação requer que levemos os interesses dos outros seriamente em consideração está longe de explicar a motivação de imenso altruísmo. Schindler não levou apenas os interesses dos outros seriamente em consideração, mas arriscou seu bem-estar em favor dos interesses dos outros. Como sugeri acima, é possível que a maioria dos seres humanos tenha alguma capacidade para o altruísmo tamanho gigante – ao menos em certas circunstâncias colocaremos os interesses dos outros à frente dos nossos próprios, mesmo quando não recebemos benefício algum e até podemos ser prejudicados por nossas ações. Algumas vezes parece que a moralidade requer isto de nós. Pode ser o caso que algumas vezes a moralidade requer que digamos a verdade, cumpramos promessas, ajamos com um grau razoável de benevolência em relação aos outros, etc., mesmo quando nossos interesses possam ser seriamente prejudicados.

No entanto, o altruísmo tamanho gigante, por não envolver interesse próprio e de fato poder requerer o sacrifício de nossos interesses, apresenta-se como um intrigante componente da ação moral. Como destaquei no início deste capítulo, a ação inteligível parece requerer algum tipo de propósito. Eu ajo porque desejo atingir um objetivo. Mas como uma ação altruísta realiza um de meus desejos? Como podem os interesses de outra pessoa tornarem-se uma razão para que eu aja, se não compartilho daqueles interesses?

AUTONOMIA MORAL E MOTIVOS MORAIS

Na história da filosofia, Immanuel Kant, filósofo alemão do século XVIII, deu uma resposta importante e influente a esta questão de como os interesses dos outros podem se tornar uma razão para que eu aja. A explicação de Kant não é uma explicação do altruísmo, porque ele não explica como dividimos interesses com os outros; sua explicação é do que significa respeitar os interesses dos outros.

De acordo com Kant, os requisitos morais me dão uma razão para agir, porque eu os imponho a mim. As razões que tenho para agir moralmente devem ser minhas razões e oriundas de minha deliberação. Kant insistiu que a moralidade não poderia nos ser imposta de fora. Nem Deus, nem a natureza, menos ainda outras pessoas, podem me fazer uma imposição moral.

Isto se deve ao fato de a fonte da dignidade humana ser nossa capacidade para a liberdade. Nós nos distinguimos de todos os outros seres por meio de nossa capacidade de escolha racional de nossas ações. Se Deus, a natureza ou outras pessoas nos impõem requisitos morais, contra a nossa vontade, nossa liberdade estaria fatalmente comprometida. Mais ainda, se nossas decisões não fossem livres, mas nos fossem impostas, não seríamos moralmente responsáveis por elas, minando assim o sistema de louvor e recriminação, que é central em nossa estrutura moral. Portanto, de acordo com Kant, a condição de base para a ação moral é a autonomia – a capacidade que cada um de nós tem de impor restrições morais a nós mesmos.

Até aqui, o emocionante elogio que Kant faz à liberdade moral parece compatível com o egoísmo ético. Se couber a mim tomar decisões morais, então parecerá que tenho liberdade para escolher de acordo com meu interesse próprio. No entanto, Kant vai além e diz que eu não posso atingir a autonomia moral, se desejos, emoções e inclinações governam meus julgamentos morais. Kant estava convencido de que a natureza é um sistema mecânico governado por leis físicas deterministas – relações causais determinam o comportamento de plantas, animais e objetos inanimados. Eles não têm capacidade de escolha. Mas, desejos humanos, emoções e inclinações também fazem parte daquele universo determinista, uma vez que são uma função de nossa natureza corporal. Quando agimos de acordo com desejos, emoções e inclinações, estamos simplesmente respondendo a necessidades físicas, da mesma forma que os animais.

Como podem os seres humanos escapar deste mundo físico determinista? O único modo que temos de exercer nossa liberdade e autonomia é por intermédio da boa avaliação racional de nossas ações, independente de nossos desejos. Pensar moralmente nos colocará em liberdade – livres de desejos e emoções que nos acorrentam à natureza. Em contextos nos quais o julgamento moral se faz necessário, por meio do raciocínio independente de desejos, sou eu que imponho princípios morais a mim mesmo. Minhas ações são autodirigidas, em vez de causadas por forças externas.

Kant não está dizendo que jamais devemos agir segundo nossos desejos ou inclinações. De fato, na maioria das vezes, agimos segundo o que ele chama de imperativos hipotéticos, que envolvem desejos. "Se você quer ganhar dinheiro, vá trabalhar". "Se você tem medo de tigres, então fique fora da floresta". Estes são perfeitamente aceitáveis como uma base para a ação. As ações baseadas nesses imperativos hipotéticos têm valor instrumental – elas nos proporcionam o que desejamos. No entanto, tais ações não têm valor moral. Quando nossas ações refletem somente nossos desejos e inclinações, e não a nossa capacidade de raciocínio moral, elas não são livres e, consequentemente, não têm valor moral, uma vez que a moralidade exige a liberdade.

Uma vez que Kant considera as emoções, os desejos e as inclinações como causas determinantes de minhas ações, eu não mereço ter crédito moral quando elas me motivam a agir, posto que, na realidade, não escolhi a minha ação. Eu só me torno livre para escolher por meio do meu uso da razão para decidir o que fazer. Assim, para Kant, os requisitos da moral derivam-se do fato de que os seres humanos são seres livres e podem exercitar essa liberdade somente pelo do raciocínio moral.

Note que Kant desviou a base da ação moral, de modo fundamental, dos pressupostos que coloquei no início deste capítulo. Eu disse que o modo mais natural de se compreender a ação humana em geral é que uma ação é motivada por um propósito ou interesse que temos em determinado resultado. Eu como, porque tenho interesse de satisfazer a minha fome – a satisfação da minha fome é o que me leva a comer. Eu sugiro que compreendamos a ação moral deste mesmo modo – como a satisfação de um interesse ou propósito. Mas, se Kant está certo, e desejos e inclinações não são motivos morais apropriados, então, como pode a moralidade satisfazer um interesse ou propósito?

A resposta de Kant é que a moralidade não serve a um interesse ou propósito. A moralidade não trata da obtenção daquilo que queremos, ou de atingir um objetivo, sequer do objetivo de liberdade, uma vez que a liberdade é o que somos, não o que queremos. A moralidade diz respeito ao exercício de nossa capacidade de escolher livremente, uma capacidade que é interrompida, se deixamos que nossos quereres sobreponham-se à nossa razão. De acordo com Kant, o único motivo moral adequado é uma demanda que faço a mim mesmo para fazer o que é correto, de acordo com os ditames da razão. Kant se refere a este motivo como o respeito pela lei moral. Assim, se eu digo a verdade porque estou com medo de ser pego em uma mentira, para Kant, eu não estou agindo segundo um motivo moral genuíno. Estou simplesmente sendo cuidadoso ou medroso. À semelhança de um animal, estou satisfazendo desejos ou inclinações. Se ajudo alguém que necessita desesperadamente de dinheiro, por simpatia por sua dor, isto não é, tampouco, um motivo moral genuíno. Eu estou agindo segundo a emoção. No entanto, se digo a verdade ou presto assistência simplesmente porque a racionalidade dita que esta é a coisa correta a ser feita, então estou agindo segundo um motivo moral genuíno. Devo enfatizar que Kant não está dizendo que devemos evitar a simpatia ou precaução – ambos podem nos ajudar a realizar obrigações morais. O que ele está afirmando é simplesmente que a simpatia e a precaução não têm valor moral.

Kant capta um importante sentimento que é comum em nosso discurso moral cotidiano. Quando acusamos alguém de agir mal, o fato de esta pessoa estar fazendo o que queria não é uma desculpa. Seguidamente diz-se de uma pessoa que está em circunstâncias difíceis, "já é tempo de ele dar um passo adiante e fazer o que é correto". Este conselho assinala que, algumas vezes, a moralidade requer que sigamos um princípio moral, não obstante o fato de que, ao assim agir, podermos prejudicar nossos próprios interesses ou desejos.

Kant não nos oferece uma explicação do altruísmo, porque os motivos que ele considera genuinamente morais são muito limitados. No entanto, ele, de fato, tenta explicar como certos interesses dos outros podem desempenhar um papel substancial na ação humana, porque a partir do respeito pela lei moral, podemos pôr de lado nossos interesses e desejos e agir imparcialmente. Para Kant, todos os seres humanos têm esta capacidade, porque nós temos a capacidade para a liberdade e para a razão, embora, seguidamente, não a exerçamos. Embora esta não seja a colocação que Kant faria, podemos dizer que a ação em interesse próprio não é o nosso motivo mais fundamental. Este, é agir segundo o respeito por nossa liberdade ou autonomia moral, o que requer respeito pela lei moral. Somente uma tal perspectiva reconhece o fato fundamental da liberdade humana e explica a prática de fazer com que as pessoas sejam responsáveis por suas ações. Em resumo, para Kant, a ação moral é a capacidade de formular e impor a si mesmo a lei moral, e de respeitar aquela capacidade nos outros.

Certamente, Kant deve ainda nos dizer o que é esta lei moral e o que ela nos conduz a fazer. Veremos isto com muito mais detalhes no capítulo seguinte, mas uma breve discussão do conceito kantiano de raciocínio moral se faz necessária para a avaliação do conceito de autonomia em Kant. Ele argumenta que quando suspendemos nossos desejos, e raciocinamos imparcialmente sobre questões morais, as condições sob as quais os seres humanos veriam as coisas de modo diferente não mais estão em pauta. Agora, podemos olhar as coisas objetivamente. Portanto, quando assim procedemos, chegamos a um único princípio que captura esta objetividade, ao qual ele chama de imperativo categórico. Em poucas palavras, o imperativo categórico nos diz para jamais usarmos as outras pessoas meramente para a satisfação de nossos fins (ver Capítulo 2, para uma abordagem mais detalhada). Este princípio simplesmente decorre da condição humana segundo a descrição de Kant. A dignidade humana está baseada em nossa capacidade para a liberdade. Nós asseguramos essa liberdade por meio de uma forma de razão que suspende os desejos, as emoções e as inclinações. Uma vez suspensos os nossos desejos, o imperativo categórico capta melhor os princípios básicos sobre os quais devemos agir. Todos os seres racionais chegarão à mesma conclusão a respeito do conteúdo da lei moral. O ponto importante é que, de acordo com Kant, nossa capacidade para a autonomia é fundamental para a nossa capacidade de agir moralmente e isto requer a capacidade para a imparcialidade – devemos reconhecer restrições às nossas ações, independentemente de nossos quereres e desejos.

A estas alturas, você deve estar intrigado pela afirmação de Kant, que "a moralidade expressa a liberdade humana". Você poderia estar perguntando: "Como posso ser livre, quando a moralidade requer de mim que eu esqueça meus quereres e desejos e me impõe regras?" Especialmente quando essas regras são as mesmas autoimpostas por todos os outros seres racionais. Novamente, Kant está tentando articular uma ideia intuitivamente atraente. Parte do que significa ser livre ou autônomo é ter autocontrole. As pessoas que agem indiscriminadamente segundo qualquer desejo que tenham, sem pensar se isso é realmente aquilo que elas querem, ou cujas respostas emocionais a situações são extremamente inapropriadas, não são livres ou independentes. Por outro lado, elas não têm controle sobre a vida. Estão sujeitas a qualquer dissabor que a vida lhes imponha, e são facilmente manipuladas pelos outros a fazer coisas que não querem. Em contraste, as pessoas que são autodirigidas estabelecem objetivos e padrões para si próprias e, assim, são capazes de regular seus desejos e emoções. Kant parece estar no caminho certo ao argumentar que a liberdade requer esta habilidade para estabelecer racionalmente para nós próprios os padrões segundo os quais nossa vida deve pautar. Caso contrário, seríamos sujeitos a controle externo, o que minaria nossa dignidade enquanto pessoas, bem como nossa responsabilidade moral.

Esta ideia de responsabilidade moral tem sido muito influente, não somente em filosofia, mas também na estrutura da cultura ocidental. Ela procura fornecer uma fundamentação para uma série de instituições, que a maioria de nós reconhece como sendo claramente morais. Crenças como as de que todos deveriam ser tratados com respeito, uma vez que todas as pessoas têm a capacidade para a liberdade e para a razão; que devemos ser justos e imparciais ao julgar as ações dos outros, assim como as nossas próprias, e que as regras morais se aplicam a todos, sem exceção, são consequências diretas do ponto de vista kantiano.

No entanto, não é obvio que Kant tenha fornecido uma fundamentação coerente para esta ideia de autonomia. Poucos filósofos foram convencidos de que podemos conceituar liberdade e autonomia adequadamente sem alguma referência a desejos, objetivos e propósitos. Afinal de contas, a liberdade e a autonomia são importantes para nós, não só por serem fonte de dignidade humana, mas porque nos importa ser suficientemente livres para satisfazer nossos desejos e objetivos. Kant não pensa que a satisfação de objetivos e desejos seja um componente essencial da liberdade. No entanto, é difícil endossar tal ponto de vista.

Além do mais, a maioria dos filósofos contemporâneos rejeita a ideia de que os desejos e as emoções interfiram necessariamente no nosso livre arbítrio. Teorias contemporâneas da mente e da racionalidade tendem a ver a razão e os estados afetivos, tais como os desejos e as emoções, como fenômenos mutuamente dependentes. Nossa capacidade para raciocinar está sob a dependência de estados de sentimentos e desejos, do mesmo modo que nossos desejos; para que nos possam dar informação confiável a respeito da nossa situação no mundo, devem estar baseados em crenças racionais. A liberdade e autonomia são uma questão de ter controle sobre nossas emoções e nossos desejos, sem raciocinar independentemente deles.

Finalmente, há dúvidas quanto a se o respeito pela lei moral explica adequadamente nossa habilidade para ser moral. É obtuso dizer que quando eu sacrifico meus interesses para ajudar alguém que está sofrendo, minha preocupação para com ele não é moralmente relevante; que a única coisa que conta é o meu respeito por sua capacidade de formular a lei moral por si próprio. Eu duvido que assistentes sociais sejam motivados unicamente pelo pensamento de que as pessoas as quais estão ajudando sejam capazes de ser imparciais. Há mais do que isso a ser valorizado no ser humano! Talvez seja mais plausível dizer que quando eu digo a verdade, assim procedo em respeito à autonomia da pessoa a quem estou dizendo a verdade, uma vez que a mentira interfere na sua liberdade de tomar suas próprias decisões. Mas neste caso, respeito a sua capacidade geral como um ser livre de tomar decisões e agir segundo elas, não necessariamente sua capacidade de formular um princípio moral para si própria.

Consequentemente, Kant não identificou os motivos que explicam o comportamento moral da maioria dos seres humanos. Certamente, Kant não vê como sua a tarefa de explicar o comportamento humano. Kant está descrevendo um agente ideal que age racionalmente e incentivando os seres humanos reais a buscar aquele ideal tanto quanto possível. Mas, se a conexão entre seres ideais que agem racionalmente e seres humanos reais é tão pequena, a razão pela qual devemos aceitar o conselho de Kant sobre esse assunto não é óbvia.

Há um problema mais profundo a respeito da visão kantiana da motivação moral. Por que eu deveria me preocupar em formular a lei moral para mim mesmo, a menos que já estivesse predisposto a me preocupar com tais coisas – a menos que eu pensasse que a moralidade tivesse um papel essencial na vida humana e, ao menos em um sentido amplo, servisse para algum propósito que eu tenha? O quadro do agir humano com o qual iniciei parece inescapável. Quando agimos, objetivamos produzir um resultado com nossa ação. Nosso desejo ou interesse em produzir um resultado explica porque agimos. Sem o desejo, interesse ou propósito torna-se difícil ver porque uma ação é inteligível. Mesmo assim, Kant nega que tais fatores sejam motivos morais genuínos. Consequentemente, as recomendações de Kant parecem desligadas das vidas de seres humanos reais. Não obstante, a ideia de que a liberdade seja essencial para a ação moral está no caminho certo, se logramos formulá-la de modo a evitar o implausível ponto de vista kantiano sobre a motivação moral.

AUTONOMIA PROCEDIMENTAL

Desde Kant, muitas têm sido as reformulações a respeito da autonomia moral que procuram evitar algumas dessas objeções. Eu farei referência a essas objeções sob o título geral de autonomia procedimental. Os advogados da autonomia procedimental concordam com Kant que uma pessoa só pode ser um agente moral plenamente responsável, se for capaz de pensar e agir independentemente e, assim, viver de acordo com as crenças que adotou. No entanto, eles discordam do ponto de vista de Kant de que uma pessoa só pode ser autônoma se seu raciocínio for imparcial e independente de desejos, emoções e inclinações. Os desejos e as emoções inibem a autonomia somente se eles estão em conflito com o que a pessoa realmente quer, ou se são o resultado de manipulação ou coerção que fuja ao controle da pessoa. Assim sendo, uma pessoa atinge a autonomia procedimental se ela avalia criticamente suas crenças e seus desejos, e os endossa sem uma interferência excessiva de uma autoridade externa. Em outras palavras, se as crenças e os desejos que geram suas ações são a expressão sincera de seus valores mais profundos, e se você adota esses valores após haver deliberado suficientemente, então você está autônomo. Isto é o que significa tomar suas próprias decisões, ser uma pessoa autodirigida.

A natureza dessa deliberação e reflexão crítica é uma questão sobre a qual há desacordo, mas a maioria dos filósofos que endossa este ponto de vista não exigirá o tipo de imparcialidade e objetividade caros a Kant. Um julgamento moral objetivo é um julgamento que é imparcial, porque qualquer um pode reconhecer sua correção, independentemente de seu ponto de vista ou das circunstâncias. Por outro lado, a independência e liberdade de interferência que constitui a ideia de autonomia são baseadas na ideia de que nossas ações deveriam expressar nossos pontos de vista distintos e individuais. Assim sendo, autonomia e objetividade parecem estar puxando para lados opostos. No entanto, a maioria das abordagens sobre a autonomia insiste sobre alguns padrões de racionalidade, porque a razão é uma das capacidades que possibilita que sejamos independentes. Examinaremos mais detalhadamente os requisitos para a razão nos próximos dois capítulos. Por agora, será suficiente dizer que enquanto avaliarmos nossas crenças e nossos desejos honesta e criticamente, escolhermos meios efetivos para atingir nossos objetivos, e raciocinarmos consistentemente, estarão satisfeitos os requisitos da racionalidade.

A versão da autonomia procedimental, do filósofo Harry Frankfurt, tem, talvez, sido a alternativa a Kant mais influente. Do ponto de vista de Frankfurt, é importante que um indivíduo autônomo satisfaça ao menos alguns de seus desejos. No entanto, os nossos desejos não são todos igualmente importantes. Temos desejos imediatos em situações práticas que diretamente nos motivam para agir – um desejo de comer, tirar férias do trabalho, convidar alguém para sair, etc. Estes são desejos de primeira ordem. Mas, de acordo com Frankfurt, também temos desejos de segunda ordem, que avaliam nossos desejos de primeira ordem. Assim, por exemplo, eu posso ter um desejo de primeira ordem de assistir a um concerto de jazz neste fim de semana, e um desejo de segunda ordem que meu desejo de primeira ordem se cumpra. Eu não só tenho o desejo, mas me identifico com ele e quero que ele faça parte de mim. Por outro lado, no jantar de ontem à noite, tive um desejo de primeira ordem de comer uma segunda fatia de torta de queijo. Mas eu não queria ser motivado por aquele desejo. Tive um desejo de segunda ordem de não ser motivado por aquele desejo de primeira ordem, porque quero manter hábitos saudáveis de alimentação.

Uma pessoa é autônoma quando se identifica com seus desejos – quando seus desejos de ordem inferior são consistentes com seus valores e princípios de ordem superior, quando reflete criticamente a respeito de seus valores e seus desejos e aprova que ela os tenha. Assim, não importam quais sejam os nossos desejos, somos autônomos se pensamos a respeito deles e os aprovamos. Uma ação é autônoma enquanto for produto da avaliação da situação do agente, em vez de uma resposta não pensada, passiva ou resultante de coerção. É essa avaliação ativa que faz com que o agente "tenha posse" de suas ações. A autonomia procedimental é uma abordagem plausível da autonomia, porque descreve, ao menos, alguns dos fatores psicológicos que operam na manutenção de nossa independência e liberdade. A autonomia procedimental também aprofunda nossa compreensão da ação moral, porque destaca a importância do caráter na explicação de fatores que levam as pessoas a agir bem. Só podemos ser genuinamente livres, se logramos fazer com que nossos desejos estejam em conformidade com o nosso "melhor-eu" – a pessoa que realmente queremos ser.

No entanto, a autonomia procedimental, enquanto uma explicação da ação moral, é limitada. O problema é que a autonomia procedimental não fornece qualquer conteúdo à ideia de desejos de segunda ordem, ou ao que acima chamei de "melhor-eu". Não há requerimento algum de que o 'melhor-eu" inclua valores morais ou que seja capaz de colocar os interesses dos outros diante dos seus próprios interesses. Em outras palavras, não parece haver razão alguma para que um egoísta não possa ser autônomo segundo este ponto de vista. Para um exemplo cinematográfico de uma tal pessoa, pense em Hannibal Lecter, o personagem feito por Antony Hopkins em *The Silence of the Lambs (O Silêncio dos Inocentes)*. Um indivíduo que refletia muito, independente, cujos desejos de primeira ordem conformavam-se bem até demais com seus valores mais profundos! Assim sendo, a autonomia procedimental não fornece conteúdo suficiente aos nossos valores de base para fazer com que a ação moral seja bem-sucedida.

Resumindo, a visão kantiana de autonomia foi incapaz de explicar nossos motivos para sermos morais. A autonomia procedimental é compatível com motivos morais genuínos, mas não consegue dar qualquer conteúdo à moralidade ou requerer tais motivos. Nenhuma das duas fornece uma abordagem adequada da ação moral.

AUTONOMIA RELACIONAL

Há uma terceira opção, que é o resultado de um trabalho recente feito por uma filósofa feminista, cujo interesse é mostrar que nossas noções tradicionais de autonomia são maldirecionadas. Esta terceira abordagem é chamada de autonomia relacional. Podemos definir a autonomia relacional como a visão que nossa capacidade de ser autodirigida (conforme definida pela autonomia procedimental) está na dependência de nossa habilidade para entrar em, e manter, uma variedade de relações. Na qualidade de seres sociais, cada um de nós desenvolve a capacidade de autonomia por meio de interações sociais. Minha capacidade de escolher o tipo de vida que desejo ter, ou a pessoa que quero ser não pode ser adquirida nem exercida por mim mesmo.

As relações dão condições à autonomia de duas formas. Primeiro, as relações com os pais, professores, amigos, colegas de trabalho e outros nos permitem adquirir a habilidade de agir independentemente, na medida em que nos tornamos adultos; e estas relações nos auxiliam a manter nossa autonomia ao longo de nossas vidas, uma vez que os seres humanos permanecem unidos em comunidades de vários tipos. As instituições culturais e sociais das várias comunidades das quais participamos nos dão meios por intermédio dos quais nós mantemos nossa autonomia. Para sermos capazes de fazer nossas próprias escolhas, necessitamos de liberdade política, informação, educação, boa saúde, recursos financeiros e proteção contra uma variedade de ameaças, e tudo isto são as instituições sociais e as relações que nos dão.

Segundo, os contextos sociais nos quais vivemos constituem nossas autoconcepções enquanto pessoas autônomas. Parte de ser autodirigida é ver-se deste modo. O modo como nos vemos é tanto um resultado da retroalimentação que recebemos dos outros, quanto é uma percepção autogerada. Além disso, nosso contexto social ajuda a construir o modo como nós, enquanto indivíduos, definimos a autonomia e o valor que ela tem para nós. Os tipos de escolhas que temos, como procedemos para as fazer e agir segundo elas, o significado que atribuímos aos nossos objetivos e projetos, os significados que atribuímos à nossa habilidade de controlar as circunstâncias da vida, tudo isso é permeado por compreensões sociais. Em parte, compreendemos nossas características, objetivos e inclinações do modo como os outros em nossa cultura ou sociedade os veem. Além do mais, grande parte de nossos objetivos e aspirações são objetivos e aspirações compartilhadas. Nós os escolhemos e agimos segundo tais decisões somente com a colaboração dos outros.

Isto, certamente, não quer dizer que não possamos rejeitar certos aspectos de nosso condicionamento social. Podemos avaliar, modificar ou rejeitar muitos aspectos desse condicionamento social, mas naquele processo de desenvolvimento estamos sob a dependência de capacidades que adquirimos e mantemos também por meio da socialização. A reflexão crítica que usamos para rejeitar aspectos da nossa socialização é, ela mesma, propiciada por aquela socialização.

Pense a respeito das habilidades que permitem a você rejeitar algo do que seus pais o ensinaram, adotar valores em conflito com as normas sociais, resistir à pressão de companheiros, bloquear a influência da manipulação da mídia e reconhecer que alguns de seus desejos podem não ser apropriados para serem postos em prática, etc. Sua habilidade para resistir à influência externa indesejada requer liberdade política, conhecimento e compreensão, imaginação, autorrespeito e motivação. Não podemos adquirir ou manter nada disso por nós próprios.

Há um terceiro sentido no qual a autonomia é relacional. A autonomia tem valor para nós porque queremos que nossas decisões e ações expressem nossa subjetividade – nossos pontos de vista únicos e individuais. No entanto, as coisas que prezamos constituem aquele ponto de vista individual. A minha individualidade é, em parte, um produto das coisas que prezo, e valorizo o meu ponto de vista porque ele está permeado por coisas de valor. A menos que sejamos profundamente narcisistas, preocupamo-nos com outras coisas além de nós mesmos. Meu ponto de vista é, em parte, construído a partir de minha preocupação para com a minha mulher, filha, filosofia, música, etc. Assim sendo, o exercício da autonomia depende da manutenção de nossas respostas de atenção para com as coisas que amamos. Nós queremos liberdade e independência a fim de que sejamos livres para cuidar daquilo que nos interessa. Se isto não fosse o caso, o exercício da autonomia seria um gesto vazio.

Quando nossa autonomia é rompida, vemos claramente o grau de dependência que existe entre a autonomia e as coisas que prezamos. A perda de autonomia é dolorosa porque já não a temos mais para prezar as coisas como antes da ruptura. Por exemplo, se um marido proíbe sua esposa de continuar trabalhando em um emprego do qual gosta, ela não perdeu meramente parte de sua liberdade, perdeu a habilidade de se motivar por alguma coisa que ela preza.

A autonomia relacional parece, à primeira vista, ser uma ideia paradoxal. A autonomia diz respeito à independência. Como pode a minha independência só ser possível mediante uma maior dependência dos outros? Um exemplo ajudará a esclarecer a questão. Imagine que Glauco é um hábil homem de negócios, mas inescrupuloso, que sobe a escada da corporação apunhalando as pessoas pelas costas ao longo do caminho, e torcendo e quebrando regras e regulamentos da corporação para chegar ao topo. Ele é talentoso e politicamente esperto o suficiente para ser bem-sucedido – ele tem poder e independência. Ao longo do caminho, não obstante, ele tem que envolver muitas pessoas em seus esquemas, portanto ele está nessa posição devido a relações. Oportunidades educacionais superiores e um patrimônio genético fornecem-lhe a inteligência, a determinação e o charme que permitem que tenha sucesso. A sua definição de sucesso, a própria existência de sua companhia, a estrutura de leis e de regras das quais ele tira vantagem são produtos de um contexto institucional do qual ele é profundamente dependente. Além disso, ele é agora escravo dos ritmos de um programa de trabalho esmagador, que se faz em parte necessário porque ele deve estar atento para tudo – a sua bajulação e ambição pura significam que ninguém confia nele e ele não pode confiar em ninguém mais. Agora está no topo, precisará de proteção, informação e cooperação dos outros. Mas, se ele danificou suas relações, ocupará grande parte de seu tempo resguardando-se de desafios, sem a habilidade de confiar em ninguém à sua volta. Ele está agora terrivelmente sob a dependência de pessoas que obrigam o cumprimento de suas determinações, informantes e espiões, e de sua habilidade em fazer com que os outros o temam. É importante salientar que se ele se preocupa somente com sua carreira, salário e opções de ações, mas não com sua companhia, clientes e investidores, a companhia será, ao final, ineficiente, e não terá os recursos materiais e humanos suficientes para fazer o que se espera que faça bem. Porque ele está profundamente sob a dependência das forças do mercado, para a sua sobrevivência, as perspectivas de sua empresa declinarão mais do que seria provável. A empresa quebrará e será vendida e ele agora dependerá da habilidade de profissionais de relações públicas para polir sua reputação e esconder suas deficiências, para que possa postular um próximo emprego.

Certamente, há pessoas assim, e algumas vezes elas obtêm sucesso. No entanto, elas não conseguem ter independência. Independência de relações é uma ilusão, e qualquer explicação realista de independência deve fazer menção a relações. A autonomia não é uma questão de conseguir independência dos outros. Em vez disso, ela envolve encontrar meios de depender dos outros que sejam compatíveis com a nossa integridade e habilidade de controlar as nossas vidas.

Além disso, o que é ainda mais importante para nossos propósitos neste capítulo, a autonomia relacional esclarece a natureza da ação moral, porque ela promete uma solução para o problema da autonomia procedimental salientada acima. Lembre-se de que, segundo a perspectiva procedimental, um agente tem autonomia se ele, refletidamente, endossa seus desejos de primeira ordem à luz de seus valores e comprometimentos mais profundos. O problema com a autonomia procedimental era este, porque ela não especifica nenhum comprometimento de valor substantivo que um agente autônomo deva ter, ela não pode fornecer uma fundamentação para a ação moral. Um egoísta moral consistente poderia ser autônomo no sentido procedimental. No entanto, segundo o ponto de vista racional da autonomia, podemos, ao menos, ver um delineamento amplo dos comprometimentos morais substantivos que são necessários para que alguém seja autônomo.

A autonomia relacional acrescenta ao ponto de vista relacional a ideia de que os nossos valores e comprometimentos mais profundos devem ser dirigidos para o estabelecimento e a manutenção de relações, uma vez que sem elas é impossível alcançar a autonomia. A autonomia procedimental diz que uma pessoa é autônoma, se seus desejos de ordem inferior são consistentes com seus valores de ordem superior e se ela reflete criticamente a respeito de seus desejos e valores, e aprova que os tenha. A autonomia relacional concorda e acrescenta que uma pessoa deve também manter as relações das quais a sua autonomia depende. Assim, a autonomia relacional começa a explicar nossa capacidade para a ação moral, bem como o nosso interesse nela, porque para que se possa estabelecer e manter as relações que são necessárias para a autonomia, deve-se adotar um ponto de vista moral e agir segundo ele.

Em resumo, para ser um agente e atuar efetivamente, com propósito, no mundo, devo ser autônomo. Eu devo tomar minhas próprias decisões e elas devem ser compatíveis com os mais profundos desejos e valores. Para que eu seja autônomo, devo estabelecer e manter relações. Tanto a inteligibilidade da autonomia quanto a capacidade para a autonomia requerem relações. Para que eu possa estabelecer e manter relações devo ser um agente moral com capacidade para atuar segundo um ponto de vista moral. A moralidade requer liberdade (no sentido de autonomia), mas a liberdade a requer igualmente.

A ideia da autonomia relacional resolve uma série de questões que foram levantadas nesta discussão sobre a ação moral. A autonomia relacional inicia o processo de esclarecimento do propósito da moralidade – a moralidade nos permite estabelecer e manter relações que contribuem para o nosso funcionamento e prosperar no mundo como seres autônomos. Assim, os motivos morais são compatíveis com a visão mais plausível do agir humano, no qual as nossas ações são dirigidas para um objetivo. A autonomia relacional também fornece parte da explicação de como os interesses dos outros podem ser uma razão para que eu aja, mesmo quando não compartilho de seus interesses. Para vermos isto, temos de estruturar melhor a ideia de autonomia relacional.

Ter autonomia é ser autodirigido. É estar em uma posição na qual minhas ações refletem minhas próprias crenças e desejos. Para atingir a autonomia devemos ter capacidade para um padrão de deliberação, no qual avaliamos desejos e valores, assim como nossas situações, incluindo as relações, a fim de exercer o devido controle sobre nossas vidas. No entanto, este padrão de deliberação deve cobrir não somente o passado e o presente, mas também o futuro. Muito da nossa habilidade de controlar fatores em nossas vidas envolve o modo como antecipamos o futuro. Se antecipamos o futuro de modo tal que barre excessivamente nossas possibilidades e torne a tomada de decisões mais difícil, assim como a nossa ação futura segundo elas, então sofremos uma perda de autonomia. No entanto, o futuro é certamente imprevisível. Embora possamos fazer algumas toscas predições com base em nosso passado e presente, não podemos, de modo confiável, predizer quais crenças e desejos poderemos ter no futuro, o tipo de obstáculos com os quais nos confrontaremos, ou os tipos de relações que teremos de estabelecer. Portanto, a fim de manter o controle sobre nossas vidas, temos de abrir novas possibilidades, estar preparados para revisar planos, tirar vantagem de oportunidades, adquirir novas habilidades, novos interesses e o que é mais importante, estabelecer novas relações. O que quer que seja que o futuro venha a ser para cada um de nós, será um futuro no qual entraremos com outros, no qual as relações de dependência serão cruciais para nossa habilidade de manter controle sobre nossas vidas. Mas isto quer dizer que temos de desenvolver disposições para responder às pessoas de modo a manter a possibilidade da relação.

Discutirei essas disposições mais detalhadamente em capítulos posteriores. Por agora, será suficiente apontar para qualidades de caráter como a habilidade de tratar bem as pessoas com justiça e respeito, honestidade, carinho, etc. É importante notar que estas não são disposições que posso acionar ou não de acordo com a minha simples conveniência. Como vimos anteriormente, para que sejam efetivos, nossos motivos devem ser razoavelmente consistentes e encaixados em nossas psicologias de uma forma tal que nos permitam dar respostas naturalmente, uma questão de hábito. Por "hábito" eu não quero dizer uma tendência de agir sem pensar; quero dizer uma tendência para responder com consistência e adequação, de acordo com o que a situação requer. Assim sendo, não devemos tratar bem somente aqueles dos quais já dependemos, mas devemos, também, tratar com respeito aqueles com os quais temos uma relação potencial. As disposições de personalidade e caráter requeridas para manter uma abertura para o futuro nos estimulam a tratar as pessoas bem, mesmo quando não compartilhamos de seus interesses. Uma vez que o futuro é aberto e indeterminado, não sabemos se compartilhamos seus interesses ou não. Além disso, mesmo quando temos boa evidência de que não compartilhamos de um interesse em comum, não havendo uma ofensa ou ameaça de algum tipo, uma pessoa preocupada em maximizar o controle sobre sua vida não fechará tais disposições que nos permitem estabelecer e manter relações. Assim sendo, a autonomia relacional requer uma concepção de ação moral que explique não somente os atos morais dirigidos aos outros que nos são familiares, mas também atos morais dirigidos a estranhos.

Para evitar más compreensões, dois pontos devem ser enfatizados. Primeiro, temos uma abordagem do que motiva os agentes morais e o que faz a conduta moral, incluindo ações altruístas, inteligível para agentes morais. Ainda não nos ocupamos da questão de quais ações específicas são justificadas ou obrigatórias. Temos uma explicação da capacidade e motivação para tratar bem os estranhos, mas ainda não temos uma explicação de que tipos de tratamento são moralmente necessários, ou quando podemos justificadamente suspender tais motivos. Estas questões, estritamente falando, não são de ação moral, mas de justificação moral e serão discutidas em capítulos subsequentes.

Segundo, não quero sugerir que todas as relações valem a pena ou que todas as relações suscitam autonomia. Claramente, algumas relações são destrutivas ou irrelevantes, e a maioria das relações introduz conflitos que são difíceis, quando não impossíveis de resolver. Um aspecto significativo da obtenção da autonomia é a capacidade de manter a integridade não obstante um conflito persistente. O Capítulo 6 inclui uma discussão deste ponto.

Esta abordagem coloca de lado a resposta restante do egoísta que poderia dizer que tendo em vista que quanto menos dependente eu for de outras pessoas tanto menos moral devo ser, deve-se procurar uma vida que seja tão independente quanto possível. Como temos visto, a própria independência depende de relações. Assim sendo, é improvável conservar aquela independência agindo somente em interesse próprio. Uma vida voltada a se separar dos outros para preservar a habilidade de agir somente segundo seus próprios interesses, pode ser uma vida possível para seres humanos. Mas esta é uma vida carrancuda e pobre, destituída dos bens que a maioria dos seres humanos procura.

Finalmente, a autonomia relacional começa a tornar inteligíveis as ações de Schindler, embora os detalhes devam ser preenchidos posteriormente, quando já tivermos um aparato conceitual mais elaborado à disposição. É plausível argumentar que a habilidade de Schindler em responder às necessidades de seus trabalhadores se baseava nas relações que tinha com eles. Eles eram vulneráveis; ele era o protetor deles, e ninguém mais estava em condições de os ajudar. O sentimento que Schindler tinha de sua própria independência e controle lhe demandou assumir o risco de os resgatar. Eu duvido que Schindler tivesse dado a mesma assistência a qualquer um a qualquer tempo. Foram aqueles trabalhadores, que naquele momento estavam naquela situação, que provocaram a sua resposta heroica.

REFERÊNCIAS E SUGESTÕES PARA LEITURAS APROFUNDADAS

DWORKIN, Gerald (1988). *The theory and Practice of Autonomy*. Cambridge, Cambridge University Press.

FRANKFURT, Harry G. (1887). "Identification and Wholeheartedness", in: SCHOENEMAN, F., ed. *Responsibility, Character and Emotions*. Cambridge, Cambridge University Press.

KANT, Immanuel (1964) [1785]. *Groundwork of the Metaphysics of Morals*.[PATON, H.J., trad.] New York, Harper & Row.

MACKENZIE, Catriona, e STOLJAR, Natalie, eds. (2000). *Relational Autonomy*. Oxford, Oxford University Press.

2
Razões morais objetivas

A concepção de ação moral desenvolvida no Capítulo 1, requer que a razão desempenhe um papel significativo em nossa habilidade de estar no controle de nossas vidas. Temos de raciocinar a respeito do que nossos objetivos deveriam ser e raciocinar a respeito da melhor forma de os realizar. Além disso, a habilidade para raciocinar criticamente a respeito de nossos desejos ajuda-nos a manter nossa autonomia por meio do julgamento de nossos desejos, à luz de valores e comprometimentos mais profundamente arraigados.

No entanto, as razões desempenham um outro papel também. Para participar em uma rede de relações que compõe nosso sistema de cooperações, temos de ser capazes de dar razões para nossas ações, quando solicitados a assim fazer. Quando as nossas ações afetam os outros, é provável que as pessoas afetadas nos solicitem justificação de nossas ações, não somente no que tange suas efetividades ou eficácia, mas também de um ponto de vista moral. Nossa habilidade em participar naquele sistema de cooperação depende de nossa habilidade em fornecer a justificação adequada para o que planejamos fazer ou fizemos. Uma vez que estas serão razões que os outros deverão aceitar ou rejeitar, não será uma razão qualquer que contará. Há razões que são boas e outras más, e para fazer uma triagem entre elas, necessitamos desenvolver padrões de aceitação de nossas razões morais. Este capítulo fala a respeito das várias tentativas para desenvolver padrões de aceitabilidade para as razões morais.

Quando justificamos as nossas ações em contextos do cotidiano, com frequência fazemos julgamentos que são sustentados por padrões de comportamento amplamente aceitos, chamados de normas morais. Por exemplo, uma bibliotecária pode justificar ter me multado por não entregar o livro dentro do prazo estabelecido, porque esta é uma norma amplamente aceita, confirmada por sanções, em que os empréstimos devem ser retornados na data aprazada, ou antes dela. No entanto, para que nossas ações sejam justificadas, as normas de que nos servimos para tanto também devem ser justificáveis. O fato de que uma norma seja amplamente aceita não a torna correta. O que justifica normas tais como roubar é errado, não se deve mentir, etc.? Uma abordagem filosófica do raciocínio moral deve responder esta questão.

A maioria das abordagens tradicionais do raciocínio moral diz que as razões morais devem ser objetivas. Lembre-se que, no Capítulo 1, dissemos que "objetivo" significa sem preconceitos e imparcial. Uma razão objetiva não é baseada no meu ou no seu ponto de vista, mas em considerações independentes. Se podemos basear julgamentos morais em razões objetivas, então os julgamentos morais serão estáveis, uma vez que não mudarão na dependência do meu ou do seu ponto de vista. Eles representarão um terreno comum que compartilhamos. No Capítulo 1, eu argumentei que nossos motivos para agir moralmente não podem ser imparciais. Neste capítulo estou fazendo uma pergunta um pouco diferente. Podem as nossas razões para agir serem imparciais?

Em parte, a razão para insistir sobre a objetividade das razões morais surge de preocupações a respeito do relativismo. Assim sendo, vamos primeiro ver o relativismo antes de nos voltar diretamente à questão da objetividade.

RELATIVISMO

Uma visão muito popular diz que os padrões de aceitação para um julgamento moral dependem da cultura ou grupo social da pessoa. Esta visão é chamada de relativismo, e ganha plausibilidade a partir do fato de que culturas ou grupos sociais parecem ter normas muito diferentes segundo as quais vivem. Do ponto de vista do islamismo radical, os ataques terroristas de 11 de setembro são moralmente justificados. Do ponto de vista da maioria de nós na sociedade ocidental, eles não são justificados. Em certos países ou tribos na África, a mutilação genital de meninas é um meio aceitável de manter costumes sexuais; na maioria do resto do mundo não o é. Através da história, em muitas partes do mundo, era esperado que as pessoas idosas que já não fossem mais produtivas cometessem suicídio. Nós pensamos que uma tal expectativa é cruel.

A diversidade de códigos morais que existe hoje, assim como através da história, indica que não há uma única moralidade que governe todos os seres humanos. Como um fato empírico esta afirmação parece, obviamente, verdadeira. No entanto, o relativismo leva esta afirmação empírica um passo adiante. Não só grupos sociais diferentes de fato seguem normas diferentes, mas eles devem seguir normas diferentes porque não há padrões independentes que nos permitam determinar qual conjunto de normas é correto. Uma ação é certa ou errada somente em relação às normas dos grupos sociais particulares. Assim sendo, dizer que uma ação é errada é simplesmente dizer que as normas dominantes de um grupo particular a proíbem.

O relativismo moral é uma posição controversa porque muitas pessoas se sentem perturbadas pela possibilidade de que uma ação possa ser moralmente errada em uma sociedade e permissível em outra sociedade. Estas preocupações são exacerbadas pela possibilidade de que o relativismo possa ser aplicado a grupos menores dentro da sociedade também, assim, aquilo que pode ser errado para você, pode não ser para seu vizinho. Ainda mais perturbador é o fato de que o relativismo proíbe importantes julgamentos que são centrais para o sentimento de quem somos. Por exemplo, hoje, a maioria das pessoas em nossa sociedade condena o antissemitismo genocida do nazismo, e esta condenação é essencial para o nosso ponto de vista moral. No entanto, se o relativismo é verdadeiro, este julgamento não é racional porque não há padrão independente de justificação que mostre que este julgamento está correto. O relativismo parece eliminar a crítica de qualquer um que esteja fora da minha própria cultura ou subcultura.

Isto não quer dizer que o relativismo elimine todas as formas de crítica. O relativismo é compatível com críticas internas, nas quais crenças ou práticas específicas são criticadas, por serem disfuncionais ou violarem seus próprios padrões internos. Uma sociedade pode criticar, racionalmente, práticas dentro de suas fronteiras, por serem incompatíveis com as normas dominantes daquela sociedade. Além disso, o relativismo não implica que tudo seja permitido. As normas sociais podem ser bastante estritas e requerem uma boa dose de conformidade. O problema com o relativismo não é que qualquer coisa seja permitida; é que os recursos para a crítica e justificação são limitados.

Examinemos alguns dos argumentos do relativismo moral. Um argumento a favor do relativismo é o próprio fato de que a existência de uma tal diversidade de crenças morais significa que não pode haver um único código moral que seja correto. Este argumento por si só não é convincente. Obviamente, algumas pessoas têm crenças falsas a respeito de todos os tipos de coisas. Por que algumas crenças morais não podem ser falsas? Os cientistas discordam veementemente sobre as causas do câncer, historiadores a respeito das origens das revoluções, e economistas discordam em como as políticas de taxação afetam a economia. Não obstante, independentemente dessa diversidade de opiniões, algumas afirmações vêm a ser verdadeiras e outras falsas. O simples fato da diversidade não implica coisa alguma a respeito da verdade de diferentes crenças. Alguns grupos sociais podem simplesmente estar enganados a respeito de qual código moral seja o correto.

Outro argumento a favor do relativismo é o de que se o relativismo é verdadeiro, podemos ser mais tolerantes e aceitar os outros. Uma vez que vemos que nosso próprio modo de vida não é melhor, de um ponto de vista moral, do que outros modos de vida, deveríamos estar menos inclinados a julgá-los, menos inclinados a entrar em conflito com eles e mais inclinados a ver as virtudes de modos alternativos de viver. Um problema com este ponto de vista é que se a crítica a outras culturas não é justificável, a aprovação de outras culturas é igualmente sem fundamentação. Mas há ainda um problema mais profundo com esta visão - ela produz uma contradição prática. Suponha que um relativista confronte-se com uma cultura intolerante, cujos membros aderem rigidamente a seus pontos de vista com convicção. O relativista não pode dizer que essa intolerância não é justificada – ele não tem nenhum princípio fora de sua própria cultura para justificar sua afirmação. Ele não pode advogar que todos devem ser tolerantes, uma vez que o relativismo nega a possibilidade de defender este tipo de afirmação universal. Assim sendo, ele deve tolerar o intolerante. Mas se houver um conflito real aqui, e os pontos de vista do intolerante estão sendo forçados ao relativista ele está confrontado com um dilema: ou não consegue defender sua posição de que o relativismo é verdadeiro para ele, ou viola seu princípio de tolerância e contesta o intolerante. Em um mundo no qual visões morais competitivas persistentemente entram em conflito, a posição do relativismo não parece promissora.

Há, no entanto, um argumento mais sofisticado a favor do relativismo. Este argumento baseia-se na afirmação plausível de que o único meio de adquirir um conjunto de crenças morais é o adquirir por meio da socialização, dentro de um grupo social particular. Os grupo sociais nos quais vivemos determinam nossos valores e desejos, porque estes valores e desejos são, afinal de contas, respostas às condições sob as quais vivemos. Assim sendo, não há modo de tomar uma decisão moral independentemente desta estrutura, porque os instrumentos de que necessitamos para tomar tais decisões estão profundamente arraigados neste modo de vida. Nenhuma forma alternativa de vida pode, alguma vez, parecer tão impositiva e as razões que surgem de modos alternativos de viver não podem ter uma influência venal sobre nós.

Esse é um argumento muito forte para o relativismo, porque ele se baseia na afirmação plausível de que fatos a respeito das condições sob as quais as pessoas vivem geram suas crenças morais. A moralidade consiste em normas que as pessoas adotam para superar obstáculos à sua prosperidade e preservação da ordem social. Consequentemente, as crenças morais são adquiridas sob um conjunto particular de restrições físicas e condições sociais, e as razões que elas têm para justificar suas normas parecerão impositivas somente àqueles que compartilham uma condição. Elas não parecerão impositivas a alguém que se depara com obstáculos diferentes e é nutrida por tradições diferentes.

Embora esta seja uma explicação plausível de como adquirimos normas morais, como um argumento para o relativismo ela está sujeita a duas objeções. A primeira, é que este argumento assume que culturas e subculturas devam ser relativamente isoladas, assim que nunca podemos nos tornar suficientemente familiarizados com os outros para fazer julgamentos sobre suas práticas morais. Isto pode ter sido o caso antes de as modernas formas de comunicação e transporte tornarem possível o contato entre culturas que apresentam disparidades. Eu duvido que na maioria dos casos isto ainda seja verdade. Uma boa dose de empatia e de imaginação pode ser necessária para que se adquira compreensão suficiente dos outros e fazer julgamentos informados a respeito deles. Mas isto não é impossível. A compreensão é uma questão de grau, e não necessitamos possuir uma compreensão completa de alguma coisa antes de levantar questões a seu respeito. Em uma cultura global, a distinção entre estar dentro de uma cultura *versus* estar fora de uma cultura é altamente contestada e não fornece mais base estável que permita eliminar perspectivas críticas.

O engano em que o relativista incorre aqui é o de assumir que uma crença ou prática moral particular seja tão firmemente ligada às condições sob as quais surgiu, que não sejamos capazes de vê-la sob um outro aspecto. Dado o fato de que as mudanças sociais se dão rapidamente, a questão de uma crença continuar a servir a um propósito ou não, é sempre inteligível e pode ser levantada a partir de uma série de perspectivas internas e externas a um grupo social. Em outras palavras, não estamos tão completamente posicionados dentro de uma cultura ou tradição, a ponto de não poder apreender alternativas com algum grau de compreensão.

Além disso, se certas crenças adquiriam aceitação com base em fatos que se descobre serem falsos, então o fato de serem parte de uma tradição cultural se torna irrelevante para sua avaliação. Tais crenças merecem críticas, independentemente de quão profundamente arraigadas em uma cultura elas estejam. Por exemplo, muitas culturas fazem discriminação contra as mulheres como força de trabalho, com base na crença de que estas são menos inteligentes do que os homens. Eles mantêm esta crença, não obstante o fato de que a evidência científica mostre que ela é falsa. Do mesmo modo, o nazismo se baseou em falsas crenças a respeito da superioridade da raça ariana, da influência dos judeus na cultura germânica e das razões para o rebaixamento da posição da Alemanha no mundo.

Quando as culturas entram em conflito no mercado global das ideias, cada ideia deve ser questionada e defendida para que consiga atrair e manter aderentes. Isto age como uma imposição a qualquer sistema moral que procure se isolar ao abrigo de críticas. A imposição mais importante é a de que afirmações fatuais devem apresentar o suporte da evidência empírica. Na medida em que qualquer cultura ou subcultura faz parte de um sistema mais amplo de relações – e, como sugeri, hoje a maioria das culturas de fato faz – elas não podem ignorar a demanda de que razões sejam dadas para suas práticas, caso pretendam permanecer integradas àquele sistema. As relações nos impõem estes tipos de restrições.

A segunda objeção a este argumento a favor do relativismo é que, embora cada cultura, talvez, se depare com obstáculos peculiares, os quais suas normas morais têm como função superar, todos os seres humanos compartilham de uma condição que requer um conjunto de repostas comuns. Todas as culturas devem produzir e manter riqueza suficiente para sua sobrevivência, administrar a ameaça da mortalidade, resolver problemas de comunicação e coordenação, e criar seus filhos. Isto quer dizer que as práticas morais de todas as culturas, em alguns aspectos, serão parecidas. É difícil imaginar uma cultura que não tenha regras contra o assassinato, nenhum padrão de honestidade, e nenhuma regra que governe a educação das crianças. Uma cultura que não as tivesse, não poderia se manter sequer por uma geração.

Isto sugere que devemos adotar uma posição que a filósofa, Nina Rosenstand, chama de universalismo brando. O universalismo brando afirma que há princípios morais básicos que são compartilhados por todas as culturas, embora cada cultura possa aplicá-los de modo distinto. Cada cultura pode ter regras contra o assassinato, mas há grandes diferenças quanto a como tais regras são aplicadas, a quem se aplicam e que tipos de exceção permitem. O fato de que haja semelhanças quanto aos tipos de obstáculos com os quais os seres humanos têm de se confrontar, nos dá um ponto de partida para a avaliação de modos discordantes de superar tais obstáculos. Podemos falar de meios melhores ou piores de confrontar a mortalidade, preservar a confiabilidade da comunicação, etc.

No entanto, embora o relativista esteja errado em sugerir que não há respaldo para criticar ou avaliar outras práticas culturais, o relativista poderia estar correto ao negar a existência de um único código moral que seja correto. Do fato de que todas as afirmações podem ser criticadas e devemos defendê-las com razões, não decorre que haja critérios claros para resolver todos os desacordos morais. Embora possamos mostrar que alguns códigos morais são inferiores porque são incompatíveis com os fatos ou não conseguem solucionar os problemas que deveriam, nós podemos não ser capazes de mostrar que uma e somente uma forma de vida é correta usando tais critérios. Consequentemente, pode haver muitos modos diferentes de viver com códigos morais distintos e contrastantes, e nenhum critério que nos permita compará-los. Embora possa haver uns poucos princípios comuns muito gerais que todos esses modos de vida compartilham, as diferenças no modo como pesamos o valor relativo dos vários bens podem ser tão significativas, que as normas que expressam esses princípios podem produzir linhas de ação amplamente divergentes e incompatíveis. Por exemplo, embora todas as culturas tenham normas que diminuem os conflitos e estimulam a cooperação, o modo como estabelecemos os termos de cooperação podem ser amplamente diferentes. Na cultura ocidental, colocamos valor substancial na autonomia e individualidade. No entanto, muitas culturas através do mundo valorizam muito mais a coesão social, a comunidade e a tradição. Pode ser que não haja fato na questão que demonstre qual deles é o correto e nenhum critério único que nos permita compará-los.

Isto sugere uma alternativa ao relativismo, chamada pluralismo de valores, que tem muitas das virtudes do relativismo, sem seus vícios. Diferentemente do relativismo, o pluralismo de valores não afirma que todos os sistemas de valores são igualmente bons ou que não podemos criticar sistemas de valores. Ele é compatível com o ponto de vista de que algumas pessoas podem estar equivocadas quanto ao que tem valor e que alguns sistemas de valores são simplesmente inadequados. No entanto, ele concede existência a uma variedade de sistemas que são compatíveis com viver uma boa vida humana.

O pluralismo também é compatível com o que parece ser fatos empíricos a respeito de diferenças morais. Se olharmos a variedade de diferenças que caracterizam a sociabilidade humana e os conflitos que surgem por causa de tais diferenças, é razoável concluir que há muitas formas distintas de viver e nenhum procedimento racional para resolver todos os conflitos entre elas.

O pluralismo de valores, no entanto, nos deixa com uma consequência desagradável. Uma vez que há conflitos que não podem ser resolvidos racionalmente, parece que ele nos deixa com uma escolha rígida entre a tolerância a pontos de vista que consideramos ofensivos, ou o uso da força para resolver conflitos. Isto, até o ponto em que necessitamos depender da razão para resolver conflitos sérios, e a razão se mostra impotente. Muitos filósofos acham que isto é inaceitável. Assim sendo, as dificuldades com o relativismo e o pluralismo moral estimularam a busca de uma teoria do raciocínio moral que seja absoluta e universal. Passaremos agora à análise de tais teorias.

REALISMO MORAL

Para que a razão seja suficientemente poderosa para resolver conflitos entre visões discordantes de como viver, ela deve ser capaz de fornecer uma base para o raciocínio que seja independente daqueles pontos de vista discordantes. As razões para a ação devem ser tais que qualquer um possa ver o ponto delas, independentemente de crenças religiosas, tradições culturais ou desejos particulares. Em outros termos, as razões morais devem ser objetivas.

Até agora, defini uma razão "objetiva" como uma razão que é imparcial ou não preconceituosa. Para alguns filósofos, para que um julgamento seja não preconceituoso, ele deve referir-se a alguma coisa que seja independente da mente. Um julgamento objetivo é um julgamento que responde a fatores que são externos à mente. Mas há muitos modos de entender o que quer dizer ser externos à mente. Alguns filósofos sugeriram uma abordagem chamada de realismo moral. De acordo com ela, os fatos morais, que são parte do mundo externo, guiam os julgamentos morais objetivos. Os julgamentos morais são julgamentos a respeito de como o mundo é e tais julgamentos podem ser tanto verdadeiros quanto falsos. Uma vez que "como o mundo é" é independente do que pensamos sobre o mundo, os julgamentos guiados por como o mundo é não são produtos de uma perspectiva particular, mas são objetivos.

No entanto, o realismo moral não recebeu ampla aceitação, porque parece haver uma importante distinção entre fatos e valores. Uma coisa é observar que "Manoel está machucando Pedro". Isto é um fato observável. No entanto, afirmar que "o modo como Manoel está tratando Pedro é errado" é afirmar outra coisa. Eu não só estou afirmando que algo está acontecendo, mas estou também atribuindo um valor a ele, dizendo que ele é mau. Na primeira frase, estou simplesmente descrevendo um estado de coisas e, se minha descrição é verdadeira, é guiada por como o mundo é. Na segunda frase, eu estou prescrevendo uma ação, implicitamente recomendando a Manoel que pare de machucar o Pedro. Na afirmação "o modo como Manoel está tratando Pedro é errado", eu não estou somente percebendo a realidade, mas projetando uma atitude na realidade. A maldade do tratamento de Manoel a Pedro não é algo observável. A projeção de minha atitude depende de minha mente, um produto de meu estado mental, portanto, não independente da mente. Assim sendo, tal julgamento moral não é objetivo.

O realista moral é, algumas vezes, acusado de cometer a falácia naturalista. Chama-se de falácia naturalista um engano de raciocínio que envolve a dedução do que deve ser o caso, a partir do que é o caso. Não é óbvio que todas as deduções deste tipo sejam falácias. Presumivelmente, uma concepção do que os seres humanos devam fazer tem alguma conexão com fatos a respeito da natureza humana. No entanto, está claro que deduzir assertivas de "dever", a partir de assertivas de "ser", envolve mais argumentos, não uma simples afirmação de fatos.

Este debate sobre o realismo moral é complexo, de forma alguma finalizado, e faz muitas voltas e reviravoltas, das quais não nos ocuparemos aqui. Para nossos propósitos é suficiente salientar que basear a objetividade em uma analogia entre fatos do cotidiano e fatos morais não parece promissor.

CONSISTÊNCIA LÓGICA

Uma abordagem alternativa à da objetividade que tem granjeado mais suporte é a abordagem das razões morais, não como guiadas por fatos a respeito do mundo, mas como guiadas pela força moralmente obrigatória da consistência lógica. A ideia é que qualquer ser racional deve estar em conformidade com princípios da lógica. Assim sendo, se podemos mostrar como uma questão de lógica que certos princípios morais são justificados, então os princípios serão objetivamente válidos para todos os seres racionais. Eles serão objetivos no sentido de que não representam a perspectiva desta ou daquela pessoa, mas são necessários a qualquer ser racional. Eles são independentes da mente, no sentido de que independem de perspectivas ou interesses particulares.

Esta abordagem para demonstrar a objetividade do julgamento moral tem uma variedade de formulações. Uma das mais acessíveis é a de Thomas Nagel, que afirma que, quando damos uma resposta a malfeitores – "o que você acharia se alguém fizesse isto a você?" – você pode ver a base objetiva das razões morais. Nagel argumenta que faz parte da natureza humana ter ressentimento das pessoas que não levam os nossos interesses em conta. Quando alguém me prejudica intencionalmente, eu fico zangado com ele por não ter consideração. Consequentemente, penso que as outras pessoas têm uma razão para levar em conta os meus interesses. Mas não sou diferente dos outros que têm interesses. Os interesses deles são tão importantes para eles, como os meus são para mim.

É aqui que entra em cena a força da consistência lógica. É um princípio básico da razão que se uma razão se aplica a um caso, ela se aplica a qualquer caso que apresente uma semelhança relevante. Usar uma razão como justificação para uma ação em um caso, mas depois retirar aquelas razões em outro caso que é semelhante em todos os modos relevantes, seria arbitrário e sem motivação. A racionalidade requer de nós que sejamos consistentes. Portanto, se os outros não têm uma razão para levar meus interesses em consideração, não tenho razão para levar os interesses deles em consideração. Consequentemente, levar os interesses de todos em consideração é um requisito moral objetivo e universal.

Nagel conclui daí que todos os seres humanos são capazes de ter motivação imparcial. Podemos ser movidos a fazer julgamentos morais a partir de um ponto de vista puramente objetivo. Certamente, esta motivação compete com outros motivos de natureza mais egoísta ou pessoal. Mas a justificação de uma ação particular é uma questão de considerar as razões pelas quais eu devo agir imparcialmente, independentemente de meus motivos pessoais, pesando-os contra os nossos outros motivos.

O argumento de Nagel é poderoso e atraente, mas limitado em aspectos importantes. Verifique que embora ele diga que nós sempre temos uma razão para levar em consideração os interesses dos outros, não precisamos agir sempre segundo tal razão. Presumivelmente, em qualquer situação bastante complexa, temos uma variedade de razões para agir – algumas delas podem ser razões de interesse próprio. Se nossas ações de interesse próprio devem passar por cima dos interesses dos outros em uma situação particular é uma questão que o argumento de Nagel não responde.

Também, observe que, de acordo com Nagel, ser racional é ter consistência. No entanto, embora a consistência possa ser um aspecto importante da racionalidade, ela certamente não se resume a isso. É também racional procurar a felicidade, escolher meios eficazes de satisfazer desejos, etc., e estas dimensões da racionalidade podem entrar em conflito com os requisitos da consistência. Quando ser consistente conflita com esses outros objetivos, não é óbvio que a racionalidade requeira consistência absoluta. Nagel necessita de argumentos adicionais para demonstrar a importância suprema da consistência.

Isto nos traz um problema mais profundo, que comecei a tratar no Capítulo 1, mas deve ser novamente examinado nesta discussão a respeito de razões morais. Nagel assume que se temos uma razão para fazer alguma coisa, temos também um motivo para fazê-la. Esta é uma questão altamente contestada em filosofia moral. Podem as razões, por si próprias, fornecer motivos, ou as razões devem ser acompanhadas por desejos que induzam alguém a agir? Eu argumentei no Capítulo 1 que a ação requer um motivo, desejo ou propósito. Mas devemos explorar a questão de se a razão fornece seus próprios motivos, mais detalhadamente. Discutirei esta questão mais abaixo, assim, lembre-se de que há uma questão importante que deve ser resolvida antes de achar aceitável o argumento de Nagel.

O objetivo de Nagel é esclarecer o grau em que o significado de afirmações morais ordinárias requer um comprometimento com um ponto de vista objetivo. No entanto, mesmo que endossemos o argumento de Nagel, ainda temos de saber como, começando com este ponto de vista objetivo, podemos raciocinar a respeito de questões morais. Assim, por agora, assumamos que Nagel está correto sobre a necessidade de um ponto de vista objetivo, e passemos à questão de como um raciocínio moral, a partir de um ponto de vista objetivo, se apresenta em detalhes, examinando as duas principais teorias do raciocínio e justificação moral – o utilitarismo e a deontologia.

UTILITARISMO

Quando avaliamos uma ação, podemos focalizar várias dimensões da ação. Podemos avaliar a pessoa que está agindo, sua intenção ou motivo, a natureza do próprio ato, ou suas consequências. O consequencialismo é a abordagem segundo a qual o que faz com que uma ação seja certa ou errada são suas consequências. No que diz respeito à avaliação de um ato, as outras dimensões da ação não são importantes. A teoria consequencialista mais amplamente difundida é o utilitarismo.

O utilitarismo tem uma linhagem longa e ilustre. Sua elaboração detalhada foi inicialmente feita por Jeremy Bentham, em 1781. Desde então tem sobrevivido a inúmeras permutações nas mãos de filósofos e economistas atraídos por seu potencial para reformas sociais. O utilitarismo procura substituir a confiança em Deus, na tradição, senso comum ou instituições, pelo raciocínio a respeito de fatos e suas consequências.

O utilitarismo começa com uma percepção sobre a natureza humana – a maioria dos seres humanos busca melhorar o seu bem-estar. Portanto, nossas ações devem promover o bem-estar. Tem havido muita disputa quanto ao que seja o bem-estar. Os primeiros utilitaristas pensavam em termos de prazer; hoje, muitos utilitaristas pensam em termos de satisfação de preferências como o derradeiro bem. No entanto, há boa razão para pensar que nem o prazer nem a satisfação de preferências capta o elenco de coisas às quais os seres humanos atribuem valor. Discutiremos a ideia de bem-estar mais detalhadamente no Capítulo 5. Por agora, assumiremos que bem-estar inclui o tipo de coisas que a maioria de nós quer – vida prolongada, boa saúde, comida, abrigo, relações amorosas, educação, etc.

Posto que temos interesse em nosso próprio bem-estar, o utilitarista argumenta que devemos causar tanta existência de bem-estar quanto possível. Mas, o bem-estar de quem devemos promover? À semelhança de Nagel, o utilitarista argumenta que todos nós temos um mesmo interesse em nosso próprio bem-estar. De um ponto de vista objetivo, devemos considerar nosso próprio interesse como igual aos interesses de todos os demais. Assim, devemos tentar produzir o maior bem-estar total agregado para todos aqueles que serão afetados por nossas ações. Isto pode ser captado em um único princípio básico, chamado o princípio da utilidade.

O princípio da utilidade é como se segue: "Dentre as linhas de ação disponíveis, escolha aquela que produz o maior bem-estar agregado". Em outras palavras, tomamos os afetados por uma ação contemplada, determinamos como a ação os vai afetar, adicionamos todos esses efeitos, subtraindo os efeitos negativos dos efeitos positivos, e comparamos aquela soma com a soma dos efeitos de ações alternativas. Nós somos obrigados a escolher a ação que maximiza o bem-estar geral. De acordo com esta versão do utilitarismo, devemos avaliar cada ação que contemplamos com vistas a como ela promove o bem-estar geral. Assim, chamamos esta versão de utilitarismo de atos.

De acordo com o utilitarismo de atos, o princípio da utilidade é a única fonte de correção moral. Nenhuma ação é correta ou boa, independente de sua fonte, a menos que esteja em conformidade com o princípio de utilidade. As leis de Deus, as máximas morais tradicionais, hábitos de caráter, tais como a honestidade, dores de consciência, etc., produzem ações corretas somente se estão de acordo com o princípio de utilidade.

O utilitarismo é uma razoável teoria do raciocínio moral por duas razões: está voltada para a promoção do bem comum, algo que provavelmente não fazemos com a frequência suficiente; e está claro que seguidamente nosso raciocínio intuitivo é utilitarista. A teoria diz estar simplesmente acrescentando mais rigor e precisão à nossa abordagem de senso comum sobre o raciocínio. Em inúmeras situações, todos os dias contemplamos quais serão as consequências de nossas ações, e escolhemos as ações que produzirão as melhores consequências. O utilitarista argumenta que simplesmente ao esclarecer o que conta como a melhor consequência e especificar o tipo de razão que produzirá a melhor consequência, podemos sistematizar todo o nosso raciocínio moral.

No entanto, se o utilitarismo é o nosso único padrão de raciocínio moral, incorremos em problemas. O primeiro conjunto de problemas tem a ver com fazer o bem, segundo a afirmação de que este é um meio objetivo de avaliar nossas ações. Muito embora o utilitarista considere igualmente os interesses de todos, como sabemos quais são tais interesses? Como fazemos comparações impessoais a respeito do que as pessoas dão valor? Mesmo se concordamos a respeito das coisas que os seres humanos pensam ser boas – vida prolongada, saúde, comida, abrigo, educação, etc. – o valor relativo de cada um irá variar de pessoa a pessoa. Assim, como um tomador de decisões poderá saber quais bens um grupo diverso de pessoas irá preferir?

Além disso, para sermos precisos em nossos cálculos de bem-estar, devemos atribuir valores numéricos aos vários bens produzidos pelas ações que estão sendo consideradas. Mas, como atribuímos valores numéricos com precisão a bens que diferem em qualidade e não somente em quantidade?

Em nosso sistema econômico, resolvemos ambos os problemas permitindo que um mercado livre decida como distribuir os bens. Nós substituímos a ideia de bem-estar pela de satisfação preferencial, e então permitimos que a quantidade de dinheiro pela qual uma pessoa que deseja comprar ou vender um produto determine o valor que as coisas têm. O problema com isto, como um modo objetivo de determinar o valor relativo das consequências das nossas ações, é que muitas coisas a que damos valor não são bens de mercado e a elas não pode ser atribuído valor monetário. Qual é o preço de uma vida humana, da amizade, do respeito próprio, da liberdade, etc.? Além do mais, as pessoas que não têm os recursos para entrar no mercado ou conhecimento para fazer escolhas inteligentes, não podem expressar suas preferências. Consequentemente, ao final, um tal sistema não considera os interesses de todos igualmente. Economistas, e outros que trabalham na área de políticas públicas, têm fórmulas complexas para tentar tratar com estas questões, mas suas resoluções permanecem um problema espinhoso.

Um segundo grupo de objeções diz respeito ao papel da justiça e dos direitos no interior do utilitarismo. O princípio de utilidade diz para maximizarmos o bem-estar agregado. Suponha que podemos criar grande riqueza para uma sociedade por meio da escravização de grupos minoritários. Se a sociedade, como um todo, é suficientemente beneficiada pela escravidão, isto sobrepujaria o efeito negativo sobre os escravos. Uma tal ação, então, seria justificada de acordo com o princípio. No entanto, de acordo com a moralidade do senso comum, pensamos que justiça e direitos fundamentais para os indivíduos são demasiadamente importantes para serem sacrificados pelo bem comum. Os indivíduos não são simplesmente meios para um fim, mas um fim em si próprios, com seus próprios interesses e preocupações. Tratar as pessoas apenas como meios para um fim é negar o respeito que essas pessoas merecem.

O utilitarismo de atos pode reconhecer a importância dos direitos e da justiça, mas somente naqueles casos em que esse reconhecimento produz mais bem-estar agregado. Quando os direitos e a justiça não promovem o bem comum, eles deveriam ser ignorados. No entanto, toda a ideia de direitos é que ela intitula quem tem direito a certos tipos de tratamento, independente das consequências para a sociedade. Assim, o utilitarismo é com frequência criticado por ignorar a justiça e os direitos. O problema fundamental é que o utilitarismo não consegue ver seriamente que as pessoas são separadas, pois ele simplesmente agrega o bem-estar delas em uma soma total, e não se preocupa com como aquele bem-estar é distribuído.

Um terceiro grupo de objeções diz respeito ao papel das obrigações. Intuitivamente, ações tais como respeitar a propriedade dos outros, dizer a verdade e cumprir promessas são princípios morais importantes. No entanto, o utilitarismo de atos os trata como opcionais, dependendo da questão contingente de terem eles boas consequências ou não. Suponha, por exemplo, que eu tome emprestado R$ 1.000,00 de um amigo rico com a promessa de devolvê-los em seis meses. Quando é chegada a hora de fazer a devolução, eu poderia doar aqueles R$1.000,00 à caridade e assim produzir mais bem-estar agregado. Afinal de contas, ele está bem de vida e não precisa realmente dos R$ 1.000,00. Intuitivamente, eu sou obrigado a manter minha promessa e devolver-lhe o dinheiro. O utilitarismo diz outra coisa.

Finalmente, muitos criticam o utilitarismo por ser demasiadamente exigente. Ao pedir que sempre escolhamos o melhor para o bem-estar agregado, o utilitarismo parece deixar pouco espaço para que possamos dar vazão a nossos projetos e interesses pessoais ou nos preocupar com nossas próprias vidas.

Muitos advogados do utilitarismo se recusam a aceitar tais críticas e simplesmente argumentam que nossas intuições a respeito de direitos e obrigações são resquícios irracionais de sistemas morais desacreditados. Nós deveríamos adotar o utilitarismo, não obstante tais resultados. No entanto, outros tentaram responder a essas objeções desenvolvendo concepções alternativas de utilitarismo. A variante mais comum é o utilitarismo de regras, algumas vezes referido como utilitarismo indireto.

A diferença entre o utilitarismo de atos e o utilitarismo de regras é a entidade à qual aplicamos o princípio de utilidade. O utilitarismo de atos diz para aplicá-lo a cada ação. O utilitarismo de regras diz que não deveríamos considerar cada ação em separado, porque padrões de ações também podem ter consequências. Assim, devemos ver em que tipo de ação estamos engajados, ver como aquele tipo de ação produz certos padrões de respostas a situações típicas, e então, formular regras que descrevam tais padrões. Então, avaliar as consequências das regras em vez de cada ato individual.

Consequentemente, uma ação individual é justificada se ela for o tipo de ação que a regra moral correta requer; e uma regra moral é justificada se ela produz tanta utilidade quanto regras alternativas, se todos a seguissem. Quando prometo devolver o dinheiro que tomei emprestado de meu amigo, verifico que fiz uma promessa, e aquele é um tipo de ato coberto por uma regra do tipo "quando você faz uma promessa, cumpra-a". Ou em vez de avaliar a ação por si só, eu aplico o princípio de utilidade à regra que governa a ação. Uma vez que pode ser plausivelmente argumentado que as regras que requerem que cumpramos nossas promessas promovem o bem-estar geral e, portanto, requeridas pelo princípio de utilidade, posso concluir que devo cumprir minha promessa ao meu amigo rico e devolver-lhe o dinheiro.

Verifica-se que com o utilitarismo de regras os resultados obtidos são diferentes. Lembre-se de que o utilitarismo de atos, em alguns casos, advogava que eu não pagasse o empréstimo feito, e desse o dinheiro à caridade. O utilitarismo de regras, ao advogar que devemos seguir regras que nos dirijam a cumprir promessas, está mais próximo da moralidade de senso comum. O utilitarismo de regras produz resultados de senso comum semelhantes a esse, quanto à questão de justiça e direitos. As regras que proíbem a escravatura e protegem uma gama de direitos individuais, afastam todos nós da tirania que as maiorias podem, com frequência, impor a grupos minoritários ou a indivíduos. Assim, regras que garantem os direitos individuais promovem o bem-estar geral e são justificáveis de acordo com o utilitarismo. O utilitarista de regras argumenta que os resultados estranhos que afligem o utilitarismo de atos são o resultado de não levarem seriamente em consideração o papel das regras no raciocínio moral. Uma vez que vemos a moralidade como uma atividade essencialmente governada por regras, os resultados implausíveis do utilitarismo desaparecem.

No entanto, o utilitarismo de regras tem uma falha fatal. Qualquer pessoa com muita experiência de vida sabe que algumas vezes temos de fazer exceções às regras, especialmente porque as regras podem estar em conflito. As regras precisam de alguma flexibilidade. Mas, se o utilitarismo de regras acrescenta flexibilidade apresentando uma regra tal como "Cumpra sempre as suas promessas, a menos que possam produzir más consequências", ele está essencialmente revertendo para o utilitarismo de atos. Dado o modo como a regra é construída, a regra agora especifica que avaliemos o ato – utilitarismo de ato. O utilitarista de atos não tem de operar sem regras; seu único comprometimento é a obrigação de pesar as consequências de seguir uma regra, ou não, em casos particulares. O fato de que há uma regra prescrevendo uma ação não importa, - somente as consequências importam. Se as consequências de quebrar uma regra são negativas, então, mesmo o utilitarista de atos diria para obedecer à regra. Consequentemente, com uma regra construída desta maneira não há diferença entre o utilitarismo de atos e o de regras.

Para preservar a diferença, o utilitarista de regras deve insistir a respeito de regras estritas, sem exceções, assim que nos é interditado o exame de casos particulares. No entanto, se a consequência de quebrar uma regra é positiva, o utilitarista de regras deve insistir que se siga a regra, independentemente das consequências, uma vez que a regra não pode admitir exceções. Mas, então, ele não é mais um utilitarista, porque ele não está apelando para as consequências como justificação.

A questão aqui é que, mesmo se usualmente é uma boa coisa que as pessoas sigam regras, é ainda melhor quando elas seguem regras que produzem boas consequências, mas que sejam quebradas quando produzem más consequências. Assim sendo, qualquer utilitarista deve ser um utilitarista de atos, e isto sobrecarrega o utilitarismo com todas as dificuldades do utilitarismo de atos levantadas acima.

Não há dúvida de que algumas vezes o nosso raciocínio é, e deveria ser, focalizado nas consequências de nossas ações e suas contribuições para o bem-estar comum. No entanto, dadas as sérias objeções acima levantadas, o utilitarismo falha enquanto uma teoria abrangente do raciocínio moral.

A DEONTOLOGIA KANTIANA

Vimos como o raciocínio moral que focaliza exclusivamente as consequências seguidamente sacrifica os indivíduos em favor do bem-estar geral. Por outro lado, as teorias deontológicas afirmam que as pessoas individuais têm um *status* especial, e devido a esse *status*, lhes devemos respeito que não deve ser violado independentemente das consequências. Sob este ponto de vista, o respeito pelas pessoas, seus direitos e obrigações são as pedras de construção do raciocínio moral. Esta abordagem da moralidade recebeu sua formulação mais impressionante no trabalho de Immanuel Kant, que encontramos no Capítulo 1.

No Capítulo 1, rejeitamos a abordagem kantiana de autonomia. No entanto, muitos defensores contemporâneos da deontologia pensam que a substância da abordagem de Kant sobre o raciocínio moral pode ser defendida sem endossar a sua peculiar visão de liberdade. De acordo com Kant, as pessoas têm *status* especial porque elas têm valor intrínseco. Algo tem valor intrínseco se o seu bem faz parte de sua natureza, independentemente de sua relação a alguma outra coisa. As pessoas, de acordo com Kant, têm valor intrínseco, porque são capazes de fazer julgamentos racionais independentes no que respeita como vivemos. (Lembre-se, dados os resultados do Capítulo 1, Kant está errado ao pensar que independente significa independente de toda a influência causal, emoções e desejos.)

Esta capacidade para a autonomia (que para Kant, lembre-se, envolve tanto a liberdade quanto a razão) nos faz tremendamente diferentes de qualquer outra entidade. Os artefatos e objetos naturais tais como animais, plantas, etc., têm valor somente se alguém ou algo tiver uso para eles. Eles têm somente valor extrínseco, porque seu valor está na dependência de sua relação com alguma outra coisa que encontra valor neles. Eles não são bons por si só, mas por causa de alguma outra coisa. Isto quer dizer que artefatos e objetos naturais podem ser somente a fonte do que Kant chama de imperativos hipotéticos. Lembre-se, do Capítulo 1, que o imperativo hipotético é um princípio que nos comanda a fazer alguma coisa somente se quisermos. Por exemplo, "se você tem de viajar distâncias longas, então compre um carro". Um carro tem valor somente se as pessoas precisam viajar. "Se você tem fome, então coma um pedaço de fruta". A fruta tem valor somente se alguém a considerar desejável.

Os seres humanos têm valor extrínseco e podem ser fonte de imperativos hipotéticos. Meu mecânico tem valor, porque ele pode manter o meu carro rodando suavemente. No que diz respeito à sua habilidade como mecânico, ele tem valor somente na medida em que alguém quer os seus serviços. No entanto, em contraste com artefatos e objetos naturais, os seres humanos têm valor intrínseco em acréscimo ao valor extrínseco. Os seres humanos não são somente mecânicos ou membros de família ou companheiros agradáveis, úteis para este ou aquele propósito. Os seres humanos têm valor mesmo se ninguém se importa com eles, mesmo se eles não têm serventia para ninguém, mesmo se seu comportamento é deplorável. Assim sendo, eles têm o que Kant chama de valor objetivo e devem ser tratados com respeito especial.

De acordo com Kant, este fato a respeito de pessoas tem um impacto substancial sobre nossa conduta moral porque, uma vez que reconhecemos que os seres humanos têm valor objetivo, não os podemos tratar *meramente* como instrumentos para promover o bem comum ou qualquer outro propósito. Isto quer dizer que o raciocínio moral deve proceder, não dos imperativos hipotéticos, mas do que Kant chama de um imperativo categórico.

Um imperativo categórico é um princípio que nos comanda fazer alguma coisa independentemente do que queremos. "Categórico" quer dizer sem condições atreladas. Um imperativo categórico é um imperativo segundo o qual eu devo agir sob quaisquer condições. Qual é o conteúdo de um imperativo categórico? Estas considerações sobre o valor incondicional das pessoas levam diretamente a uma das três formulações de Kant do imperativo categórico. (Consideraremos aqui somente duas formulações) "Aja como se você tratasse a humanidade, seja em sua própria pessoa ou na de uma outra, nunca como um meio somente, mas sempre ao mesmo tempo como um fim em si própria". (Kant, 1964, Cap.II, seção 428)

Isto quer dizer que devemos respeitar o fato de que outras pessoas têm fins (isto é interesses, objetivos, projetos, etc.) e são capazes de raciocinar a respeito desses fins e de agir segundo aquelas razões. Assim sendo, qualquer tratamento de outra pessoa deve ser embasado por razões com as quais aquela pessoa concordaria se estivesse pensando racionalmente.

Se peço ao meu mecânico para consertar o meu carro, eu o estou usando como um instrumento. No entanto, ao pagá-lo a quantia acertada, eu o estou tratando como um fim em si próprio, como alguém com seus próprios interesses e capacidade de raciocinar, e para quem seu tempo tem valor. Assumindo que não o estou coagindo ou enganando, eu o estou tratando de um modo ao qual ele dá consentimento e, portanto, o meu tratamento é justificado. Se eu saísse correndo sem pagar, então eu o estaria usando como um instrumento para meus propósitos, sem sua anuência. Eu o estaria tratando como se ele tivesse somente valor extrínseco ou condicional, e isto é proibido.

A teoria de Kant contrasta fortemente com a do utilitarismo. A obrigação de tratar todas as pessoas como fins, não meramente como meios, proibirá o sacrifício de indivíduos pela causa do bem comum. A teoria de Kant requer uma variedade de obrigações: dizer a verdade, cumprir promessas, ser honesto e justo, etc., que nós devemos seguir, independente de suas consequências.

Kant não estava interessado somente em explicar porque temos uma obrigação de respeitar a humanidade dos outros. Ele queria também fornecer um modo sistemático de determinar em situações especificas, quando as nossas ações são justificadas e quando não. Assim, ele fornece uma formulação alternativa do imperativo categórico que auxilia nesta tarefa. "Aja como se a máxima de sua ação, por sua vontade, se tornasse uma lei universal" (Kant, 1964, Cap. II, seção 421). Kant afirma que esta formulação é equivalente à anterior. Não nos preocuparemos, aqui, se isto é o caso. Nós nos preocuparemos com o processo de raciocínio gerado por este princípio.

Kant diz que quando refletimos sobre o que este princípio significa e o aplicamos a situações que surgem na vida, podemos determinar se a ação é obrigatória ou proibida. A máxima da sua ação é o princípio ao qual você deve apelar caso alguém lhe peça para justificar sua ação. Ele descreve, a partir de um ponto de vista subjetivo, o princípio segundo o qual você age. Por exemplo, suponha que eu tenha que fazer um trabalho monográfico de final de semestre para a disciplina de ética, mas não consigo escrevê-lo. Então, decido comprar uma monografia pela Internet. Minha máxima seria "Quando me for solicitado apresentar uma monografia, e eu não escrevi uma, apresentarei uma monografia que comprei, como se fosse minha". Mas Kant, assim como Nagel, argumenta que, como um ser racional, eu devo ser consistente. Portanto, devo tratar a minha máxima como uma regra geral que se aplica a todos os casos similares. A máxima então se torna: "Sempre que eu precisar apresentar uma monografia, e não a tiver escrito, eu comprarei uma e a apresentarei como minha". Verifique que o imperativo categórico diz: "Aja *como se* a máxima da sua ação, *por sua vontade*, devesse se tornar *uma lei universal*". A expressão *como se* e a referência à lei universal leva-me a imaginar uma situação hipotética na qual todos seguem esta máxima geral. Enquanto a frase "por sua vontade" me pergunta se eu poderia consistentemente desejar que esta situação se apresentasse.

Portanto, devo universalizar a minha máxima. Eu posso consistentemente desejar que todos os estudantes apresentem monografias que eles compraram em vez de tê-las eles mesmos escrito? Qualquer máxima que estabelece uma ação permissível deve ser universalizada. Kant, certamente, viveu muito tempo antes que alguém pudesse comprar monografias pela Internet. Mas, dada a discussão de Kant de como lidar com casos semelhantes, ele certamente teria dito não. Querer que todos seguissem este princípio seria produzir o que ele chama uma contradição da vontade. A ideia é que se todos os alunos fossem comprar uma monografia, os professores parariam de pedir monografias e utilizariam outra forma de avaliação. Assim, eu gostaria de receber um conceito apresentando um trabalho plagiado e, também, quero criar condições sob as quais a apresentação de trabalhos plagiados fosse impossível. Eu quero que condições contraditórias existam. Uma vez que o princípio, se seguido universalmente, apresentaria uma contradição, o princípio é irracional. Porque ele é irracional, a ação decorrente dele seria errada. Eu tenho a obrigação de evitar a apresentação de trabalho plagiado como se fosse meu próprio.

Outras máximas que advogam ações que são intuitivamente erradas têm um destino semelhante. Não devemos roubar, porque se todos assim procedessem, solaparia o sistema de propriedade, do qual queremos tirar vantagem ao roubar. Devemos não mentir, porque se todos mentissem, solaparia o sistema de comunicação, do qual queremos tirar vantagem ao mentir. Devemos não quebrar nossas promessas, porque se todos fizessem isso, solaparia a prática de fazer promessas. Devemos não matar pessoas inocentes, porque, se todos fizessem isso, eu estaria sujeito a ser morto. A mensagem básica aqui é semelhante à da regra de ouro – "faça aos outros aquilo que gostaria que os outros fizessem para você" – embora haja uma diferença: a alegação do imperativo categórico é a de estar baseada não naquilo que quero, mas daquilo que posso consistentemente ter vontade.

É importante que fique claro aqui, que Kant não está apelando para consequências. Ele não está dizendo que se eu apresento um trabalho plagiado, isto fará com que outros façam o mesmo, assim causando o colapso do sistema. Esse seria um raciocínio de estilo utilitarista, e Kant é oposto a ele. Ele não está preocupado com as reais consequências de nossas ações. Sua preocupação diz respeito a se o conceito incorporado no princípio é coerente ou não. As consequências imaginadas são puramente hipotéticas e servem para elucidar se estou pensando claramente a respeito do que estou em vias de fazer. Uma ação é errada, não porque tenha más consequências, mas porque ela é irracional em sua concepção. Assim, a razão nos liga à moralidade. A moralidade nos faz demandas que são inescapáveis, simplesmente porque somos racionais. A imoralidade é oposta à razão.

A partir desta formulação do imperativo categórico, Kant pensa que temos um poderoso procedimento de decisão para determinar quais são as nossas obrigações. Se uma ação é proibida pelo imperativo categórico, ele não permite exceções. É errado, independente de suas consequências. Este aspecto da teoria de Kant poderia parecer implausível à primeira vista. É natural pensar que a moralidade diga respeito a beneficiar os outros – fazer a vida melhor para eles, evitar causar-lhes danos, etc. O que poderia ser mais benéfico do que fazer com que boas coisas aconteçam? Qual é a origem da reclamação de Kant sobre as consequências?

Como vimos, um foco exclusivamente sobre as consequências tende a obscurecer o valor intrínseco das pessoas, o que Kant considera muito seriamente. Mas ele tem outras preocupações também. Kant é cético quanto à existência de uma concordância geral sobre o que conta como uma boa consequência. Os seres humanos discordam quanto ao que conta como felicidade e bem-estar. Cada um de nós tem a sua própria concepção do que seja bem e Kant duvida que possamos descobrir uma abordagem objetiva de felicidade que pudesse resolver as discordâncias. Consequentemente, só podemos fazer progresso em filosofia moral se questões sobre o que é certo ou errado tomarem a precedência sobre questões a respeito do que é bom.

Além disso, Kant está muito preocupado com a estabilidade da moralidade. Se o que é certo ou errado difere de pessoa a pessoa, de cultura a cultura, ou de situação a situação, a vida social carecerá da confiança e inteligibilidade que nos é necessária para prosperarmos. O foco em consequências não pode dar esta estabilidade. As consequências de nossas ações são muito difíceis de predizer. Raramente podemos ter certeza das consequências, em longo prazo, de nossas ações. Além disso, uma vez que não podemos ter pleno controle sobre as consequências de nossas ações, é errado louvar ou recriminar as pessoas por suas ações. Não podemos nos responsabilizar por elas, e, consequentemente, elas não devem fazer parte da avaliação de uma ação.

Tendo em vista estas preocupações sobre a instabilidade e responsabilidade, necessitamos ancorar a moralidade em algo que possa ser bom em todas as circunstâncias, sem quaisquer qualificações. Kant acha que encontrou isso no que ele chama de "a boa vontade". A boa vontade é a única coisa que é boa sem qualificação. Qualquer outra coisa a que possamos dar valor – prazer, felicidade, intelecto, coragem, lealdade, etc., – pode ser usada para propósitos malignos. A única coisa que não pode ser usada para o mal é uma boa vontade – a intenção de seguir uma lei moral. O conteúdo desta boa vontade, a lei que devemos seguir, é o imperativo categórico.

Isso dá uma estabilidade à correção ou erro das ações, e não está afetado por nenhuma coisa fora das estipulações do imperativo categórico, seu valor moral não é afetado pelo fato de ele atingir ou não seu objetivo – ele permanece obrigatório. Mesmo que as consequências presentes sejam desastrosas, o valor moral da ação é imutável. Além disso, o valor moral de uma ação não tem nada a ver com as emoções ou desejos subjacentes que possam ter causado a ação. Se eu digo a verdade porque estou preocupado em ser pego mentindo, minha ação não tem valor moral, porque ela foi motivada pelo medo. Se digo a verdade por causa da compaixão pelas pessoas que podem ser prejudicadas pela minha mentira, minha ação ainda não tem valor moral. Ela foi motivada por uma emoção. O único motivo moral adequado é o respeito pela lei moral. Eu sou digno de louvor moral se ajo conforme um sentido de obrigação ao reconhecer o que é racionalmente requerido.

Semelhantemente, se uma ação é proibida, seu valor moral não é afetado pelo fato de o agente ter tido a intenção de, com ela, fazer algum bem, ou de ter sido um ato de coragem, inteligência ou ainda de ter sido motivado pela lealdade. O valor moral é inteiramente determinado pelo fato de o agente ter, ou não, uma boa vontade, e a qualidade da vontade é inteiramente determinada pelo fato de a forma universalizada da máxima produzir uma contradição, ou não. Assim sendo, a sorte não pode afetar o valor moral de uma ação. Nada fora do controle do agente pode afetar o valor moral de uma ação, uma vez que o valor moral está totalmente determinado pelo conteúdo da vontade. Você só pode ser responsabilizado se sua máxima é proibida pelo imperativo categórico.

Em resumo, enquanto pessoas nós temos que nos ver como agentes morais que têm interesses, que podem deliberar racionalmente sobre tais interesses e escolher com base naquela deliberação. Uma vez que eu me veja desta forma, devo ver os outros como possuidores das mesmas capacidades. Assim, como um ser racional, a consistência requer que eu leve o valor objetivo das pessoas seriamente em conta, e isto me compromete a buscar ações de acordo com o imperativo categórico.

A teoria de Kant é brilhantemente colocada e repousa em intuições muito plausíveis. As pessoas são dignas de respeito e nunca devem ser usadas meramente como meios para um fim, para o qual elas não dão seu consentimento; as pessoas só são responsáveis por aquilo que está sob o controle delas; e a moralidade consiste de princípios que estão em ação para todos em todos os momentos. Parece bastante razoável adotar esses elementos da teoria de Kant.

No entanto, assim como há dificuldades com o utilitarismo, aqui também há problemas profundos. Alguns dos problemas envolvem a mecânica interna da teoria. Kant nos dá poucas orientações sobre como devemos construir nossas máximas, mas a questão é crucial para que se possa determinar se uma ação é correta ou errada. Para ilustrar, suponha que alguém me pergunte se vou me ocupar de uma tarefa importante que não quero fazer e, para evitar embaraços, estou pensando em mentir a respeito disso. A minha máxima seria: "Minta quando você não quer revelar a verdade". Como Kant diz, isto não passaria no teste do imperativo categórico, porque se todos fizessem isto, a prática de dar crédito às afirmações que as pessoas fazem colapsaria. No entanto, suponha que eu reescreva a minha máxima da seguinte maneira: "Minta quando você não quer revelar a verdade, se você puder fazer isto sem que alguém o descubra". Isto não violaria o imperativo categórico, porque se todos assim procedessem, ainda haveria uma boa razão para que se acreditasse na maioria das afirmações que as pessoas fazem. Comumente, não é razoável pensar que ninguém descobrirá as nossas mentiras, assim, a situação não ocorrerá com muita frequência. Se todos seguissem esta máxima, nossas práticas de comunicação não deixariam de ter utilidade. Assim, esta máxima passaria no teste do imperativo categórico, muito embora seja intuitivamente errada. Aparentemente, quando colocamos condições e restrições às nossas máximas, quase todas as ações passarão no teste do imperativo categórico. Isto seria permissivo demais.

Em vista deste resultado, parece que as máximas devem ser restritas às muito gerais, tais como,"Minta quando você não quer revelar a verdade". Uma vez que isto não passaria no teste, seríamos moralmente obrigados a sempre evitar as mentiras. Mas isto é uma obrigação moral que requer mais do que é plausível fazer. Intuitivamente, algumas vezes dizer a verdade é a coisa errada a fazer, se isto for ferir seriamente a alguém. Assim sendo, parece que as máximas quando são corretamente formuladas produzirão obrigações muito estritas, tais como, "sempre diga a verdade", "sempre cumpra as suas promessas", "nunca mate pessoas inocentes", "nunca tome a propriedade de uma pessoa sem o consentimento dela", etc. Embora, enquanto diretivas gerais, estas estejam muitas boas, é claro que as complexidades da vida requerem exceções a todas as regras. Aparentemente, a teoria de Kant produz uma moralidade impossivelmente rígida.

Além disso, Kant não nos dá nenhum conselho quanto a como tratar de obrigações em conflito. Lealdades conflitantes, promessas múltiplas que não podem todas ser cumpridas, obrigações incompatíveis conosco de ajudar os outros são elementos constantes em nossas vidas, e qualquer teoria viável do raciocínio moral deve nos dizer algo sobre como resolver racionalmente tais questões. Mas a teoria kantiana é muda quanto a isto.

Finalmente, Kant afirma que cumprir promessas, respeitar a propriedade dos outros, etc., é necessário porque se todos os violassem, as próprias práticas das quais as violações dependem cairiam aos pedaços. Mas, suponha que alguém não tivesse interesse em cumprir promessas ou respeitar a propriedade alheia. Suponha que alguém não se importa do modo como é tratado, com quanto não tenha que se preocupar em tratar os outros bem. Tais pessoas não sentiriam a força da contradição kantiana da vontade e, consequentemente, tais violações não seriam erradas para eles. A estabilidade que Kant estava buscando desaparece. Além disso, em tais casos, parece que se alguma coisa conta como uma obrigação ou não, depende de desejos e interesses, não só da razão.

À semelhança do utilitarismo, Kant não consegue fornecer uma concepção abrangente do raciocínio moral que possa ser aplicada a contextos práticos. Para ser justo, ambas as teorias, articuladas no século XVIII, mereceram a atenção de muitas gerações de filósofos, que elaboraram seus detalhes com complexidade crescente. Versões contemporâneas são muito mais elaboradas e sofisticadas, do que o espaço de que eu aqui disponho para as apresentar. No entanto, a maioria dos problemas, acima mencionados, persiste de um modo ou outro, e nenhuma teoria alcançou algo semelhante a um consenso. Após duzentos anos, isto deve significar alguma coisa. O que deu errado?

A OBJETIVIDADE RECONSIDERADA

Verifique que ambas as teorias inspecionam a emaranhada teia de desejos, sentimentos, e razões locais, provisórias, profundamente práticas, que usamos para justificar nossas ações. A partir dessa teia, elas procuram identificar um único traço que se sobressai como básico, que fornece uma chave para desaferrolhar os padrões de pensamento que devem organizar esta vigorosa, ruidosa confusão (para usar uma frase tornada famosa por William James) em algo eminentemente razoável. Para o utilitarismo, é a balança entre as boas e as más consequências. Para Kant, é a dignidade da nossa liberdade e razão. Mas, quando testamos essas teorias, reintroduzindo aquela rede emaranhada de desejos, sentimentos e razões práticas, o que nos resta é algo que parece bem menos atraente do que a confusão vigorosa e ruidosa, com a qual começamos.

As teorias não parecem responder às questões práticas que fazemos quando nos deparamos com dilemas morais, ou elas as respondem de modos que parecem tremendamente incompatíveis com a vida como a conhecemos. Podemos traçar a origem do problema à demanda de que o raciocínio moral seja objetivo. Como agentes morais, confrontamos o mundo como indivíduos-em-relação, como indivíduos amarrados em relações, com conhecimento limitado e restrições substanciais quanto a recursos emocionais, cognitivos e de volição. Olhamos às coisas a partir de distintos pontos de vista, que estão profundamente informados pelas coisas em nossas vidas, que nos são caras. Deste ponto de vista, desenvolvemos nossos hábitos de pensamento e de sentimento. Também desenvolvemos uma concepção de nossos projetos, objetivos, um sentimento de como a vida deverá se prolongar no futuro. Este ponto de vista pessoal constitui tudo o que tem significado para nós.

Qualquer teoria moral que busque objetividade deve, implicitamente, advogar que, ao menos para fins de raciocínio moral, deixemos esta perspectiva para trás. Tanto o utilitarismo quanto Kant demandam que adotemos, ao menos temporariamente, uma posição isenta de perspectiva que, alegam eles, nos permite fazer um levantamento da realidade a partir de um ponto de vista dos olhos de Deus. No entanto, não podemos atingir este ponto de vista dos olhos de Deus. Nós estamos inevitavelmente amarrados às perspectivas que temos e, assim, todos os confusos detalhes da vida fluem de volta para o quadro para romper o elegante sistema de distinções lógicas e princípios cuidadosamente calibrados.

Nós podemos e devemos nos afastar de nossos desejos e interesses e pensar se queremos ser motivados por eles, se eles são corretos para nós e para os outros com os quais nos associamos. No entanto, embora adotemos esta postura de reflexão e raciocínio sobre o que fazemos, nossos desejos e interesses ainda são muito nossos. Como diz o filósofo Bernard Williams, meramente por pensar o que faço, não me transformo em um ser cujos interesses são universais. Em outras palavras, não adquiro a motivação para a moralidade meramente pensando sobre este interesse universal.

Isto levanta a questão de porque desejaríamos adotar este ponto de vista dos olhos de Deus, uma vez que tudo o que é significativo está amarrado àquela perspectiva que o ponto de vista dos olhos de Deus nos manda deixar para trás. Se eu, de alguma forma, devesse deixar para trás a minha perspectiva particular, a fim de que não tenha mais em mente os meus interesses e projetos, o que me motivaria a fazer o que quer que fosse? Por que uma pessoa que se preocupa com considerações morais e cotidianamente age com base em desejos e interesses que estão relacionados à sua vida de modos particulares acharia razoável deliberar a partir de um ponto de vista que não dispusesse daqueles recursos motivadores?

Neste capítulo temos considerado a questão de se as razões objetivas morais têm suas próprias motivações, independentemente de nossos desejos e interesses. É difícil ver como tais razões poderiam se tornar uma razão *para mim*. Eis aí porque o utilitarismo e a teoria de Kant têm dificuldade em explicar a motivação da moralidade. No Capítulo 1, comecei a examinar este problema para Kant. Neste, tenho mais razões para suspeitar desta abordagem da ética.

Em resumo, de acordo com Kant, somos motivados a agir simplesmente por respeito à lei moral, o que Kant chama "a joia interna" a qual devemos responder com reverência. Em essência, agimos por respeito a nossa capacidade de fazer leis universais. Isto pode ser inspirador, mas é difícil ver porque tal reverência deve substituir as razões mais concretas que temos para cuidar da nossa vida e das pessoas que encontramos.

O utilitarismo levanta preocupações semelhantes. Quando fazemos o levantamento das implicações da aplicação do princípio da utilidade a cada um afetado pelas nossas ações, o que ele demanda é tanto que se torna incompatível com qualquer explicação razoável da psicologia humana. Lembre-se de que o utilitarismo solicita-nos escolher a linha de ação que produz a melhor consequência para todos. Suponha que quando você chega em casa do trabalho ou da escola, você gosta de ouvir música (ou ver televisão, brincar com as crianças, etc.). Há alguma outra coisa que você poderia fazer do seu tempo e promover mais bem-estar? Certamente há. Você poderia trabalhar no "sopão" dos pobres, levantar fundos para combater a fome, ou trabalhar dezesseis horas por dia e dar todo o seu dinheiro à caridade. De acordo com o princípio da utilidade, você deve escolher uma delas e não a sua atividade favorita, uma vez que aquela produziria mais bem-estar agregado. Nós estamos sempre obrigados a adotar o bem de todos os demais como nosso objetivo, independentemente de nossos próprios interesses. A cada vez que você se dedicasse a um projeto pessoal, mesmo se você estivesse sendo produtivo, deveria estar fazendo algo que poderia ter ramificações mais amplas. Dada a nossa melhor compreensão atual da psicologia humana, isto não é razoável. Embora os seres humanos sejam diversificados e algumas pessoas possam viver desta maneira, a maioria de nós acharia que uma tal vida carece de uma importante dimensão de significado.

Consequentemente, é uma distorção grosseira da natureza humana pensar que podemos abrir mão de nossos projetos e objetivos próprios em favor de um desejo de promover imparcialmente o bem-estar geral. Embora sejamos capazes de ações altruístas, nos é impossível ter uma preocupação geral com todo o mundo todo o tempo. No fundo, tanto o utilitarismo quanto a teoria kantiana carecem de levar em consideração como os seres humanos preocupam-se com o mundo, um tópico que exploraremos no Capítulo 5.

Nada disto sugere que estas abordagens das deliberações racionais não produziram resultados importantes. A influência do utilitarismo e de Kant no nosso raciocínio moral tem sido substancial, e muitos benefícios surgiram, porque, por gerações, as pessoas têm considerado estas ideias com seriedade. O bem-estar geral é uma de nossas preocupações, mas somente uma entre muitas. O respeito por nossa liberdade e razão é importante, mas não mais do que a variedade de outras preocupações que competem pela nossa atenção.

Verifique que até a modesta abordagem de Nagel da objetividade não pode explicar adequadamente nossa motivação para a moralidade. Nagel está certo que, como seres racionais, quando nossas ações ou crenças são inconsistentes, temos algum motivo para solucionar a contradição. Mas aquele motivo compete com a variedade de outros motivos que condizem com o comportamento humano, e nenhuma razão nos é dada para que devamos sempre coçar mais aquela comichão do que as demais. Isto não é uma sugestão de que a imparcialidade não seja importante no raciocínio moral. Como veremos em capítulos subsequentes, ela é muito importante em certos contextos. No entanto, o tipo de imparcialidade da qual os seres humanos são capazes não é o tipo aqui descrito.

Para voltar brevemente ao tema do Capítulo 1, verifique que nenhuma teoria pode explicar o motivo de Schindler para resgatar seus trabalhadores. Dada a vida de Schindler de flutuantes fidelidades e de autovalorização constante, há pouca evidência de que ele tipicamente respondesse a preocupações para com o bem-estar geral ou com a "joia brilhante" da lei moral interna. Mais plausivelmente, ele passou a odiar os nazistas e desenvolveu laços afetivos com seus trabalhadores, os quais ele próprio não pôde cortar. O modo como estas considerações morais se baseiam em perspectivas morais será considerado em capítulos subsequentes.

O objetivo de desenvolver a moralidade em um sistema de princípios logicamente relacionados com o suporte da autoridade de uma posição objetiva, é um objetivo válido, e o motivo que subjaz a esta procura, suspeito que não seja peculiar a filósofos, mas compartilhado pela maioria das pessoas. O motivo é atingir mais clareza, ser capaz de agir com resolução, confiança e uma consciência clara e encontrar algum fundamento comum que sirva de base a todos nós. A teoria moral tenta encontrar clareza e fundamentação comum por meio da demonstração de que a lógica impõe a moralidade sobre nós. Porque todos somos, ao menos, potencialmente racionais, a lógica cria uma estrutura comum indisputável na qual podemos nos amparar, independentemente de nossos interesses em confronto. Assim, se a autoridade das afirmações morais é advinda do ponto de vista objetivo, isto nos permitiria seguir aquela lógica desembaraçada de preconceitos, perspectivas ou interesses particulares.

É mais provável que os não filósofos procurem clareza numa perspectiva religiosa, baseados na certeza da fé, ou aderindo a princípios tradicionais que têm guiado uma comunidade ou sociedade, e parecem ser estáveis, porque passaram no teste do tempo. Não está claro como um lastro comum ou certeza genuína emerge desses recursos. Pode ser que a moralidade não seja uma área da prática humana que jamais possa atingir o tipo de clareza e certeza que buscamos, e termos de viver com algo muito mais contingente e ambíguo.

Nossa análise da posição objetiva referente à moralidade salientou uma variedade de importantes considerações morais que devem fazer parte de nosso raciocínio sobre a moralidade. Elas incluem o bem comum, a igualdade básica entre seres humanos, a consistência e reciprocidade no raciocínio, o valor moral de indivíduos, nossa autocompreensão como pessoas autônomas, a importância dos direitos, etc. Nossa tradição filosófica tem salientado essas considerações e explicado a importância delas – isto não é uma pequena realização. No entanto, a nossa análise não revela um sistema suficientemente forte que estabeleça uma ligação entre essas considerações. Nossa análise não demonstra que haja prioridades naturais que determinem a importância relativa delas. A nós, resta uma variedade de afirmações e considerações que se disputam entre si e, aparentemente, muitos modos de usá-las em nossos julgamentos diários.

Isto nos leva de volta à questão do pluralismo. Precisamente, o que ele afirma é uma variedade de afirmações que competem entre si e algumas vezes incompatíveis umas com as outras. Nem o utilitarismo, nem Kant, nos forneceram razões para a rejeição do pluralismo. Onde isto deixa o objetivo da clareza moral e a busca de uma fundamentação comum? O pluralismo nos deixa com uma dura escolha entre a tolerância de visões que encontramos ofensivas ou o uso da força para resolver conflitos, dadas as limitações das nossas capacidades de raciocínio? A resposta a essas questões é não, embora análises mais profundas sejam necessárias antes que possamos embasar essa afirmação. No entanto, é pouco provável que clareza e fundamentação comum surjam de um questionamento que separa as nossas perspectivas e as tenta reconstruir como um Deus as veria. No entanto, clareza e fundamentação comum devem surgir do interior da forma de vida que temos. Eis um tópico que exploraremos no próximo capítulo.

REFERÊNCIAS E SUGESTÕES PARA LEITURAS APROFUNDADAS

BENEDICT, Ruth (1934). *Patterns of Culture*. New York, Penguin.

BENTHAM, Jeremy (1988) [1789]. *The Principles of Morals and Legislation*. Buffalo, NY, Prometeus.

BRINK, David O. (1989). *Moral Realism and the Foundations of Ethics*. Cambridge, Cambridge University Press.

HARMON, Gilbert (1975). "Moral Relativism Defended", *Philosophical Review*. 84, p. 3-22.

KANT, Immanuel (1964) [1785]. *Groundwork of the Metaphysics of Morals*. [PATTON, H.J., trad.] New York, Harper & Row.

KRAUSZ, Michael, ed. (1989). *Relativism: Interpretation and Confrontation*. Notre Dame, Notre Dame University Press.

LEVY, Neil (2002). *Moral Relativism: A short Introduction*. Oxford, Oneword Publications.

MILL, John Stuart (1969) [1863]. *Utilitarism*. [ROBSON, J.M., ed.]. Toronto. Toronto University Press.

NAGEL, Thomas (1987). "The Objective Basis of Morality", in: *What Does It All Mean?* New York, Oxford University Press, p. 59-75.

ROSENSTAND, Nina (2003). *The Moral of the Story*, 4.ed. New York, McGraw-Hill.

SMART, J.J.C. e WILLIAMS, Bernard (1973). *Utilitarianism: For and Against*. Cambridge, Cambridge University Press.

WILLIAMS, Bernard (1985). *Ethics and the Limits of Philosophy*. Cambridge, Harvard University Press.

3
Razões morais em contexto

No Capítulo 2, concluímos que não podemos encontrar na objetividade uma fundamentação adequada para o raciocínio moral. Se a objetividade não pode fundamentar o nosso raciocínio moral, o que pode? Neste capítulo, quero explorar a possibilidade de que a fundamentação para o raciocínio moral encontra-se em nossos relacionamentos. Nós descobrimos o que a moralidade requer de nós e fazemos julgamentos sobre que tipo de pessoa ser e justificamos nossas ações por meio de nossa capacidade de raciocinar dentro do contexto dos vários relacionamentos que compõem nossas vidas. Mas que tipo de relacionamentos? Afinal de contas, a exploração e a opressão caracterizam alguns relacionamentos. Certamente, essas não são as fundamentações adequadas para o raciocínio moral.

Os tipos de relacionamentos que apresentam a base lógica mais plausível para as necessidades da ética são os relacionamentos de cuidado. Isto é porque, ao cuidar de pessoas, assim como de objetos, instituições, etc., expressamos mediante nossas ações, o que tem valor para nós, e a ética parece estar inextricavelmente ligada a valores.

Isto nos apresenta a uma nova teoria, que recentemente tem recebido bastante atenção, chamada a ética do cuidado.* Embora esta seja uma teoria

---

*N. de T.: *Ethics of care*, no original. *Care*, como substantivo, em português tem tanto o sentido de cuidado ou zelo, aliado a uma inquietação (solicitude), quanto de atenção, proteção, responsabilidade. Como verbo preposicionado, *care for* tem o sentido de gostar, prezar, estimar. Na literatura de língua portuguesa, a tradução usual é "Ética do cuidado", que se presta bem à área da saúde, da bioética. "Ética da solicitude" seria mais adequada em um sentido filosófico mais amplo, no entanto, seguiremos o uso consagrado.

relativamente recente, ela tem precedentes históricos, especialmente no filósofo inglês do século XVIII, David Hume. No entanto, não exploraremos a filosofia de Hume, mas começaremos com as versões contemporâneas de sua teoria. A ética do cuidado toma os relacionamentos de carinho, proteção, tais como o dos pais, amigo, médico, professor, etc., como paradigma de como devemos tratar as pessoas em geral. Relacionamentos nos quais uma pessoa deve cuidar de outra, ou nas quais há o cuidado mútuo, constituem o cadinho no qual desenvolvemos nossas capacidades morais. Assim, o raciocínio moral é um processo de deliberação e de desenvolvimento dos sentimentos adequados, a partir da nossa capacidade de ser solícito. Em parte, o propósito do raciocínio moral é o de manter os relacionamentos de cuidado que são centrais para as nossas vidas. Isto quer dizer que os relacionamentos de cuidado tomam a precedência sobre outras preocupações, uma vez que são a base da vida ética. Diferentemente das outras teorias que discutimos, para a ética do cuidado, as emoções são centrais para nossa capacidade de raciocinar efetivamente.

UMA ÉTICA DO CUIDADO *VERSUS* UMA ÉTICA DA JUSTIÇA

Embora a ética do cuidado seja uma posição filosófica, ela apareceu primeiramente na psicologia, devido ao trabalho sobre o desenvolvimento das habilidades práticas do raciocínio moral em crianças. No final dos anos 1960, o psicólogo, Lawrence Kohlberg, publicou uma pesquisa que parecia mostrar que o desenvolvimento moral das crianças ocorre em seis estágios, que vagamente correspondem ao desenvolvimento de outras habilidades intelectuais. Quando crianças muito pequenas, fazemos o que os outros nos mandam, para evitar punições. Logo nos damos conta de que se fizermos coisas em favor dos outros, eles nos ajudarão, o que é o segundo estágio do desenvolvimento moral. No terceiro estágio, de adolescente, começamos a buscar a aprovação dos outros e, consequentemente, conformamo-nos às normas vigentes. Mais tarde, na adolescência, adquirimos respeito pela lei e pela autoridade, e aprendemos que os outros nos respeitam por sermos honrados e seguidores da lei. Como jovens adultos, adotamos uma concepção de autonomia e a ideia de que a vida social é um contrato, mediante o qual os indivíduos podem fazer o que quiserem, conquanto não prejudiquem os outros. Alguns indivíduos, finalmente, atingem o estágio mais alto do raciocínio moral, uma perspectiva kantiana na qual já não somos mais governados pelo interesse próprio, pela opinião dos outros, ou medo de punição, mas vivemos de acordo com princípios universais autoimpostos, tais como o de justiça e respeito pela dignidade das pessoas.

Esta compreensão do desenvolvimento moral foi contestada por Carol Gilligan, que pertence à equipe de pesquisa de Kohlberg. Ela constatou algo de peculiar a respeito dos dados utilizados por Kohlberg. Este, em seus estudos iniciais, enfocava meninos. Quando mais tarde incluiu meninas em sua amostra, elas raramente atingiam os estágios mais altos de desenvolvimento moral. A tendência delas era a de permanecer no estágio de busca de aprovação pelos outros. Kohlberg concluiu que as meninas não têm um sentimento de justiça claro ou a capacidade lógica de chegar a conclusões morais. Após haver revisado os dados de Kohlberg e terminado sua própria pesquisa, Gilligan concluiu que Kohlberg havia interpretado mal seus dados. Ela argumenta que o raciocínio moral das meninas não é inferior ao dos meninos. No entanto, elas têm a tendência a raciocinar de outra forma a respeito de questões morais. Por exemplo, em uma de suas entrevistas, Kohlberg faz a seguinte pergunta a Jake e Amy, ambas de 11 anos: "O Heinz deveria roubar remédio de um farmacêutico para salvar a vida de sua mulher, caso o farmacêutico se recusasse a reduzir o preço, para que Heinz tivesse condições de o comprar?" Jake disse que Heinz deveria roubar o remédio, e serviu-se como justificação do princípio de que a vida tem mais valor do que o dinheiro. Porém, Amy hesitou em dar uma resposta clara. Ela disse que era errado que Heinz roubasse o dinheiro, mas que também era errado que o farmacêutico se recusasse a ajudar Heinz a comprar o remédio. Ela estava preocupada que Heinz pudesse ser pego e fosse para a cadeia; então não ficaria ninguém para tomar conta de sua mulher. Finalmente, ela disse que se pudéssemos falar com o farmacêutico, talvez ele pudesse concordar em doar o remédio.

Kohlberg pensou que a hesitação de Amy para articular uma resposta clara demonstrava que ela não tinha compreensão do conceito de justiça e que ela ainda não havia aprendido como aplicar um conceito abstrato a uma situação particular a fim de chegar a uma conclusão. No entanto, Gilligan argumenta que Amy está vendo a situação diferentemente de Jake. Amy não vê este caso como uma questão de direitos abstratos em conflito – o direito da mulher à vida *versus* o direito do farmacêutico de vender uma propriedade que é sua, como ele desejar. Mas, Amy vê a situação como sendo uma na qual cada indivíduo participa em uma variedade de relacionamentos dos quais eles dependem. A solução a este dilema envolve a preservação desses relacionamentos. Amy está preocupada com a mulher de Heinz, mas também com a possibilidade de que roubando o remédio, Heinz possa terminar prejudicando a sua habilidade de cuidar de sua mulher. Ela também tem esperança de que, ao final, o farmacêutico possa ser uma pessoa compassiva, que poderá resolver o dilema com a emoção adequada.

Como Gilligan salienta, os sentimentos de zelo, cuidado, dirigem o raciocínio de Amy. Uma vez que o modelo de desenvolvimento moral de Kohlberg não reconheceu completamente a importância deste tipo de raciocínio, ele o interpretou como uma forma deficiente de raciocínio moral. A pesquisa de Gilligan, certamente, não ficou na dependência de um único caso. Ela entrevistou muitas meninas e mulheres ao longo dos anos e essas entrevistas mostram que certos temas dominam o pensamento das mulheres a respeito de ética. Quando os conflitos morais surgem, as mulheres tentam manter o relacionamento. Assim sendo, sentimentos de empatia e compaixão, uma vontade de ouvir, uma relutância em controlar os outros, e um reconhecimento da fragilidade dos relacionamentos desempenham um papel importante no raciocínio. Embora as mulheres reconheçam a importância de regras morais, recusam-se a aderir a elas, caso isto possa causar algum dano.

A conclusão de Gilligan é a de que os meninos e homens têm a tendência de enfocar em uma ética da justiça, preocupada primariamente com a aplicação de regras morais que especificam direitos e obrigações, uma abordagem que se deriva das versões cotidianas das teorias deontológicas e utilitaristas acima descritas. As meninas e mulheres têm a tendência de focar em respostas apropriadas a indivíduos particulares em relacionamentos concretos – o que Gilligan chama de uma ética do cuidado.

Embora Gilligan diga que observou amplas tendências dentro de populações de informantes, ela verifica que esta distinção entre uma ética de cuidado e uma ética de justiça não é absoluta. Os meninos têm a tendência a focar sobre direitos e obrigações, mas há muitas exceções. As generalizações a respeito das meninas são semelhantemente qualificadas por exceções. A implicação é que as teorias da moralidade acima discutidas e os modos dominantes de raciocínio moral na sociedade ocidental só são persuasivos devido à tradicional dominância masculina que tem caracterizado nossa cultura. Devido aos papéis que as mulheres têm ocupado como mães, enfermeiras e professoras, o cuidado tem desempenhado um papel mais central em suas vidas do que nas vidas dos homens, e isto explica as abordagens diferentes ao raciocínio moral que Gilligan identifica.

A pesquisa de Gilligan ainda é controversa, assim como a de Kohlberg, mas este não é o lugar para avaliar esses estudos de psicologia. No entanto, a questão filosófica que examinaremos é se a ética do cuidado oferece uma abordagem inteligível do raciocínio moral, que tenha a perspectiva de melhorar as visões deontológica e utilitarista.

O utilitarismo e a deontologia são representantes filosóficos do que Gilligan se refere como ética da justiça. Por "ética da justiça", Gilligan quer dizer uma perspectiva moral que está baseada em um sistema de regras o qual se requer que os agentes morais utilizem em situações particulares para garantir um tratamento honesto e igual. Nesse sistema de regras, os traços de pessoas que são levados em conta, são os traços que todos compartilham – nossas preocupações éticas surgem porque todas as pessoas exibem traços gerais de pessoalidade. Para Kant, esses traços gerais têm a ver com nossa capacidade humana para a liberdade e a razão. Para os utilitaristas, nós nos preocupamos moralmente com os outros, porque todos os seres humanos (e muitos não humanos também) podem sofrer e têm interesses que podem ser prejudicados. Os traços que fazem com que um indivíduo seja único não são relevantes. Devemos tratar a todos com o mesmo respeito e consideração, independentemente de nosso relacionamento com eles, ou das peculiaridades da personalidade deles. Daí resulta, como já visto no capítulo anterior, que o raciocínio dentro da ética da justiça é um procedimento imparcial, que busca ser tão objetivo quanto possível. Dados estes parâmetros, a ética da justiça está, primeiramente, preocupada com a proteção dos direitos do indivíduo, segundo Kant, ou com a melhora do bem-estar geral, segundo o utilitarismo.

Por outro lado, a ética do cuidado considera as nossas responsabilidades no interior dos relacionamentos como os elementos morais mais importantes. Assim, as questões morais são demarcadas como questões que ocorrem dentro de relacionamentos particulares e que só podem ser tratadas como um participante de um relacionamento. Uma vez que estamos em relacionamentos não com pessoas que têm somente os traços gerais e abstratos de pessoalidade mas com pessoas particulares com suas situações únicas como membros de um relacionamento. Isto quer dizer que o nosso raciocínio não pode ser imparcial, porque ele deve colocar ênfase especial em nossos envolvimentos mais profundos nos quais temos interesse especial. As pessoas com as quais temos um relacionamento de cuidado têm prioridade.

Devemos ter a atenção de localizar com precisão as diferenças entre essas duas posições. Alguém poderia pensar que a diferença está no que seja o objeto da preocupação moral. Ou seja, a ética da justiça está mais preocupada em assegurar-se de que estejamos em conformidade com as regras corretas que protegem os direitos e especificam as obrigações válidas para todos. Por outro lado, a ética do cuidado está preocupada com o bem-estar de indivíduos com os quais estamos em contato imediato. Mas este não seria o modo correto de compreender o contraste entre estas duas posições. Uma ética do cuidado também está preocupada em proteger os direitos e impor obrigações, e uma ética da justiça (especialmente a versão utilitarista), está preocupada em promover o bem-estar de indivíduos que são afetados por nossas ações. A diferença não está no objeto das preocupações, mas em como devemos enquadrar as questões morais a respeito delas.

Para uma ética da justiça, derivamos a justificação de como devemos tratar alguém a partir de um princípio moral imparcial – o imperativo categórico ou o princípio de utilidade. Tal princípio desempenha um papel tão importante, porque ele responde a características que todos nós, enquanto pessoas, compartilhamos. De acordo com Kant, todas as pessoas são dignas de igual respeito e consideração, porque somos agentes racionais livres. Para o utilitarismo, todos os seres humanos são dignos do mesmo respeito e consideração, porque todos temos interesses que podem ser feridos. Nós derivamos o princípio moral universal de generalizações universais a respeito do ser humano e, daquele princípio universal, derivamos regras morais específicas, que devemos aplicar a circunstâncias particulares. Este tipo de raciocínio é frequentemente referido como "de-cima-para-baixo", porque ele começa com generalizações universais, as quais então são aplicadas a casos particulares.

Por outro lado, em uma ética do cuidado, justificamos ações recorrendo à dinâmica dos relacionamentos das pessoas particulares envolvidas, e resolvemos os problemas trabalhando dentro dos relacionamentos, e não por intermédio de julgamento imparcial e desengajado. Por exemplo, embora você possa fazer algumas generalizações rudimentares a respeito de como deve tratar um amigo que se tornou adicto a drogas, tais generalizações não terão a sutileza suficiente para orientá-lo a bem proceder nessa situação. Cada amizade vai requerer sua própria resposta, sob medida para a pessoa com a qual nos preocupamos.

Em uma amizade, você se preocupa com uma pessoa em particular, não porque ela seja um ser humano, mas porque é uma pessoa particular, única. Você não considera os interesses dela como sendo iguais aos de outras, mas são parte de seus próprios interesses, isto é, parte do que significa ser uma amiga. Seguidamente, referimo-nos a este raciocínio como sendo "de-baixo-para-cima", porque ele começa com a compreensão de casos particulares e chega a uma conclusão utilizando, primariamente, informação sobre aquele caso particular. Então, enquadramos o caso em termos de quais princípios gerais estão em jogo em uma ética da justiça. Enquadramos as questões em termos do que é importante em um contexto particular (especialmente um relacionamento) na ética do cuidado.

Para evitar más interpretações, é importante enfatizar que nem a teoria kantiana, nem a utilitarista, nega a importância de relacionamentos íntimos para a prosperidade humana. Ambas podem conceder que temos razões para favorecer nossos amigos ou membros de nossas famílias em muitas situações. O contraste com uma ética do cuidado é a base lógica subjacente para a conduta ética dentro de tais relacionamentos. Para os utilitaristas e kantianos, o tratamento ético de amigos e membros da família deve ser derivado de um princípio imparcial. Por outro lado, os proponentes da ética do cuidado argumentarão que uma conduta que demonstra cuidado ético não é derivada de princípios mais básicos, mas ela própria é básica.

Este desacordo entre o que é básico *versus* o que é derivado assinala uma divisão fundamental entre estas duas abordagens do raciocínio moral. De acordo com os proponentes da ética do cuidado, quando fazemos da imparcialidade o objetivo fundamental de nosso raciocínio moral, teremos a tendência de nos alienar das próprias pessoas às quais a preocupação moral supostamente nos une. Na busca pela imparcialidade, não necessitamos ver os outros como os indivíduos que são, mas, sim, como exemplos familiares de seres humanos em geral. Nós temos cobertura para nos desengajar dos relacionamentos que mais contam para nós, porque os modos de cuidar, que são essenciais nestes casos de relacionamentos, não são requisitos morais. Por outro lado, a experiência moral é dominada por obrigações para com outros, de modo geral, ou para com abstrações tais como o bem-estar geral, ou a lei moral.

Assim sendo, dadas as nossas limitações de tempo e de energia, somos desestimulados a tratar as pessoas que nos estão mais próximas com a parcialidade que elas merecem. Conflitos, inevitavelmente, aparecem entre obrigações para com a família e amigos, *versus* obrigações para com pessoas de relacionamento mais distante e, na busca da imparcialidade, terminamos evitando favorecer aqueles que nos são familiares. O descaso torna-se um hábito, e a moralidade torna-se uma barreira para os relacionamentos humanos, em vez de um auxilio. Estes descasos não são ordenados por uma ética da justiça. Eles são, sim, o produto colateral da organização de nossas vidas em torno da necessidade de imparcialidade. Quanto mais buscamos a imparcialidade, tanto menos atenção damos aos nossos envolvimentos e comprometimentos mais profundos.

Além disso, de acordo com os proponentes da ética do cuidado, dado o fato de que os detalhes das situações, nas quais o julgamento moral é crucial, são seguidamente únicos e não repetíveis, não podemos ficar na dependência de princípios gerais, na medida em que, tanto kantianos quanto utilitaristas, defendem. Por exemplo, um raciocínio do tipo de-cima-para-baixo tem pouco a dizer sobre a responsabilidade que alguém deve assumir para ajudar um amigo viciado em drogas, porque devemos ajustar a resposta àquela questão às circunstâncias.

Certamente, este debate tem um outro lado. Para os proponentes de teorias tais como a kantiana e a utilitarista, quando tratamos as diferentes pessoas diferentemente e deixamos que nossos preconceitos e preferências entrem em cena, corremos o risco de cair em injustiça e desonestidade. A falha moral é por demais frequente como resultado do fato de darmos atenção àqueles que nos são próximos, em detrimento daqueles com os quais não temos ligações pessoais. A corrupção moral é, usualmente, um produto do fato de fazer com que nós, assim como as coisas que prezamos, sejamos uma exceção à qual as regras morais não se aplicam. Além disso, sem princípios para nos guiar de-cima-para-baixo, é provável que, de situação para situação, nossos julgamentos sejam tão diferentes que a moralidade não tenha estabilidade alguma. As preocupações de Kant quanto à estabilidade são, de fato, reais.

Quem está correto? O raciocínio deve ser de-cima-para-baixo e buscar a imparcialidade, embora nós quase nunca a possamos atingir, como vimos no Capítulo 2? Ou o raciocínio moral deveria ser de-baixo-para-cima, firmemente situado em contextos e relacionamentos particulares? Para resolver esta questão devemos, em primeiro lugar, considerar a possibilidade de que estas posições em contraste sejam delineadas de forma demasiadamente dura. Pode haver uma posição intermediária que possamos adotar.

O RACIOCÍNIO MORAL REQUER PRINCÍPIOS MORAIS?

Não há dúvidas de que a ética do cuidado coloca uma ênfase maior no contexto e na particularidade do que tem sido tradicionalmente o caso na filosofia moral. No entanto, há uma controvérsia substancial, mesmo entre os defensores da ética do cuidado sobre o papel que os princípios morais deveriam desempenhar no nosso raciocínio. Alguns filósofos que pensam que o cuidado deveria desempenhar um papel central em nossas vidas morais, no entanto argumentam que a atividade de cuidar pode ser mais bem compreendida como um modo de maximizar a utilidade (utilitarismo) ou demonstrar respeito (segundo Kant). Assim, eles argumentarão que embora a ética do cuidado tenha apontado para áreas da atividade humana frequentemente ignoradas pelo discurso moral tradicional, as atividades de cuidar estão embasadas em conceitos gerados pelas teorias kantianas e utilitaristas. Para esses teóricos, a ética do cuidado é vinho novo servido em velhas peles, um novo *insight* que elabora posições teóricas tradicionais. Em outras palavras, quando você cuida de alguém, você quer o melhor para ele, e o trata com respeito, e isto é essencialmente o que Kant e os utilitaristas estavam advogando, cada um a seu modo.

No entanto, o cuidado envolve elementos que o torna distintamente diferente das perspectivas teóricas tradicionais. Primeiro, você pode respeitar uma pessoa e nunca a tratar meramente como um meio para seus fins, muito embora você não tenha a menor preocupação com o que lhe acontece. Tanto quanto sua conduta não a prejudicar, você pode ser indiferente quanto ao destino dela. No entanto, se você se preocupa com alguém, o destino dele conta para você, independentemente do fato de suas ações terem, ou não, um efeito sobre ele. Segundo, embora possa ser o caso de que, quando me preocupo com minha filha, eu esteja aumentando o bem-estar geral, assim fazendo, exatamente, o que o utilitarista quer que eu faça, em muitos casos eu poderia estar fazendo algo diferente que traria ainda mais bem-estar geral. Em consequência, há um conflito real entre participar de um relacionamento de cuidados e fomentar o bem comum. Terceiro, muitas das nossas ações em relacionamentos próximos podem cair em um princípio geral tal como o de "proteja a sua família de danos", ou "ajude seus amigos quando eles estiverem necessitados". No entanto, para fazer qualquer uma dessas coisas com eficácia, você precisa, além do mais, agir segundo um princípio. Para que você possa proteger a sua família de algum dano ou cuidar de seus amigos, você precisa fazer mais do que seguir regras – você deve ter as emoções corretas, reconhecer e responder a suas necessidades particulares, etc. Assim, a perspectiva do cuidado não é só mais um modo de falar a respeito do bem comum ou do respeito por pessoas. Não se trata de um simples caso de assimilar a ética do cuidado ao modelo utilitário ou deontológico.

Os filósofos que pensam que a ética do cuidado é uma perspectiva original tendem a argumentar que a ética do cuidado implica em particularismo moral, um desenvolvimento relativamente recente nas abordagens filosóficas do raciocínio moral. O particularismo moral é a visão, segundo a qual é o contexto ou a situação da ocorrência que determina inteiramente se uma ação é correta ou errada. Assim, para determinarmos se uma ação é correta, temos que olhar a própria situação e os vários fatores que são relevantes para a moralidade naquela situação, em vez de apelar para regras ou princípios. É errado dizer uma mentira? De acordo com o particularista, não podemos responder esta questão sem examinar a situação particular na qual a mentira ocorre. Em muitos contextos, mentir é errado, mas em outros, pode ser a melhor coisa a fazer. Não podemos determinar isto aplicando um princípio geral.

Onde está a evidência de que necessitamos de princípios para agir bem? Aparentemente, nem sempre precisamos depender de princípios. Se um piloto lança seu avião em pane sobre um pequeno depósito, para evitar um arranha-céu de apartamentos, sabendo que no depósito poucos trabalhadores seriam mortos, a maioria das pessoas diria que ele fez a coisa certa – ele sacrificou uns poucos para salvar muitos. Mas é provável que essas mesmas pessoas dissessem que seria errado retirar os órgãos de alguns trabalhadores saudáveis do depósito, sem seus consentimentos, para salvar a vida de muitos moradores do edifício, que se encontram doentes, muito embora esse ato sacrificasse uns poucos para salvar muitos. Muitas pessoas, ao menos aquelas que não tiveram aulas de filosofia, não seriam capazes de imediatamente apontar o princípio segundo o qual se poderia distinguir um caso do outro. Elas podem fazer um julgamento apropriado sem recorrer a um princípio.

No entanto, quando lhes são dadas oportunidades suficientes para pensar sobre tais questões, as pessoas, em sua maioria, reconheceriam que um sistema médico que permite a retirada de órgãos de pessoas saudáveis teria uma série de inconvenientes e seriam capazes de chegar a um princípio que enquadrasse casos deste tipo. Assim, um defensor dos princípios morais poderia dizer que embora as pessoas nem sempre formulem o princípio segundo o qual agir, elas podem, quando necessário, justificar suas ações. Assim, embora os princípios não precisem fazer parte do processo de tomada de decisão que leva as pessoas a agir, é importante que princípios justifiquem nossas ações.

Mas isto é precisamente o que o particularista nega. De acordo com o particularista, o princípio é uma forma de organizarmos o nosso pensamento a respeito de um caso após a ocorrência do fato. Não é algo de que precisemos para tomar decisões justificáveis – somos capazes de distinguir o caso do piloto daquele da retirada de órgãos, sem o princípio, que forjamos mais tarde para descrever as decisões tomadas por intermédio do uso da nossa compreensão de uma situação. O que importa é que podemos distinguir uma emergência (o acidente com o avião) de uma prática institucional (caso órgãos fossem retirados rotineiramente). Somos capazes de distinguir entre esses contextos, não porque tenham o auxílio de um princípio, mas porque somos bons no estabelecimento de semelhanças e diferenças entre contextos.

À primeira vista, o particularismo parece ser uma posição radical. Não são somente os princípios abstratos de Kant e do utilitarismo que são amplamente irrelevantes. Mesmo os princípios corriqueiros, como o da regra de ouro, ou o "não matarás" não conseguem dar razões para nossas ações. De fato, à primeira vista, o particularismo moral parece ser incompatível com a ética do cuidado. Os proponentes da ética do cuidado são seguidamente interpretados como defensores da posição que, quando a justiça e o cuidado entram em conflito, o cuidado deve sempre sobrepujar a justiça. Nossas obrigações derivadas de nossos relacionamentos reais que temos com nossa família, amigos, etc., sempre deveriam ter precedência sobre preocupações morais abstratas, tais como as de justiça e direitos. Os proponentes da ética do cuidado, aparentemente, estão, implicitamente, adotando um princípio geral, tal como, "procure sempre preservar os seus relacionamentos mais próximos".

No entanto, essa crítica engana-se tanto a respeito da ética do cuidado, quanto do particularismo. Para explicar o que quero dizer, primeiramente tenho de esclarecer as afirmações do particularismo moral e quais são as razões para sustentar tal posição.

Os particularistas argumentam que o julgamento contextual é necessário mesmo antes de sabermos qual princípio poderia justificar uma ação. Lembre-se de nossa discussão a respeito de Kant, no capítulo anterior, que a primeira tarefa ao aplicar o imperativo categórico é chegar a uma descrição da ação de alguém a fim de determinar se o princípio se aplica ou não. Este passo causou consideráveis problemas para os teóricos do tipo kantiano, devido a dificuldades em determinar quão geral, ou específica, uma máxima deve ser. O particularista moral argumenta que não há regras para como devemos descrever nossas ações. Consequentemente, o raciocínio contextual faz-se necessário mesmo antes que possamos formular uma regra segundo a qual agir.

Pense a respeito das várias descrições de atos que poderiam figurar em um princípio moral – dizer mentiras ou a verdade, crueldade, bondade, roubo, assassinato, estupro, respeito, etc. Embora possamos, com frequência, usar tais palavras, sem controvérsia, para descrever nossas ações com precisão, isto não é porque estejamos implicitamente seguindo uma regra. Qual regra podemos usar para determinar se um ato de fala conta como uma mentira? Poderíamos formular uma regra que dissesse: "se uma ação é uma falsa afirmação com a intenção de enganar, é uma mentira". Mas nós, rotineiramente, fazemos falsas afirmações com a intenção de enganar, que não contam como mentiras. Quando alguém lhe pergunta: "Como está você?'. Eu seguidamente respondo dizendo,"muito bem", quando não estou de forma alguma me sentindo bem. Na maioria dos contextos, nos quais tais afirmações surgem, eu não deveria ser acusado de desonestidade. Nós intencionalmente enganamos as crianças sobre todos os tipos de coisas, contamos piadas que intencionalmente enganam e recontamos mentiras inacreditáveis, mas tampouco as classificamos como mentiras. Para excluir aqueles casos que não devem contar como mentiras, poderíamos incluir em nosso princípio que uma mentira deve ter a intenção de prejudicar a pessoa que enganamos. No entanto, afirmações falsas feitas sob pressão seguidamente não são mentiras, embora a intenção seja de magoar a pessoa a qual se está enganando. Além disso, as mentiras têm, usualmente, a intenção de proteger o mentiroso, em vez de prejudicar a pessoa a qual enganamos, assim que se incluirmos isto no nosso princípio, excluiremos toda uma série de casos que, de rotina, chamamos de mentiras. Não é obvio que posamos construir um princípio sobre o que conta como mentira que capte os complicados detalhes da vida cotidiana.

Tomemos um exemplo diferente. Qual regra podemos usar para identificar atos de crueldade? Podemos formular um princípio que qualquer ação que resulte de uma intenção de provocar dor física ou psicológica é cruel. No entanto treinadores, pais, professores e adversários em esportes de competição, entre muitos outros, provocam dor em circunstâncias de rotina – os corredores de maratona provocam dor sobre si mesmos. Mas estas normalmente não são qualificadas como exemplos de crueldade. Poderíamos acrescentar que para que um ato seja cruel, a vítima da ação deve estar em uma posição relativamente sem poder, o que excluiria de consideração competições atléticas razoavelmente justas. Mas, como qualquer pai sabe, pessoas sem poder podem seguidamente ser cruéis para com os mais poderosos; assim, estar em uma posição relativamente sem poder não é uma condição necessária.

Poderíamos, então, acrescentar que a dor deve ser excessiva ou desnecessária para que seja qualificada como cruel, mas julgar que algo seja excessivo não parece ser uma decisão orientada por regras. Determinar o que conta como excessivo está em grande parte na dependência do contexto, sendo diferente de situação para situação. Este é justamente o ponto da crítica do particularista a respeito do uso de regras – todo o trabalho de classificação de ações é feito por meio do nosso julgamento a respeito do que é importante em um contexto particular. Os princípios são, quando muito, resumos de como descrevemos casos precisos de mentira ou crueldade no passado. No entanto, cada situação que encontramos é singular de um modo ou outro, e porque esses traços singulares de situações podem afetar significativamente nosso julgamento de como classificar nossas ações, a regra, enquanto tal, não pode justificar uma classificação. Em outras palavras, após coletar todos os casos claros e formulá-los em um princípio, ainda temos outra questão a colocar: – há algo nas circunstâncias da situação imediata que torne a classificação típica suspeita? O ponto não é o de que não podemos decidir como classificar ações – comumente somos bastante bons nisso. O ponto é que a classificação não decorre logicamente de uma regra, mas, sim, emerge de nossas habilidades em compreender a importância dos vários traços que a situação apresenta.

Além disso, de acordo com os particularistas, o problema com regras e princípios não acaba quando decidimos sobre a descrição de um ato – um problema semelhante acontece quando tentamos aplicar princípios. Suponha que façamos com precisão a descrição de uma afirmação como uma promessa. Considere um princípio simples, tal como: "sempre cumpra as suas promessas". Um momento de reflexão mostraria que nenhuma pessoa razoável endossaria um tal princípio.

Suponha que eu faça uma promessa imoral – num acesso de raiva prometo matar um colega meu devido a um desacordo que temos sobre a política escolar. Obviamente, não sou obrigado a cumprir aquela promessa e o princípio não seria uma justificação suficiente para uma ação dessas. Mas isto não mostra que haja problemas com princípios morais, somente que os princípios são por demais simples. Para que possam dar conta da complexidade da existência humana, os princípios devem admitir exceções. Assim sendo, vamos reformular o princípio – "sempre cumpra suas promessas, a menos que você tenha feito uma promessa imoral". Mas, novamente, há exceções óbvias a esse princípio. Se prometi a um amigo assistir a um concerto no qual ele está tocando e, no último momento, recebo o telefonema de um membro da família que está doente e necessita de transporte para o hospital, não estou sob a obrigação de cumprir a promessa. Assim, vamos novamente reformular o princípio: "sempre cumpra suas promessas, a menos que você tenha feito uma promessa imoral, ou a promessa seja sobrepujada por uma obrigação mais importante". Mas o que conta como suficientemente importante para sobrepujar as demais obrigações? Obviamente, prevenir um dano a um membro da família é mais importante do que a minha ida ao concerto. Mas suponha que o artista no concerto é um amigo muito próximo, que está dando seu concerto de encerramento de uma brilhante carreira, e que o membro da família que está doente seguidamente finge estar abandonado para ganhar atenção e tem toda uma variedade de outras opções confiáveis de transporte. Neste caso a minha obrigação já não é tão clara.

Verifique que em uma tal circunstância, saber o que se deve fazer requer atenção à propriedade da situação que se salienta como a mais importante para orientar a ação. É ela o fato de que o concerto é dado por um amigo de longa data, ou o fato de que seja a última apresentação, de encerramento de carreira, ou o fato de que, em seu melhor juízo, o membro da família está sendo manipulador? O particularista moral argumenta que não há princípio que guie o julgamento de alguém aqui. O que conta não é o fato de que você fez uma promessa, mas o contexto da promessa, quando contraposto a considerações conflitantes. O único meio de tomar uma decisão, aqui, é avaliar os traços conflitantes do contexto e determinar, *neste caso*, qual é o mais importante. Generalizações a respeito de outros casos de manutenção de promessas serão de valia limitada, porque é pouco provável que os outros casos sejam semelhantes a este – envolvendo este amigo em particular, neste ponto de sua carreira, e este membro da família em particular com suas características singulares.

O defensor de princípios morais tem uma resposta para este argumento. Ele concede que não há princípio que nos dê uma decisão final – qualquer aplicação de um princípio em circunstâncias complexas requer julgamento. Nós temos obrigações para com amigos e membros da família, obrigação de mostrar gratidão e apreço e de prevenir danos, quando possível. Qual obrigação é mais importante aqui é uma questão de julgamento. No entanto, princípios desempenham um papel importante porque nos dizem quais são as nossas obrigações ou, posto de outra forma, eles nos dizem quais considerações são sempre relevantes, independentemente do contexto.

No caso em discussão, posso não ter obrigação de cumprir a promessa que fiz de assistir ao concerto, mas o fato de que fiz a promessa é sempre uma consideração central. Deste ponto de vista, nossos julgamentos devem responder aos princípios morais, embora com frequência não possam ser derivados deles. W. D. Ross desenvolveu uma teoria que tem por objetivo permitir que princípios coexistam com o julgamento contextual. Ross argumenta que a moralidade consiste de uma variedade de princípios que conhecemos intuitivamente. Devemos dizer a verdade, cumprir nossas promessas, reparar os erros que cometemos, procurar a distribuição da felicidade de acordo com os méritos, fazer o bem aos outros, fazer o bem para nós próprios, e evitar fazer mal aos outros. Ele chama estas obrigações de *prima facie,* porque elas nos dizem o que fazer enquanto não houver obrigações que as sobreponham. No entanto, porque elas são obrigações que estão usualmente em conflito, só podemos determinar nossa real obrigação por meio de julgamento situacional, não por intermédio de um princípio.

O problema com o ponto de vista de Ross é que a única coisa que pode sobrepujar uma obrigação é uma outra obrigação. Eu posso violar minha promessa de assistir ao concerto somente se eu tiver uma outra obrigação que compita com esta. Mas, suponha que antes de sair para o concerto eu descubra que meu amigo de muitos anos anda espalhando rumores indecentes a meu respeito. Eu não me sinto mais com vontade de homenagear sua carreira. Não parece razoável afirmar que eu ainda esteja sob a obrigação de cumprir com a minha promessa nestas circunstâncias. No entanto, não há nenhuma obrigação competindo com esta, somente uma mudança naquilo que tenho vontade de fazer. Há inumeráveis circunstâncias nas quais é razoável deixar de cumprir uma promessa, simplesmente porque nossos desejos ou preferências mudaram. De fato, é justo dizer que a lista de exceções à regra que devemos sempre cumprir nossas promessas é infinitamente ampla – em princípio, não é algo que possa ser captado em um princípio finito. O particularista não está argumentando que nunca possamos justificar o cumprimento de promessas. Mas, o ponto é que a justificação não está baseada em um princípio, mas sim em uma habilidade altamente desenvolvida de compreender o que é significativo em casos particulares.

Na literatura filosófica a respeito deste debate entre o raciocínio baseado em princípios e o particularismo, há muita controvérsia sobre a melhor caracterização do particularismo moral. Alguns particularistas adotam uma posição extremada, de que os princípios morais não existem e não desempenham papel algum em nosso raciocínio. Mas isto parece falso. Como salientei acima, a melhor forma de compreender os princípios é como resumos de nossa experiência coletiva – eles são generalizações que captam o que é tipicamente advogado dentro de nossas instituições morais, dado o que sabemos sobre como elas funcionam. Sabemos que a desonestidade, usualmente, nos traz problemas e que a quebra de promessas mina os relacionamentos e podem destruir o tecido da confiança do qual nossa sociedade depende. Para que uma pessoa tenha um bom caráter moral, ela deve ter muito deste tipo de compreensão. Assim como o raciocínio em qualquer outro domínio requer informação e um domínio dos conceitos de base, o raciocínio moral requer uma riqueza de generalizações de base sobre o que é tipicamente o caso, generalizações que podem ser resumidas por um princípio.

Princípios morais nos situam em um quadro de considerações que, usualmente, tem um peso especial para que possamos raciocinar bem. Quando uma ação envolve provocar a dor em alguém que está relativamente indefeso, a possibilidade de crueldade deve assumir um papel central no nosso raciocínio; atos de fingimento devem sempre provocar preocupações quanto à possibilidade de minar a confiança do público e a dignidade da pessoa que está sendo enganada. Os princípios morais e regras que governam as descrições de atos são lembretes que colocam essas considerações no centro do nosso pensamento. Os particularistas morais não precisam negar nada disto. No entanto, os particularistas morais sustentam que princípios e suas aplicações nunca são suficientes para justificar uma ação; eles desempenham um papel importante, embora limitado, no raciocínio moral.

Em última análise, os princípios desempenham um papel limitado no raciocínio moral, devido à complexidade e instabilidade dos contextos com os quais nos confrontamos. Especialmente em sociedades modernas com crescentes interações complexas, que estão sujeitas a constantes mudanças, cada um de nós se defronta com situações de dimensões muito variadas e que devem ser consideradas. É um princípio de raciocínio cautelar altamente considerado na ciência, que quanto mais dimensões são introduzidas por uma hipótese, mais arriscadas são nossas generalizações, porque é provável que novas dimensões introduzam traços que influenciem a importância dos dados originais que a hipótese pretende explicar. Isto é ainda mais apropriado no campo da moral, porque as propriedades morais não têm as características fixas das propriedades estudadas na física ou na química. Em breve, arriscamos cometer enganos na moralidade caso dependamos demasiadamente de princípios morais, porque eles, por sua própria natureza, nos estimulam a focar nos traços compartilhados das situações, em vez das características singulares da situação.

Dada esta abordagem do particularismo moral, estamos em uma melhor posição para entender o tipo de raciocínio estimulado pela ética do cuidado e requerido pelo pluralismo. Lembre-se de que eu disse que um dos problemas com a ética do cuidado é que ela parece relegar considerações tais como a justiça para um *status* secundário, uma vez que devemos dar prioridade a relacionamentos de cuidado e aquilo poderia implicar no tratamento injusto de outras pessoas.

Em vista da nossa compreensão do particularismo moral, considerações de justiça não necessitam desempenhar um papel secundário em uma ética do cuidado. Quando olhamos os contextos nos quais tomamos as nossas decisões morais, a maioria deles envolve relacionamentos, e nós cometemos menos enganos morais se atentamos aos detalhes desses relacionamentos quando raciocinamos sobre questões morais. À semelhança das outras teorias que examinamos, a ética do cuidado fornece diretivas sobre onde buscar as propriedades morais mais notórias – um modo de assinalar traços morais que frequentemente descuidamos. A ética do cuidado está assinalando os relacionamentos de cuidado como traços de um contexto que deveriam receber nossa atenção.

Em alguns casos, tudo o que precisamos para tomar a decisão correta é imparcialidade e preocupação para com a justiça. De fato, é difícil imaginar como nossos relacionamentos de cuidado poderiam funcionar sem um sentido de justiça. Os pais devem tratar seus filhos justamente, e algumas vezes devem ser imparciais. Todos os prestadores de serviços na área da saúde devem tomar decisões difíceis a respeito de como distribuir seus cuidados, e isto, inevitavelmente, conduz a preocupações a respeito de justiça. Por exemplo, uma enfermeira ao reconhecer que um paciente terminal está com dores extraordinárias e intratáveis pode querer responder ao apelo do paciente de o ajudar a morrer. Mas este procedimento pode violar uma obrigação profissional de não causar dano. O atendimento na área da saúde rotineiramente envolve tais difíceis conflitos entre respostas pessoais e o reconhecimento de obrigações.

A ética do cuidado não necessita advogar que nós nunca agimos imparcialmente ou desprovidos de um sentido de dever. Mais exatamente, nunca devemos agir imparcialmente ou segundo um senso de obrigação, sem prestar a devida atenção àqueles traços de nossas circunstâncias que um princípio imparcial não lograria identificar como sendo relevante. A preocupação com a imparcialidade, justiça e obrigação surge a partir do relacionamento e de suas particularidades, não a despeito desses traços contextuais. Os relacionamentos colocam demandas sobre nós, que não são somente demandas deste relacionamento particular, mas são demandas que surgem do próprio tipo de relacionamento. Padrões adequados de cuidados são determinados não só pelas particularidades desta enfermeira e deste paciente, mas também pelos traços gerais do relacionamento entre a enfermeira e a paciente. Os requisitos da paternidade, em geral, desempenham algum papel na determinação do que conta para que alguém seja um bom pai.

Assim sendo, uma ética do cuidado não pode ignorar ou subordinar considerações a respeito de justiça, honestidade e imparcialidade. Em muitos casos eles devem estar na frente e no centro. A diferença entre uma ética do cuidado e outras teorias morais não é que uma ética do cuidado minimize a importância da justiça e da imparcialidade. Ao invés disso, uma ética do cuidado vê a justiça e a imparcialidade dentro do contexto de relacionamentos.

O PAPEL DA EMOÇÃO

Quando analisamos o raciocínio moral a partir da perspectiva do particularismo moral, podemos compreender melhor outro aspecto singular da ética do cuidado – o papel proeminente da emoção. De acordo com as tradições que dominam a filosofia moral, incluindo as abordagens kantianas e utilitaristas, para que se adquira sabedoria moral, devemos nos afastar de nossos desejos, emoções e sentimentos, porque eles interferem com a objetividade. Sob este ponto de vista, os seres humanos tendem a focar sobre seus interesses próprios de modo demasiadamente estreito. O propósito do raciocínio moral é o de corrigir esta tendência. No entanto, emoções e desejos, por serem expressões imediatas de nossos estados subjetivos, somente estimulam esta infeliz tendência a ser autocentrado. Embora as emoções possam ser essenciais à resposta moral uma vez que decidimos o que fazer, o processo decisório não deveria ser obstruído com sentimentos que obscurecerão nossos julgamentos, de acordo com a teoria tradicional.

Por outro lado, a ética do cuidado argumenta que emoções e desejos são essenciais para que se alcance a sabedoria moral. Embora algumas vezes os sentimentos distorçam o nosso raciocínio, isto não é sempre o caso. Além disso, as emoções e desejos são cruciais para a compreensão do que a moralidade requer – o raciocínio moral não pode ser efetivo sem eles.

O papel das emoções no raciocínio moral está relacionado à discussão sobre as descrições de atos e particularismo moral, acima tratada. Independentemente da teoria sobre raciocínio moral que se adote, não podemos começar a raciocinar a respeito de um caso particular sem ter consciência dos elementos moralmente relevantes da situação. No entanto, como salientado acima, os detalhes das circunstâncias sociais, nas quais devemos tomar decisões morais, são complexas e sutis. Assim como os seres humanos têm uma perturbadora tendência a enfatizar o nosso interesse próprio, temos uma tendência igualmente perturbadora de ignorar o que está bem à nossa frente. Com que frequência não logramos nos dar conta de que um amigo está em desespero ou que a esposa de alguém está se sentindo ignorada? Nós prestamos atenção a um crime, quando ele foi cometido em vizinhança de cor branca, mas o ignoramos, quando as vítimas são pretas. Sabemos que a fome e a pobreza existem em nossas vizinhanças, mas muito pouco fazemos para corrigir o problema. A explicação mais natural para estas falhas morais é que não nos sentimos suficientemente concernidos – estar atento é uma função daquilo com o que nos preocupamos.

Dizer que alguém se preocupa com outra pessoa é, em parte, dizer que o estado psicológico de alguém está preparado para notar o que aquela pessoa precisa e responder àquelas necessidades. A ligação emocional com a pessoa com a qual nos preocupamos é um componente importante daquele estado psicológico. Os pais, provavelmente mais do que qualquer outro adulto, notam as necessidades de seus filhos, e é mais provável que amigos, do que estranhos, prestem atenção ao bem-estar uns dos outros, porque tais relacionamentos se caracterizam por laços genuínos de afeto. Médicos e enfermeiras provavelmente desempenham mais efetivamente suas atividades, quando a preocupação deles para com os interesses do paciente é tanta, que passam a sentir algum grau de empatia e compaixão em relação a ele. Assim como um elevado estado de medo ajuda a detectar perigos no meio ambiente, um elevado estado de empatia ou compaixão engaja nossa capacidade de detectar propriedades moralmente relevantes.

Além disso, é importante que nosso cuidado não seja meramente uma preocupação em ser um bom pai ou um bom médico, ou mesmo um cuidado para com a justiça ou a ética. Embora seja importante se importar com estas coisas, nossa maior preocupação deve ser com as pessoas enquanto indivíduos, que são os que recebem os nossos cuidados. Como salienta o particularista moral, as situações morais tratam com indivíduos concretos que têm histórias, identidades, sentimentos e modos de ver o mundo, que lhes são específicos e frequentemente singulares, inovadores e incapazes de serem expressos por generalizações. Para fazer a coisa certa nessas circunstâncias, é necessário que atentemos a essas particularidades. Isto sugere que devemos ser cuidadosos para não depender em demasia de estereótipos e generalizações amplas, quando raciocinamos sobre questões morais, porque, caso contrário, nossa tendência será a de ver os outros não como eles são, mas como nós os construímos.

Tanto quanto possível, a conduta moral requer que vejamos o mundo como os outros o veem. Todos os seres humanos estão ligados à realidade via vários estados de sentimentos e, portanto, para que possamos entender os outros, devemos entender os seus sentimentos também. E isto requer que não busquemos um distanciamento emocional, mas, sim, uma conexão emocional.

Até agora, descrevi o papel da emoção no raciocínio moral como um meio de nos ajudar a detectar coisas a respeito dos outros, que de outra maneira poderiam passar desapercebidas – o que poderíamos chamar de foco de atenção. No entanto, o raciocínio moral não é somente uma questão de atentar para as propriedades adequadas, mas envolve igualmente a conceituação adequada de nossa situação. Há uma diferença entre ver que alguém fez uma falsa afirmação intencionalmente e reconhecer que tal pessoa contou uma mentira viciosa, e ver que alguém tem fome e reconhecer que é uma injustiça que ela tenha fome. Para que se distinga entre sexo bruto e estupro, temos que conhecer as sutilezas do consentimento, que é um conceito complexo. Em outras palavras, o raciocínio moral não é só uma questão de perceber um novo detalhe em uma situação, mas de compreender a relevância moral daquilo que vemos.

Esta dimensão do raciocínio moral também envolve a emoção, porque exibir a resposta emocional correta é uma condição necessária para que se tenha o conceito moral apropriado. Suponha, por exemplo, que eu presencie um vendedor de seguros vendendo uma apólice de seguros barata, mas desnecessária, a uma velha senhora, que sofre de senilidade. Uma coisa é reconhecer que isto é moralmente errado, outra muito diferente é se sentir ultrajado por ela. Simplesmente constatar o erro moral sem se sentir moralmente indignado é uma falha de compreensão, uma falha na compreensão da importância moral do ato. Constatar que uma ação é extraordinariamente caridosa, mas não lograr admirá-la é perder alguma coisa a respeito da ação. As outras emoções morais: de desgosto, culpa, remorso, vergonha, etc., funcionam de modo semelhante. Elas nos fornecem compreensão sobre o mundo social do qual participamos.

O cuidado pertence a esta lista de emoções morais. Quando um amigo está sofrendo, a pessoa que age para aliviar aquele sofrimento somente segundo um sentimento de obrigação, sem sentir as emoções apropriadas, tais como a preocupação, não está conseguindo apreender a importância do sofrimento. Em resumo, uma pessoa que não tenha a capacidade de sentir emoções morais não poderia compreender toda a importância das ações morais. As emoções nos permitem apreender traços de uma situação que, de outra forma, são inacessíveis.

Estas considerações a respeito da importância do particularismo e das emoções, nos remete à questão da ação moral, vista no Capítulo 1. Lá, rejeitamos a ideia de que possamos atingir a autonomia por meio da nossa separação dos outros. Neste capítulo, encontramos razões para rejeitar a ideia de que quanto mais abstrato e imparcial for o nosso conhecimento moral, tanto melhor ele apreende a realidade. Ao invés disso, quanto mais estivermos ligados aos outros, e quanto mais concreta e sensível ao contexto for nossa compreensão, tanto melhor nossas ações poderão se conformar à forma da realidade.

PROBLEMAS PARA RESOLVER

O particularismo moral e a ética do cuidado resolvem algumas dificuldades das abordagens kantianas e utilitaristas discutidas no Capítulo 2. Diferentemente do utilitarismo, a ética do cuidado focaliza os aspectos singulares, particulares das pessoas e, assim, leva seriamente em conta as distinções entre as pessoas. Ela não permite que os indivíduos sejam sacrificados em nome do bem comum. À semelhança do utilitarismo, mas diferentemente de Kant, a ética do cuidado nos dá um instrumento de como tratar alguns conflitos entre requisitos morais. Nos é permitido ser parciais em relação àqueles que nós prezamos – ligações morais, grau de compreensão, etc., nos permitem atribuir mais peso a algumas considerações do que a outras. No entanto, diferentemente do utilitarismo e de Kant, a ética do cuidado não busca um procedimento decisório padronizado para a ética e, consequentemente, não precisa se preocupar com a quantificação da felicidade, nem com a construção de máximas universalizáveis. Mas, o que é ainda mais importante, por meio da negação da centralidade do papel da objetividade, a ética do cuidado nos fornece uma estrutura para a compreensão de questões morais, que são compatíveis com o importante papel que os projetos pessoais e os relacionamentos desempenham em nossas vidas. Uma vez que grande parte de nossas vidas está devotada a algum tipo de relacionamento, a ética do cuidado está ancorada na experiência concreta e não em entidades abstratas tais como o bem comum ou lei moral. Como uma teoria, ela é mais intuitiva e natural do que a deontologia e o utilitarismo. Ao invés de demandar o sacrifício do que é mais significativo na vida, ela dá as boas vindas a essas ligações e considera a moralidade como um produto orgânico de tais ligações.

No entanto, a ética do cuidado e o particularismo moral têm seus próprios problemas. Algumas das questões que temos de abordar são internas à própria teoria. Como determinamos a força relativa de propriedades morais em um contexto particular? Como salientei acima, isto, seguidamente, tem a ver com o fato de ter experiência da emoção adequada. Mas como podemos estar razoavelmente seguros de que nossas emoções são apropriadas, sem reintroduzir a razão desapaixonada que teorias anteriores endossavam? Quais padrões de correção estão envolvidos? Nós devemos ver os problemas éticos como problemas no interior de relacionamentos, que só podemos resolver por meio do diálogo e concordância mútuos. Assim sendo, qualquer produto deste diálogo e concordância conta como uma resposta correta para o problema? A resposta tem que ser não. Obviamente, há bons e maus acordos. Há soluções para problemas que permitem que as pessoas prosperem, e soluções que só criam mais problemas. Consequentemente, necessitamos ter algum padrão além daquilo que as pessoas elaboram por meio de seus relacionamentos. Mas isto parece nos remeter, novamente, à teoria tradicional, na qual buscamos uma perspectiva imparcial, a partir da qual avaliar tais concordâncias.

Embora a ética do cuidado resolva obrigações em conflito ao nos permitir colocar mais peso nas necessidades daqueles com os quais temos um relacionamento de cuidados, a ética do cuidado oferece-nos alguma compreensão de como proceder quando são relacionamentos de aproximadamente o mesmo valor que estão em conflito?

Além disso, a ética do cuidado defende que façamos o que podemos para preservar relacionamentos – a melhor coisa a fazer é, seguidamente, aquela ação que tenha a melhor condição de preservar o relacionamento. Mas muitos relacionamentos não são saudáveis e devem acabar. Assim sendo, uma ética do cuidado deve fornecer algum padrão para avaliar relacionamentos.

Em acréscimo a estas preocupações sobre os mecanismos internos da teoria, temos de fazer críticas externas a respeito da habilidade da ética do cuidado de fazer sentido em nossas vidas. Talvez a dificuldade que mais chame a atenção seja, como já caracterizei até agora, que a teoria não nos fornece diretivas de como devemos tratar os estranhos ou aqueles com os quais não temos relacionamentos. Uma das virtudes de teorias que baseiam a moralidade na objetividade é que elas são teorias universais – todos os agentes morais são merecedores do mesmo respeito e consideração. Embora possamos sofismar, como eles explicam esta noção de igual respeito, o fato de, tanto o utilitarismo, quanto a teoria kantiana, levar a nossa humanidade comum seriamente em conta é uma importante vantagem em favor delas. Para que a ética do cuidado possa se equiparar com as outras teorias supracitadas, ela deve fornecer uma explicação adequada do que seja a nossa humanidade comum.

Com relação a isto, devemos falar um pouco mais sobre como uma ética do cuidado, especialmente quando ligada ao particularismo moral, protege o processo de raciocínio de sucumbir em prejulgamentos e preconceitos. O que é prevenir o sexismo, racismo e outras formas de discriminação de entrar em cena, se atribuímos mais importância àqueles com os quais estamos familiarizados? Sugeri acima que a imparcialidade e a honestidade são componentes importantes de muitos relacionamentos. Mas o que dizer a respeito do tratamento daqueles com os quais não tenho relacionamentos?

Além disso, temos de abordar o problema da instabilidade. Alguns filósofos argumentam que é melhor agir segundo um princípio moral geral, tal como "ajuda aos necessitados", do que segundo um sentimento particular de cuidado, como a compaixão, porque princípios não vêm e vão, como fazem as emoções. Intuitivamente, se sou obrigado a fazer alguma coisa, a força da obrigação é independente de como eu me sinto hoje. Se permitimos que as emoções influenciem nossos julgamentos, nossos julgamentos mudarão a cada dia (ou a cada minuto), na medida em que nossas emoções flutuarem. Como podemos confiar em julgamentos morais que são tão instáveis?

Finalmente, devemos revisitar a seguinte questão: a nossa moralidade descreve um modo de vida plausível, ou não? A ética do cuidado nos permite colocar um peso substancial em nossas deliberações morais, nos elementos da vida que consideramos os mais significativos, especialmente nos relacionamentos. Como salientei antes, isto faz com que a teoria se torne intuitiva e natural, em consonância com o modo de vida da maioria de nós. Mas a teoria é intuitiva e natural somente se ela pode esclarecer quando é permissível recusar cuidados aos outros. Caso os desgastes causados pelo cuidado sejam demasiadamente grandes, então a teoria é tão exigente que sofre dos mesmos problemas que o utilitarismo e a deontologia – ela requer que sacrifiquemos as próprias coisas que dão significado à vida. Uma superabundância de cuidados pode não ser mais atraente do que uma vida de imparcial desligamento. Ela pode ser tão exigente quanto o utilitarismo.

A quem devemos devotar os nossos recursos de cuidados e como devemos distribuir tais recursos? Devemos cuidar somente daqueles que nos são familiares, daqueles que fazem parte de nossa rede de relacionamentos, daqueles que são seguidores de uma mesma religião, grupo étnico ou profissional, daqueles de quem gostamos? Como salientei acima, isto pareceria introduzir todos os tipos de preconceitos e prejulgamentos. Ou devemos cuidar de todos indiscriminadamente, incluindo aqueles condenáveis, desagradáveis ou desprezíveis? Isto pediria que abandonássemos nossos próprios projetos do mesmo modo que o utilitarismo faz. Certamente, a noção de cuidado deve ser mais detalhadamente elaborada. Os capítulos subsequentes foram programados para fornecer soluções a tais dificuldades.

A ética do cuidado faz uso de nossas reais habilidades e motivos. Mas ela só pode ser bem-sucedida, se pudermos conceituar um relacionamento moral com um escopo mais abrangente de seres, do que os outros que nos são familiares, nos quais a ética do cuidado foca. Agora, passaremos ao conceito de obrigação, que nos ajudará a compreender o papel que a nossa humanidade comum desempenha em uma deliberação moral.

REFERÊNCIAS E SUGESTÕES PARA LEITURAS APROFUNDADAS

CARD, Claudia, ed. (1991). *Feminist Ethics*. Lawrence Kans, University Press of Kansas.

GILLIGAN, Carol (1982). *In a Different Voice: Psychological Theory and Women's Development*. Cambridge, Harvard University Press.

HOOKER, Brad & LITTLE, Margaret, eds. (2000). *Moral Particularism*. New York, Oxford.

KOHLBERG, Laurence (1971). "From is to ought: How to commit the naturalistic fallacy and get away with it in the study of moral development". In: MISCHEL, T., ed. *Cognitive Development and Epistemology*. New York, Academic Press.

NODDINGS, Nels (1984). *Caring: A Feminine Approach to Ethics and Moral Education*. Berkeley, University of California Press.

NUSSBAUM, Martha (1986), *The Fragility of Goodness*, Cambridge: Cambridge University Press.

NUSSBAUM, Martha (1990). *Love's Knowledge: Essays on Philosophy and Literature*. Oxford, Oxford University Press.

ROSS, W.D. (1930). *The Right and the Good*. Oxford, Oxford University Press.

WALKER, Margaret (1998). *Moral Understandings: A Feminist Study in Ethics*. New York, Routledge.

4

Obrigação

Nós já encontramos o conceito de obrigação, especialmente em conexão com a teoria de Kant. No entanto, não dissemos muito sobre o que seja uma obrigação e que tipo de trabalho ela deva empreender. Olhando de perto a ideia de obrigação, começamos a compreender a ideia de que a moralidade nos faz exigências.

Uma obrigação moral ou dever é uma exigência moral que leva um indivíduo a fazer ou não fazer alguma coisa. Nós tipicamente expressamos obrigações em frases que contêm a palavra "deve", mas o sentido moral dessa palavra tem uma autoridade adicional associada a ela. Frequentemente usamos a palavra "dever" para significar que devemos fazer alguma coisa, ou alguma consequência má isto terá. "Eu devo ir para a cama às 11 horas, se quiser estar alerta amanhã". Mas não sou moralmente obrigado a ir para cama às 11 horas. Por outro lado, o uso moral de "deve" seguidamente, embora nem sempre, expressa o pensamento de que somos moralmente obrigados ou proibidos de fazer uma determinada ação – que uma ação é obrigatória.

Nosso mundo moral está amplamente povoado com obrigações. Quando faço uma promessa, tenho a obrigação de a cumprir. Eu tenho obrigações para com meus estudantes, membros da família, amigos, companhias de cartão de crédito, um dever de votar, uma obrigação de evitar prejudicar outras pessoas, de respeitar outras pessoas, de mostrar gratidão quando recebo um favor, obrigações para com animais e objetos naturais. Eu provavelmente nunca devo destruir uma obra de arte, etc. Ser obrigado é uma experiência humana comum. Porém, não obstante a penetração das obrigações, elas não exaurem nossas categorias morais. Muitas ações são moralmente boas, mas não obrigatórias, ou moralmente más, mas não proibidas – poderia ser um ato digno de louvor se eu decidisse doar todo o meu salário para instituições de caridade, mas não sou obrigado a fazer isso. Poderia ser uma falha moral minha a de estar comumente impaciente com meus colegas, mas não sou proibido de estar assim. No entanto, podemos expressar uma parte importante da moralidade como deveres ou obrigações.

O problema filosófico é compreender o que são as obrigações, identificar suas origens, determinar o que é devido a quem, e dar uma explicação do que justifica obrigações. Certamente pode acontecer de as nossas ideias de sentido comum sobre as obrigações estarem enganadas ou ininteligíveis e, neste caso, a tarefa filosófica será a de sugerir como devemos reformar o nosso conceito.

Em ligação com esta tarefa de compreensão, as obrigações têm dois traços que qualquer teoria adequada de obrigação deve explicar ou tornar inteligível. A primeira, é que é muito difícil de fugir de obrigações. Uma vez que você tenha uma, ela é sua, quer você queira ou não. Um pai tem obrigação de cuidar de seu filho, mesmo se ele não quer mais ter filhos. Eu tenho uma obrigação de pagar pelo meu carro, mesmo se após haver rodado 15.000 km, eu desejasse ter feito outra compra. Outra forma de colocar esta questão é que as obrigações engajam a nossa vontade – elas restringem o que moralmente podemos ou não fazer, independentemente de nossos desejos. Em um discurso cotidiano, nos referimos a esta condição inescapável como sendo um produto da consciência.

Há algumas restrições quanto a esta condição inescapável. A maioria dos filósofos pensa que "deve implica em pode". Isto é, só devemos cumprir obrigações se formos capazes de assim fazer. Se prometo dar uma conferência em Nova York e todos os voos para a cidade estão cancelados devido ao mau tempo, não estou mais obrigado a realizar aquela ação. E uma obrigação pode ser sobrepujada por outra de maior importância. Assim, uma teoria da obrigação deve dar orientação de como julgar a importância relativa das obrigações, quando elas entram em conflito. Tendo estas restrições em mente, uma obrigação está entre as razões mais fortes para que façamos ou deixemos de fazer alguma coisa. Assim, no discurso cotidiano, seguidamente dizemos que uma pessoa deve ou não deve agir, quando ela está sob uma obrigação – a ação proposta é uma necessidade moral.

Esta condição de ser inescapável é, em parte, o que é filosoficamente intrigante a respeito de obrigações. Quando uma pessoa diz: "Eu devo cumprir esta promessa", o que exatamente ela quer dizer com a palavra "devo"? Uma pessoa fazendo essa afirmação está sugerindo que cumprir uma promessa é necessário. Que tipo de necessidade está envolvida? Obviamente não há nenhuma necessidade física envolvida. Uma pessoa que se sente obrigada a cumprir uma promessa é fisicamente capaz de não a cumprir. Muitos filósofos têm argumentado que há um tipo de necessidade lógica envolvida em uma tal afirmação. Uma vez que alguém veja quais são os fatos e como a razão deve funcionar, a razão demonstra que há uma e somente uma linha de ação disponível – cumprir a promessa. A ação é logicamente necessária.

Uma terceira possibilidade para o significado de "necessidade" em um contexto moral é a necessidade psicológica. Por "necessidade psicológica" quero dizer que da perspectiva da minha integridade como um ser moral – os comprometimentos mais profundos, que fazem de mim quem eu sou – eu devo cumprir a promessa. A necessidade surge porque, se eu sou forçado a agir contra meus comprometimentos mais profundos, perco o sentido de quem sou. Eu já não posso mais me identificar com minhas ações e, portanto, me sinto alienado delas. Em um discurso cotidiano dizemos "se eu fizesse isso, eu não mais poderia viver comigo mesmo". Na medida em que exploramos o conceito de obrigação, teremos de determinar qual explicação de necessidade (ou impossibilidade de escapar) é apropriada para contextos morais.

O segundo traço que uma teoria da obrigação deve explicar está relacionado a esta impossibilidade de se escapar dela. Se algo segura a nossa vontade com tanta firmeza, dir-se-ia que atrás disso deve haver alguma autoridade. Para que haja autoridade é necessário que haja um direito legítimo para exigir obediência. O que dirige a nossa obediência no que diz respeito à moralidade? Esta é uma pergunta embaraçadora, porque as obrigações diferem de outros comandos, tais como aqueles de um oficial do exército. Com frequência não fica claro quem é que está dando ordens morais.

Uma teoria da obrigação deve explicar esses traços peculiares da obrigação ou fornecer razões muito fortes, que nos levem a pensar que estamos errados a respeito dela. Um modo de explicar a autoridade de uma obrigação é atribuir a Deus a existência dela. Uma vez que se deve obediência a Deus, ao menos nas religiões monoteístas, as obrigações derivadas dos mandamentos divinos teriam a autoridade necessária para dirigir as nossas ações. No entanto, como argumentei na Introdução, não dá certo fazer com que a moralidade fique inteiramente sob a dependência de Deus. A autoridade das obrigações deve ser estabelecida de alguma outra forma.

Tradicionalmente, os filósofos têm adotado duas abordagens básicas para compreender as obrigações. As obrigações estão baseadas quer em fatos a respeito da natureza humana, na razão em especial; quer em um contrato implícito que existe entre seres humanos. Já encontramos, no Capítulo 2, as versões mais amplamente aceitas da primeira opção – as teorias deontológicas e utilitaristas.

Para o utilitarismo e para Kant, a autoridade moral reside nas fundações objetivas que definem o raciocínio moral. O utilitarismo trata os interesses de todos igualmente, assim declarando uma base objetiva para o raciocínio moral. De acordo com Kant, os princípios morais devem ser universalizáveis, assim, excluindo de consideração os interesses particulares. A autoridade provém da posição de ser um juiz imparcial. Ambas as teorias identificam uma fonte dos mandamentos morais – o ponto de vista objetivo.

Como eles explicam que não se possa escapar das obrigações – como as obrigações estão ligadas à vontade? Como a autoridade reside na objetividade e, alegando-se que a objetividade seja um requisito da razão, ambas as teorias compreendem a necessidade moral em termos de necessidade lógica. No entanto, dadas as dificuldades que encontramos em capítulos anteriores, em estabelecer a inteligibilidade do ponto de vista objetivo, torna-se difícil ver como os requisitos morais sejam logicamente necessários. As questões levantadas no final do Capítulo 2 têm aqui relevância. Por que os agentes morais devem ver a si próprios como geradores de princípios a partir de uma perspectiva do olho de Deus? Quando experienciamos as súbitas dores da consciência moral é porque estamos respondendo ao requisito racional que resistamos à inconsistência em nosso raciocínio? Como foi exposto no Capítulo 2, é pouco provável que a razão, por si própria, seja capaz de fornecer um motivo tão poderoso. Consequentemente, a necessidade lógica não explica adequadamente o fenômeno da necessidade moral do modo como os humanos a experienciam.

Além disso, o que dizer a respeito da necessidade psicológica? Podem as teorias utilitaristas ou kantianas explicar a necessidade moral em termos psicológicos? Porque o utilitarismo de atos argumenta que o que é obrigatório depende somente das consequências das nossas ações, as quais podem mudar de circunstância a circunstância, os fatores que prendem a vontade, que refreiam nossos desejos e motivos, também devem mudar de circunstância a circunstância. Isto sugere que eu não deva desenvolver motivos fortes para escolher consistentemente uma linha de ação. Colocando o ponto de outra forma, o que a nossa consciência nos diz para fazer deve mudar de acordo com as consequências. Disso resulta que nenhum *tipo* de ação é moralmente necessário. Por exemplo, suponha que eu tome emprestada uma elevada quantia de dinheiro de um amigo rico, com a promessa de lhe reembolsar dentro de um ano. De acordo com a moralidade do senso comum, devo levar muito a sério a minha promessa de devolver o dinheiro – a obrigação de pagar é um requisito moral inescapável. Porém, o utilitarismo de atos sugere que, se eu posso fazer um bem maior dando o dinheiro a obras de caridade, assim devo proceder. Desta forma, meu forte sentimento de obrigação para com o meu amigo é um empecilho para que eu faça o que devo fazer. Portanto, a consequência parece ser a de que eu não deva desenvolver fortes inclinações de cumprir minhas promessas ou pagar minhas dívidas. No entanto, isto é incompatível com uma característica central das obrigações – sua qualidade de ser inescapável.

O filósofo britânico, Bernard Williams, apresenta este ponto de um modo especialmente contundente. Williams conta a história de George, que tem um doutorado em química, mas tem encontrado dificuldades em conseguir trabalho, porque sua saúde fraca limita suas oportunidades. George teve uma oferta eventual de um trabalho bem remunerado em um laboratório que trabalha com guerra química e biológica. Porém, há muito tempo George é um pacifista comprometido e seu pacifismo é central para sua autoimagem – é parte do que faz com que George seja quem ele é. Em outras palavras, o pacifismo é o que Williams chama de engajamento que confere identidade. Se George aceita o emprego, ele pode, provavelmente, retardar o desenvolvimento dessas armas, ou ao menos se assegurar de que sejam menos letais. Caso George não aceite o trabalho, provavelmente um não pacifista o assumirá e prosseguirá, com entusiasmo, o desenvolvimento dessas armas. George deveria aceitar o emprego? O utilitarista de atos diria que sim. George estaria ajudando a sua família, bem como fomentando o bem comum ao limitar o desenvolvimento de armas perigosas, não obstante a sua infelicidade no emprego. Mas o ponto de Williams é que, se George aceita o emprego, ele será forçado a abandonar quem ele é – sua integridade está em jogo. Os compromissos mais profundos que sustentam a necessidade psicológica seriam abandonados. O utilitarismo trata até mesmo algo tão central para a pessoalidade como a identidade, como simplesmente uma fonte de utilidade entre outras. Para Williams, o fato de que algumas crenças fazem de nós quem somos, permite-nos agir segundo um engajamento genuíno – há coisas que devemos ou não devemos fazer. Uma teoria moral que advoga que ignoremos tais engajamentos não pode explicar porque ou como a conduta moral é possível, menos ainda necessária.

Vejamos se a deontologia kantiana sai-se melhor na explicação da necessidade psicológica. Enquanto o utilitarismo desvaloriza as obrigações e suas conexões com a integridade pessoal, a teoria de Kant coloca a obrigação no centro da experiência. Lembre-se de que Kant argumentava que para que possamos dar sentido às nossas vidas, devemos assumir que somos livres. Nós garantimos a nossa liberdade por intermédio do julgamento racional das nossas ações, submetendo-as ao julgamento do imperativo categórico para nos assegurar que desejos, emoções, ligações ou outros engajamentos não nos estão influenciando. Eu tenho uma obrigação de agir segundo o imperativo categórico, porque somente assim agindo posso preservar a minha liberdade e, assim, preservar a minha pessoalidade. As obrigações são inescapáveis porque ao honrá-las preservo a minha liberdade, que é essencial à minha pessoalidade.

O problema aqui é que Kant está errado quanto ao tipo de liberdade que é essencial à nossa pessoalidade. Como salientei no Capítulo 1, de acordo com Kant, somos livres somente quando somos livres de influências causais. Entre essas influências causais estão as ligações e engajamentos que resultam de nossos projetos individuais e concepções de felicidade. Esses engajamentos são o que Williams chamou de engajamentos que conferem identidade. Eu duvido que possamos conceituar a liberdade e autonomia sem alguma referência a desejos, objetivos e propósitos de ordem superior. A liberdade nos é importante, porque nos interessa ser suficientemente livres para realizar nossos projetos pessoais e nossas concepções de felicidade. Consequentemente, o tipo de liberdade que é essencial para a nossa pessoalidade é a liberdade de agir de acordo com nossos valores mais profundos, e não liberdade para colocar de lado tais valores e profundos engajamentos para fazer julgamentos imparciais. Sem ligações e engajamentos profundamente estabelecidos, não há nada que eu possa ser – nenhum engajamento que confira identidade que eu deva honrar. Se a necessidade psicológica é explicada por meio de engajamentos que conferem identidade, e a concepção de Kant de obrigação é incompatível com tais engajamentos, então a teoria kantiana não pode explicar a necessidade moral da obrigação em termos de necessidade psicológica. Portanto, a teoria kantiana não é melhor do que o utilitarismo para explicar a natureza de uma obrigação.

A TEORIA DO CONTRATO SOCIAL

Há uma longa tradição em filosofia que rejeita qualquer tentativa de basear a moralidade em fatos sobre a natureza humana ou sobre a razão, porque não parecemos poder concordar sobre quais fatos sejam os mais importantes. Esta tradição é chamada de contratualismo ou teoria do contrato social, e ela considera as obrigações morais como produtos de acordos que os seres humanos estabelecem.

Teóricos contemporâneos têm desenvolvido sofisticadas teorias de contratos que dependem do mais importante *insight* de Kant, ao mesmo tempo em que rejeitam grande parte do restante da sua teoria. O elemento central da teoria de Kant sobre a obrigação é que as pessoas são fins em si mesmas. Nós não devemos jamais tratar uma pessoa somente como um meio para algum propósito que possamos ter. Isto quer dizer que só é apropriado tratar uma pessoa em conformidade com seu consentimento. A razão para isto é que, segundo Kant, nenhum ser racional, jamais, poderia aceitar ter sua razão subvertida, porque isso seria uma contradição da vontade. Teorias contratualistas contemporâneas adotam este *insight* para desenvolver uma concepção alternativa de, ao menos, algumas obrigações morais.

A ideia é a de que os acordos entre pessoas são justificados se feitos livremente. Assim, princípios morais não se baseiam em fatos a respeito da natureza humana ou na razão. Eles se baseiam no fato de que as pessoas concordaram a respeito deles – um contrato. O que é correto é determinado pelo que as pessoas podem concordar que seja correto. Certamente, não há nem jamais houve um tal contrato em efetividade, com a concordância geral. No entanto, isto não é um problema de acordo com o teórico do contrato, porque podemos desenvolver uma teoria sobre que tipo de acordo seria racional concordar – um contrato hipotético, não um contrato real.

A teoria contratual contemporânea mais influente foi desenvolvida por John Rawls, em 1971. Rawls estava preocupado em desenvolver uma teoria da justiça, em consequência disso, sua abordagem se aplica somente à questão de quais princípios deveriam governar a estrutura política básica da sociedade. Mas teorias contratualistas têm sido desenvolvidas para justificar toda uma gama de conceitos morais. Rawls se dispôs à tarefa de tentar determinar o tipo de contrato social com o qual todos pudessem concordar, dadas as vastas diferenças que existem entre nossas concepções de como viver. Ele nos pede para imaginarmos estar no que ele chama de "posição original". Somos negociadores tentando decidir quais princípios deveriam governar a estrutura básica da sociedade. A fim de chegar a um acordo, teríamos de imaginar os negociadores tomando decisões por detrás de um dispositivo, chamado o "véu da ignorância". Isto quer dizer que as partes do acordo não podem saber se elas são ricas ou pobres, do sexo masculino ou feminino, inteligentes ou não muito brilhantes. Em outras palavras, elas não sabem nada a respeito de seu *status* social, uma vez que tal conhecimento introduziria coerção no acordo. Porém, eles ainda sabem como deliberar e conhecem os fatos básicos sobre as necessidades humanas e como essas necessidades devem ser satisfeitas. O véu da ignorância tem a função de mostrar a quais acordos podemos chegar se ninguém é coagido e condições plausíveis são obtidas. Rawls argumenta que as pessoas sob o véu da ignorância concordariam com o "princípio da maior liberdade" – um acordo cooperativo deveria envolver a igual distribuição de liberdade, compatível como uma liberdade semelhante para todos. Porque ninguém sabe o seu *status* social ou econômico, cada pessoa concordaria com parcelas iguais de liberdade para todos, porque ninguém quereria correr o risco de ser privado de liberdade, caso terminasse ocupando uma posição de poder social reduzido. Se você não sabe que é um membro de um grupo minoritário, você advogaria liberdades iguais. De outro modo você corre o risco de ter suas liberdades diminuídas. As liberdades deveriam incluir liberdade de expressão, liberdade de religião, liberdade de reunião, etc. – em resumo, o direito de perseguir sua própria visão de felicidade.

Rawls também argumenta que as partes do acordo escolheriam o que ele chama de "princípio da diferença". Pela mesma razão que os participantes escolhem a distribuição igual de liberdades, também escolherão parcelas mais ou menos iguais de bens econômicos. Todos querem evitar ficar em desvantagem e o único meio de fazer isto é optar por parcelas iguais. Mas, porque a distribuição igual de parcelas de bens econômicos pode ser ineficiente, uma vez que algumas pessoas são mais produtivas do que outras, e só produzirão se receberem compensações, algumas desigualdades são necessárias. No entanto, qualquer desigualdade na riqueza será justificada somente se forem em benefício dos socialmente mais desfavorecidos. Algumas pessoas podem ganhar mais do que outros, somente se tal desigualdade ajudar os menos afortunados.

A maioria das teorias contratualistas vê as obrigações como derivadas de direitos. Assim, a teoria de Rawls justifica princípios que definem certos direitos que as pessoas têm — um direito a liberdades iguais e demandas particulares sobre a riqueza da sociedade. Os membros da sociedade têm, então, uma obrigação de honrar este acordo, uma vez que é o que eles teriam escolhido na posição original. As teorias contratualistas são atraentes, porque parecem esclarecer a fonte da autoridade moral. A ideia básica que suporta a autoridade moral de uma teoria contratualista é que uma obrigação só afeta a mim, se eu tiver dado meu consentimento. A autoridade moral da obrigação está no fato de eu a ter escolhido. Ela liga-se à minha vontade porque dei meu consentimento ao acordo — perpetrei um ato deliberado e intencional e, consequentemente, não posso reclamar do fato de estar agora obrigado. De fato, me comprometi por meio do acordo. Assim, um contrato mostra respeito à escolha individual, como fez a teoria kantiana, mas a força unificadora do acordo não depende de uma concepção de razão que está divorciada dos bens que as pessoas estão inclinadas a escolher. Além disso, o acordo cria condições sobre as quais outros podem depender. Os outros signatários do acordo têm a expectativa de que você agirá de acordo com o que foi especificado no contrato. Ao assinar um contrato, você incentivou os outros a confiar em você, e o fato de que você criou uma tal expectativa obriga você a cumprir o acordo.

Uma dificuldade é que, embora as teorias contratualistas identifiquem claramente a fonte da autoridade moral, o sentido no qual as obrigações são moralmente necessárias fica menos claro. É fácil escapar de contratos verdadeiros, uma vez que se esteja disposto a pagar as consequências. Assim como em contratos comerciais, há custos pela opção de sair de um contrato social. Os acordos morais são vantajosos para os indivíduos, e optar por sair do acordo significaria abrir mão dos benefícios do contrato, e sofrer vários tipos de sanções sociais. Porém os signatários de contratos têm a liberdade de assim proceder, se estiverem dispostos a sofrer as consequências. Isto sugere que os acordos morais são obrigatórios somente se você quer que sejam. Como sugeri no início deste capítulo, as obrigações são obrigatórias independentemente de, ao menos, desejos de primeira ordem. Isto sugere que uma teoria contratualista, por si só, não poderia explicar todos os aspectos da obrigação moral.

Uma outra dificuldade é que algumas obrigações engajam, embora eu não as tenha escolhido. A amizade envolve algumas obrigações, embora não seja um contrato ou promessa (embora, em certo sentido, seja escolhida). Em uma amizade, a intimidade da relação fundamenta obrigações. As relações de família envolvem obrigações, embora não as escolhamos tampouco. Assim, é pouco provável que teorias contratualistas expliquem toda a gama de obrigações. Isto não é uma preocupação para Rawls, que restringe a sua teoria a considerações sobre a justiça.

No entanto, há um problema mais sério com as teorias contratualistas, como a de Rawls. O contrato de Rawls é hipotético. Nenhum acordo real ocorre. Mas isto quer dizer que os elementos vantajosos de um contrato, como acima discutido, não estão fazendo nada para especificar os contratos de autoridade moral. A autoridade moral emerge de um acordo realmente efetuado a respeito de alguma coisa na qual os outros confiam. Mas ninguém, de fato, concorda ou confia em acordos hipotéticos. Consequentemente, contratos hipotéticos não podem ocupar o lugar da autoridade moral de contratos reais. A teoria de Rawls descreve um contrato com o qual pessoas racionais concordariam sob certas condições. Assim, em tais teorias, o que faz o trabalho de justificação não é as intenções do agente, ou a confiança que criam por meio de seu acordo. Mais precisamente, é a teoria da racionalidade e a situação hipotética de escolha que produzem os requisitos morais. Rawls está essencialmente argumentando que sob condições de rigorosa imparcialidade, na qual os agentes não sabem nada sobre seus interesses ou circunstâncias particulares, tais agentes teriam maior preocupação com suas liberdades e evitariam situações de risco e escolheriam princípios que garantissem que os membros mais desafortunados da sociedade não se encontrem em desvantagem pela estrutura básica da sociedade.

O problema é que estamos diretamente de volta à fundamentação de obrigações em fatos a respeito da razão humana, sobre o qual há uma boa dose de discordância. Desde a publicação do trabalho de Rawls, tem havido muita discussão sobre quais seriam as escolhas dos agentes nas posições originais. Muitos filósofos argumentaram que algumas pessoas poderiam querer jogar com sua liberdade ou com sua segurança econômica para conquistar maior riqueza ou melhores oportunidades.

No entanto, é mais importante que se constate que estamos diretamente de volta aos problemas anteriormente tratados, de exigir que o raciocínio sobre a moralidade seja objetivo. Rawls está argumentando que só podemos chegar a acordos sobre princípios morais se raciocinarmos sob circunstâncias ideais – se viermos à mesa de negociação sem nossos desejos e interesses particulares. No entanto, nenhum de nós jamais raciocinará em um contexto no qual nossos interesses e desejos não desempenhem papel algum. Assim, mesmo se Rawls estivesse correto quanto à escolha que faríamos, quanta autoridade moral tem uma idealização dessas? Se alguém se confronta com uma situação da vida real na qual seus interesses estão correndo risco, por que seria racional para ele limitar seus desejos com base em uma situação hipotética na qual estes mesmos desejos não estão em questão? Um acordo hipotético não pode ter a autoridade de um acordo real.

Alguém poderia argumentar que uma teoria que demonstra quais seriam nossas obrigações sob condições ideais está tentando descrever um ideal que deveríamos almejar atingir. É possível que nunca estejamos em uma posição na qual nossos desejos e intenções não possam contar, mas nosso raciocínio deveria tentar chegar tão próximo quanto possível de tal situação. Mas, porque o nosso raciocínio na vida real deveria se aproximar de um raciocínio em circunstâncias ideais?

O problema da compreensão da força moral de contratos hipotéticos é uma instância de uma dificuldade que aflige todas as teorias de obrigações que vimos até agora. Todas elas exigem que quando pensamos sobre questões morais, assim façamos a partir de um ponto de vista imparcial ou objetivo e atribuamos autoridade moral a tal ponto de vista objetivo – uma ação moral é obrigatória se ela é justificada sob este ponto de vista. Mas não é óbvio que possamos fazer sentido disto a partir de um ponto de vista prático, como uma perspectiva que deveria orientar nossas ações.

OBRIGAÇÕES DE RELACIONAMENTOS

O que, então, explica a autoridade moral de obrigações e a impossibilidade de se escapar delas? A ética do cuidado nos auxilia a responder esta questão. A ética do cuidado vê os nossos relacionamentos pessoais, próximos, nos quais uma pessoa está cuidando de outra como um paradigma por intermédio do qual podemos compreender a obrigação moral em geral. O que nos engaja a esses relacionamentos, de modo a nos sentir obrigados, são os laços naturais que existem entre pais e filhos, pessoal da área da saúde e pacientes, amigos, etc. A obrigação está, portanto, enraizada em sentimentos de ligação com pessoas com as quais nos preocupamos. Os sentimentos de cuidado e o profundo sentimento de relação que ocorre entre íntimos fazem com que surja o pensamento que certas ações são moralmente necessárias ou proibidas.

Estas considerações morais têm autoridade moral – um direito legítimo de comandar obediência – porque a manutenção de nossos relacionamentos depende delas. Não podemos escapar delas porque os relacionamentos estão profundamente arraigados em nosso modo de vida e evocam extensas respostas de cuidados e comprometê-las causaria uma dor psicológica considerável. Essas afirmações são intuitivamente plausíveis. Nós cumprimos as promessas feitas àqueles que amamos porque, se não o fizéssemos, a confiança da qual tais relacionamentos dependem ruiria. Promessas a respeito de questões importantes são exigências das quais não se pode escapar, porque mostrar desconsideração para com as expectativas de alguém que você estima é cruel, e os estados cognitivo e emocional que dão suporte a respostas de cuidados barram a crueldade excessiva. Isto é, se você se importa genuinamente com uma pessoa, você não pode, intencionalmente, causar-lhe danos excessivos ao mesmo tempo em que mantém seus sentimentos de cuidado. Isto é uma questão de grau. Infelizmente, algumas vezes ferimos àqueles que amamos. Mas se o dano for muito extenso, em algum ponto já não é mais plausível dizer que sentimentos de afeto ainda persistem.

Como descobrimos no Capítulo 3, a objetividade em uma ética do cuidado deriva-se de requisitos de determinados relacionamentos. Nós consideramos a imparcialidade como habilidade de reflexão para julgar desejos e comprometimentos, sem que com isso nos desliguemos completamente deles. Consequentemente, a ética do cuidado resolve muitos dos problemas a respeito da motivação, enfrentados pelo utilitarismo e por Kant. Ela também fornece explicações plausíveis de dois dos principais traços das obrigações – a fonte da autoridade moral e o significado da necessidade moral (o fato de não se poder escapar dela). No entanto, o problema com a ética do cuidado, como uma explicação geral das obrigações, é que ela tende a focar estreitamente sobre relacionamentos íntimos.

No entanto, temos obrigações para com pessoas com as quais não somos íntimos, e podemos ter obrigações com não pessoas igualmente. Como a ética do cuidado explica essas obrigações? A força do utilitarismo, de Kant e das teorias sociais contratualistas, é que elas nos dão um modo de conceituar a intuição de que todos os seres humanos são dignos de igual respeito e preocupação. Historicamente, os proponentes e adeptos de tais teorias têm feito muito em prol da expansão dos direitos humanos. Extensões destas teorias têm sido usadas para justificar também os direitos ambientais e dos animais. Se há alguma coisa tal como um progresso moral na história, a expansão dos direitos humanos e a importância das preocupações a respeito da justiça social que ocorreram nos últimos 300 anos qualificam-se como exemplos. Não obstante as falhas teóricas, há muito a ser admirado nas ideias geradas por Kant e pelos utilitaristas. Para que a ética do cuidado possa fornecer uma compreensão abrangente da obrigação moral, ela deve abrir espaço para a intuição de que temos obrigações para com todos os seres humanos e talvez com alguns seres não humanos igualmente.

Não obstante a intuição de que todos os seres humanos têm igual valor, aparentemente somos inconsistentes no que diz respeito a esta intuição. Se em nossas ditas sociedades democráticas igualitárias alguém perguntasse: "são todos os seres humanos dignos do mesmo respeito simplesmente porque são humanos?", eu suspeito que a maioria das pessoas diria que sim. Se a pergunta fosse: "alguma pessoa em particular tem mais valia do que outras?", suspeito que a maioria das pessoas diria que não. Nossos ideais morais incluem a noção de igualdade. No entanto, na prática não somos igualitários. O utilitarista, Peter Singer, usa os dois exemplos seguintes para apontar nossas inconsistências.

No seu primeiro exemplo, Paula, uma criança que ainda engatinha cai num lago e corre perigo de se afogar. Tudo o que temos de fazer para salvar a criança é jogar-nos na água e retirá-la de lá. No seu segundo exemplo, crianças esfaimadas, em outros continentes, precisam de nosso dinheiro para comprar alimentos e um chamamento à nossa caridade é feito. Tudo o que temos de fazer é mandar um cheque. Mandar um cheque não é mais difícil do que saltar numa piscina. No entanto, a maioria das pessoas diria que, no caso de Paula, somos moralmente obrigados a salvar a criança, enquanto, no que respeita às crianças de além-mar não há obrigação alguma. Podemos mandar um cheque se assim desejarmos, mas isto não é uma obrigação moral. Singer, por ser utilitarista, diz que somos inconsistentes. Que diferença faz, aqui, a distância, quando o dano é o mesmo? Para piorar ainda mais as coisas, o dilema não está em salvar vidas próximas em vez de vidas distantes. O dilema está entre gastar dinheiro com luxos que podemos desfrutar, e salvar vidas distantes. Embora idealmente pensemos que o valor moral da criança de além-mar seja igual ao da criança no caso de Paula, na prática não parece que nos atemos a tal ideal. Nossa perspectiva é parcial no que diz respeito a nossos próprios filhos, os filhos de nossos vizinhos, nossos próprios objetivos e projetos.

Singer e outros proponentes do utilitarismo, posições kantianas ou teorias sociais contratualistas, advogam que rejeitemos o parcialismo, porque ele é inconsistente com a ideia de que todos os seres humanos têm o mesmo valor moral. Eles argumentam que nossas atitudes são uma falha moral, a qual só podemos corrigir ao adotar uma perspectiva objetiva, imparcial. No entanto, vimos que levando em conta o modo como nossas vidas são importantes para nós, não podemos rejeitar o parcialismo e adotar o imparcialismo. Porém temos de deixar espaço para o pensamento de que temos obrigações com estranhos e pessoas com as quais não estamos intimamente relacionadas.

O filosofo inglês, Soran Reader, sugere uma explicação de nossas intuições nos casos de Paula e das crianças de além-mar, que mostra que fatos arbitrários, tais como a distância geográfica, não são relevantes. Além disso, a explicação de Reader mostra que nossas preocupações morais não necessitam estar restritas àqueles com os quais estamos intimamente relacionados. Reader sugere que atribuamos a "relacionamentos" o significado de qualquer relação que envolva uma real conexão entre um agente e alguma coisa mais. Uma "conexão real" é aquela em que há algum tipo de contato ou presença entre duas coisas que são relacionadas, algo que mantenha unida esta conexão e esta conexão deve ser de modo tal que seja do conhecimento do agente. Por exemplo, famílias são relacionadas por intermédio de interações biológicas ou da instituição do casamento e esta conexão é reforçada pela interação dentro de um modo de vida ou pela participação em interesses comuns. Através da história somos relacionados às pessoas e ambientes que nos formaram e os quais também formamos. Por meio da atividade prática estamos conectados às pessoas com as quais trabalhamos e jogamos, bem como às instituições em que estas atividades ocorrem. O ambiente conecta pessoas dada a necessidade de compartilhar e distribuir recursos. De acordo com Reader, estas são relações genuínas, porque há uma conexão real entre as pessoas que constituem o relacionamento. A conexão real é, portanto, a fonte de obrigações, e qualquer relacionamento constituído por uma conexão real pode ser fonte de uma obrigação.

É importante salientar que o simples compartilhamento de propriedades não é suficiente para estabelecer um relacionamento. Todos os seres humanos, assim como a maioria dos animais, têm a capacidade de sentir dor, como sugere o utilitarista. Mas, do ponto de vista de Reader, aquele fato não **estabelece um relacionamento entre todos os seres sensitivos** e, consequentemente, não nos impõe obrigações com todos os seres sensitivos. Somente a interação ou contato real pode estabelecer relacionamentos e, portanto, criar obrigações. Assim, morar na mesma vizinhança, ser da mesma raça, acreditar na mesma ideologia, ou compartilhar de uma habilidade, não constituem relacionamentos. Mas a participação em festas de grupos, a afiliação a clubes, o trabalho para um candidato político, ou o trabalho junto em um escritório, de fato, constituem relacionamentos.

Verifique também que a variedade de coisas que pode impor obrigações sobre nós é extensa – não somente amigos e família, mas qualquer coisa relacionada pela interação, desde um animal de estimação, até uma velha luva de baseball. Certamente, o conteúdo da obrigação irá variar dependendo da natureza do relacionamento. Eu tenho um tipo diferente de relacionamento com meu filho daquele que tenho com um artefato de estimação, porque os relacionamentos são diferentes. Terei mais a dizer sobre o conteúdo das obrigações mais adiante.

Esta abordagem da obrigação auxilia a resolver uma das principais dificuldades com a ética do cuidado – a inabilidade de explicar a nossa intuição de que temos obrigações com estranhos. Um encontro eventual com outra pessoa é o suficiente para estabelecer um relacionamento que impõe uma obrigação. Em um encontro eventual uma pessoa me está presente. Ela ativa os meus sentidos. Eu registro uma série de fatos a respeito dela e começo a interpretar o seu comportamento. Ela faz o mesmo a meu respeito. Nos apercebemos, mutuamente, de nossas subjetividades e começamos a pensar sobre o que ela pensa de mim, e o que ela pensa de mim pensando nela. Assim, questões de *status* e julgamento vêm à tona. Também, o que é muito importante, há um potencial para um maior engajamento, conseqüentemente, questões de vulnerabilidade e controle, esperança e medo saltam para o foco de atenção. Em outras palavras, um encontro, até mesmo com um estranho, ativa um abrangente modo de comportamento. A qualquer momento vidas são entrelaçadas por meio de uma conexão real – um tipo especifico de relacionamento é constituído e cria obrigações especificas às quais temos de atender. Nada desta cena rica de texturas ocorre em relação a uma pessoa a qual jamais encontrei, independentemente de quantas características possamos ter em comum.

Veja o contraste entre a riqueza de um encontro e a ligação entre, por exemplo, eu e Jane Costa, que mora no Rio de Janeiro. Jane e eu temos muito em comum – moramos no mesmo país, falamos a mesma língua, votamos regularmente, compartilhamos de uma cultura, participamos de muitas atividades semelhantes, talvez tenhamos gostos literários e musicais muito parecidos. Mas nós nunca nos encontramos e não nos conhecemos. De acordo com Reader, não há relacionamento algum entre Jane e eu, independentemente do fato de que temos muita coisa em comum. As semelhanças e diferenças que existem entre nós não têm consequência alguma. Eu não tenho nenhuma obrigação em relação à Jane, porque não há nenhum relacionamento. Certamente, caso viesse a encontrar Jane, então surgiria uma obrigação.

Esta explicação de obrigações de relacionamentos explica as diferentes respostas nos casos de Paula e de pessoas de além-mar. O encontro com Paula, uma criança em vias de se afogar, cria uma obrigação de salvar porque o encontro estabelece um relacionamento. Não é obvio que uma campanha em prol dos famintos na África seja suficientemente rica em conexões reais para manter uma obrigação. Quanto relacionamento há entre os ricos habitantes da sociedade ocidental e as crianças que morrem de fome além-mar? Nós os vemos passando necessidades desesperadoras, na televisão ou em outros meios de comunicação nos quais se faz apelo à caridade, e eles podem provocar um sentimento de compaixão ou empatia, o que constitui um tipo de relacionamento simulado. Mas esta é uma ligação fraca. De acordo com Reader, isto explica porque, se é que temos alguma obrigação, ela é uma obrigação mínima.

É importante que sejamos claros quanto aos limites deste argumento. Não estou sugerindo que devamos ignorar o destino das crianças que passam fome em outras partes do mundo. Devemos dar mais atenção à causa deles, mas não porque sejamos obrigados. As obrigações são apenas um dos componentes de nosso mundo moral. Elas estabelecem um nível mínimo de tratamento aceitável dos outros, mas esgota os meios que seriam bons para tratar os outros. Podemos cumprir com nossas obrigações e ainda não sermos boas pessoas. As pessoas que passam necessidades, como é o caso no além-mar, garantem nossa generosidade, porque ser generoso é uma boa coisa, e podemos ser criticados por não ser suficientemente generosos. Mas, no caso de além-mar, do que não podemos ser criticados é de ignorar uma obrigação substancial.

Além disso, devo também salientar que em um mundo cada vez mais interligado e interdependente, aumenta o potencial para relacionamento com pessoas distantes. Uma ambiguidade, no ponto de vista de Reader, é que não está claro se uma dependência mútua conta como um relacionamento. Cada vez mais, a fome, más condições de saúde e destruição do meio ambiente afetam diretamente o nosso bem estar no mundo desenvolvido, e nossas políticas os afetam diretamente. Esta ambiguidade é complexa demais para ser discutida neste contexto, mas pode ser que a ideia de relacionamento deva incluir conexões de dependência mútua também.

A ideia de basear as obrigações em relacionamentos faz sentido para nossas intuições nos exemplos de Paula e das crianças de além-mar e embota a crítica de que somos inconsistentes em nossas atitudes. De fato, esta abordagem explica uma gama de julgamentos morais bem intrincados. A ideia de obrigações de relacionamentos é uma das que utilizamos em nossa prática moral cotidiana. Eu tenho uma obrigação moral maior para com minha mulher do que para com a instituição na qual ensino, porque com ela tenho um envolvimento mais extenso e pessoal. Eu tenho uma maior obrigação para com os membros de minha família imediata do que para com um primo distante, porque estou mais extensamente engajado com minha família imediata, e com ela há uma conexão biológica mais forte. Eu tenho uma obrigação mais forte com um amigo que tem sido uma presença continuada em minha vida do que tenho com um amigo pelo qual tenho grande afeto, mas vejo só ocasionalmente. Em outras palavras, a força de uma obrigação refere-se à extensão e profundidade de um relacionamento, embora isto possa ser negligenciado dependendo da urgência de outras demandas às quais temos de responder. Quanto mais forte a obrigação tanto mais extenso e elaborado é o leque de comportamentos e nível de cuidados necessários.

Não obstante a plausibilidade intuitiva desta abordagem, ainda temos de esclarecer as razões para ancorar obrigações em relacionamentos, especialmente em vista da definição ampla de relacionamento aqui adotada. Por que os relacionamentos fazem com que surjam obrigações? Como a ideia de uma obrigação de relacionamento explica a autoridade de uma obrigação e nossa impossibilidade de escapar dela? Além disso, como é que a obrigação de relacionamento se conecta com a ética do cuidado? Eu comecei argumentando que, para uma ética do cuidado, as obrigações surgem a partir do sentimento de cuidado e ligação com os outros. No entanto, temos muitas relações com pessoas que não nos interessam ou pelas quais não temos cuidados. De fato, infelizmente, algumas vezes, temos relacionamentos com pessoas muito más, que podem nos ameaçar e não despertam nenhuma simpatia em nós. Por que temos obrigações em relação a elas?

A resposta a estas questões requer uma explicação de como os relacionamentos figuram em nossa orientação geral para o mundo. Eu terei mais a dizer a este respeito no próximo capítulo, sobre a felicidade, mas para esclarecermos a natureza da obrigação, necessitamos discutir o contexto de vulnerabilidade que enquadra a maioria das empreitadas humanas.

VULNERABILIDADE E OBRIGAÇÕES

Os seres humanos estão ligados à realidade por uma fundamental consciência de nossa vulnerabilidade. Desde os primeiros momentos de consciência, temos noção das necessidades e ameaças à satisfação de tais necessidades. Esta vulnerabilidade à perda é crucial ao desenvolvimento de nossa consciência do que tem valor, como argumentarei no Capítulo 5. Nós somos vulneráveis à perda da vida, à perda de bens materiais que nos são necessários para a manutenção da vida, podemos perder a nossa estabilidade psicológica e interesse pelo mundo, podemos perder nossos projetos para o futuro, nossa autoestima, etc. Temos também consciência dessas perdas – elas tornam-se uma questão para nós. Os relacionamentos nos ajudam a lidar com a nossa vulnerabilidade, com a fragilidade da vida humana. Eles nos ajudam a resguardar e proteger aquilo do que necessitamos para sobreviver e nos desenvolver e, assim, eles próprios se tornam a nossa necessidade dominante e continuada fonte de valor.

A compreensão de que somos unidos em relacionamentos que nos permitem lidar com a vulnerabilidade não é uma conclusão a que se chega a partir de evidência. Tampouco é alguma coisa que aprendemos na escola ou na igreja, tampouco é algo que reconhecemos quando atendemos adequadamente nosso interesse próprio de longo prazo. Não decidimos ou descobrimos a importância de relacionamentos porque já nos encontramos dentro deles. Eles são a condição de nossa existência de um modo muito semelhante à condição da água para a existência do peixe. Consequentemente, com bastante naturalidade, nossas ações assumem significados éticos na medida em que têm algum impacto sobre o desenvolvimento e manutenção de relacionamentos.

O mundo ético não é algo no qual temos de nos convencer a entrar, ou para o qual temos de encontrar uma justificação, como se começássemos nossas vidas como indivíduos independentes e então escolhêssemos os relacionamentos que desejamos manter. Todos nós já existimos em um mundo ético, embora possamos desenvolver hábitos e crenças que tornam este mundo obscuro. O ponto central, aqui, é que o significado ético surge a partir do reconhecimento de nossa fragilidade e limitações – os muitos modos em que somos vulneráveis. Não é por acaso que a maioria das emoções morais é resposta a perdas. Culpa, vergonha, repulsa, remorso, lamento, indignação, e compaixão, todos pressupõem uma diminuição de algo de valor. A autoridade da moralidade está aqui localizada. Nossa vulnerabilidade à perda requer de nós a obediência, faz demandas, e impõe restrições sobre nossas decisões e ações. O imperativo moral provém do reconhecimento profundamente arraigado de que somos vulneráveis, e somente os relacionamentos podem nos permitir lidar com a nossa vulnerabilidade. Certamente, os relacionamentos também podem nos tornar vulneráveis; a perda de um relacionamento é uma das mais sérias que sofremos. Uma parte do que seja tornar-se uma boa pessoa é aprender a lidar com este tipo de vulnerabilidade.

Segue-se disto que qualquer encontro envolve ver o outro como alguém que tem necessidades. Este é simplesmente o modo como vemos o mundo. Este é um reconhecimento básico, tão básico quanto o reconhecimento da necessidade de comida ou água, que as outras pessoas confiem em mim e que eu confie nelas. Eu confio nos outros de um modo muito básico – confio na certeza de que você não vai me matar, tomar a minha propriedade, me enganar propositadamente, etc. Em alguns contextos, confio na certeza de que posso contar com seu auxílio, solicitude ou gratidão. Certamente, muito desta compreensão é implícita, não inteiramente articulada ou de modo consciente. Estas compreensões formam o pano de fundo de nossas interações e, seguidamente, prestamos atenção a eles quando eles desmoronam.

No entanto, esta confiança surge como uma questão somente quando há um encontro – um relacionamento de algum tipo. É somente quando as pessoas estão em um relacionamento, em termos amplos, que eles podem ser ameaçadores ou prestativos. Este fato nos dá um reconhecimento mais amplo da natureza da autoridade moral. A outra pessoa no relacionamento tem a autoridade para comandar meu comprometimento porque sua presença invoca o contexto de vulnerabilidade do qual todos compartilhamos. Ela pode ser uma ameaça ou um auxílio para mim – posso ser uma ameaça ou um auxílio para ela. Posso não me importar com ela no sentido de ter um relacionamento especial, mas eu tenho de responder às suas necessidades, seja as ignorando, seja as assumindo. É por isto que Reader está correto ao argumentar que as obrigações estão fundadas em relacionamentos que requerem algum ponto de contato para os sustentar. O contato faz a nossa vulnerabilidade e a necessidade de segurança destacarem-se como importantes. Assim, em qualquer encontro, estou sendo comandado pela outra pessoa para reconhecer suas necessidades. No entanto, se sigo ou não tal comando é uma outra questão. O comando não tem o respaldo de uma força – ele simplesmente sinaliza.

Porque temos de confiar nos outros, relacionamentos estáveis de vários tipos são essenciais para o desenvolvimento humano. Mas, para que os relacionamentos possam fornecer o contexto no qual podemos confiar nos outros, eles devem dar confiança. Para que eu possa ter tal segurança, minhas necessidades devem ter alguma capacidade de prender a sua vontade, e as suas necessidades devem ter alguma capacidade de prender a minha vontade. Nós provemos esta confiança de várias formas. Os sentimentos naturais de afeição, que caracterizam os relacionamentos íntimos, talvez sejam os que mais se destacam. Estes sentimentos ajudam a manter o bem-estar de nossos filhos, esposas e amigos no foco de nossa atenção. Algumas vezes podemos transferir esses sentimentos de afeto para outras pessoas com as quais temos um relacionamento menos íntimo. A compaixão e a empatia podem tornar-se respostas generalizadas, se nos esforçarmos em desenvolver tais sentimentos em nós.

Sentimentos naturais de afeto, não obstante as suas importâncias, também têm suas limitações. Os sentimentos são respostas imediatas ao que está ocorrendo à nossa volta. Eles não funcionam como garantia em longo prazo, porque são cambiáveis e facilmente rompidos por novos estímulos ou emoções de desafeto, tais como a raiva ou o medo. As emoções são extraordinariamente sensíveis na detecção de vulnerabilidades e nem sempre podem fornecer a garantia que desejamos. Isto é verdadeiro mesmo em relacionamentos íntimos.

Assim, um outro meio de que nos servimos para nos dar segurança é por meio do conceito de obrigação. As obrigações garantem a confiabilidade de nossas ações. Elas usam a autoridade dos significados éticos para ligar a minha vontade às necessidades dos outros, e a vontade deles às minhas necessidades. A obrigação de cumprir uma promessa assegura à pessoa a quem eu fiz a promessa que ela não precisa fazer ajustes às suas expectativas de como o futuro decorrerá. A obrigação de não matar sem uma razão dá segurança, mesmo entre estranhos, que podemos manter nosso encontro sem temer um ataque.

Algumas necessidades são tão difundidas e compartilhadas por todos que constituem uma parte permanente do modo como respondemos ao mundo. Todos sempre precisam de proteção contra a perda da vida, sofrimento extremado, humilhação abjeta, etc. Não há momento algum na vida em que estas necessidades não sejam fundamentais. Em vista do que sabemos a respeito de nossa vulnerabilidade à perda da vida, saúde física e mental, liberdade, etc., atribuímos direitos fundamentais a todos os seres humanos que demandam obrigações correlatas para proteger tais direitos. Foi para isto que a teoria do contrato social foi elaborada, embora a ideia de um contrato seja uma abstração desnecessária. Outras necessidades não são menos importantes, mas menos difundidas. Algumas vezes tenho necessidade de saber a verdade, mas nem sempre. Algumas vezes tenho necessidade de que as pessoas cumpram suas promessas, mas nem sempre, etc. Ambas as categorias de necessidades, quando trazidas à tona por um relacionamento, impõem obrigações, embora usualmente não descrevamos o tipo menos difundido como correlativo de um direito. Em outras palavras, não há um direito geral para que não mintam para nós, ou para forçar que cumpram uma promessa, porque nossas necessidades a este respeito mudam de um momento a outro.

Dado o papel da vulnerabilidade, estamos agora em condições de compreender uma fonte de necessidade moral – uma razão pela qual não podemos escapar das obrigações. Em algumas relações, caracterizadas por conexões reais, a vulnerabilidade dos outros faz com que dependam de nós de um modo imediato e urgente, que deixar de responder seria falha de nossa compreensão implícita das seguranças mútuas, que nos permitem sobreviver e prosperar. A consciência é só o reconhecimento expresso da fragilidade de nossos relacionamentos, sentimentos que envolvem horror e angústia de enfraquecer os laços que regulam nossa exposição à vulnerabilidade.

Certamente, como salientei acima, as obrigações têm graus distintos de força, dependendo da natureza do relacionamento. As obrigações mais fortes surgem somente em situações prementes e importantes. Assim, mesmo relações básicas, tais como o encontro com um estranho – a criança no caso de Paula – pode impor uma obrigação substancial sobre uma pessoa. A necessidade é imediata e terrivelmente importante. A obrigação, embora premente, devido à urgência da necessidade, pode não ser muito extensa. Assim, devemos salvar a menina no caso de Paula, e assegurar sua segurança, mas cuidados adicionais parecem estar além do que a obrigação requer. No entanto, quanto mais as nossas vidas estão interligadas, maior a interdependência e mais extensivas são as obrigações. Podemos ser obrigados a sair de nosso caminho para atender a membros de nossa família, mas estranhos não podem exigir tanto de nosso tempo e atenção.

É importante notar que temos obrigações com não pessoas, uma vez que temos relacionamentos com não pessoas. A vida humana depende de uma série de animais, plantas e artefatos no meio dos quais vivemos e cujo grau de interdependência e envolvimento, bem como a susceptibilidade da perda deles, nos impõe obrigações. Relacionamentos com animais de estimação e com objetos que nos são preciosos invocam algumas das mesmas preocupações quanto à vulnerabilidade que as pessoas invocam, embora em menor grau. Somos vulneráveis à perda deles, eles são estimados, mas frágeis, e o nível de interação é suficiente para estabelecer um relacionamento genuíno.

Do ponto de vista filosófico esta abordagem da obrigação traz uma série de vantagens. Ela explica os traços básicos da obrigação ao identificar as fontes da autoridade moral e ao explicar a necessidade moral. Ela fornece um critério único para determinar a presença e a extensão de uma obrigação. Alguém está obrigado na medida em que está mais ou menos em um relacionamento completo com aquilo ao qual está obrigado. Isto ajuda a facilitar algumas das indeterminações do particularismo moral. Embora fatores contextuais ainda desempenhem um papel na determinação ao que é importante dar atenção em uma situação, a natureza do encontro determina a força relativa das propriedades morais, especialmente o grau de vulnerabilidade e as ameaças imediatas, bem como a profundidade do envolvimento com aqueles a quem encontramos em um dado contexto.

Esta abordagem de obrigação também nos fornece alguma orientação sobre como resolver conflitos entre obrigações. Quando obrigações entram em conflito, a obrigação enraizada no relacionamento mais completo tem a precedência, embora esta prioridade possa ser sobrepujada quando outra é julgada mais importante ou premente. O ponto a partir do qual a importância e premência de obrigações são julgadas constituírem-se fatores prioritários, é demasiadamente sensível ao contexto para que possa ser governado por uma regra geral. Assim, os *insights* básicos do particularismo moral ficam preservados, mas agora sabemos os tipos de considerações que podem justificar julgamentos particulares.

Finalmente, esta explicação de obrigação satisfaz a condição de que possamos viver de acordo com a teoria. Ela está de acordo com nossos julgamentos intuitivos sobre as condições que obrigam os agentes morais e nada nesta abordagem requer modificações substanciais na psicologia humana. As obrigações de relacionamentos não necessitam romper compromissos que atribuem identidade. De fato, eles respondem a tais compromissos, embora ainda persista a possibilidade de conflitos insolúveis porque nossos vários compromissos e obrigações podem entrar em conflito.

Obrigações de relacionamentos também fornecem uma explicação plausível do porquê Schindler achou que fosse necessário arriscar sua vida para salvar a de seus trabalhadores. A novela *Schindler's Ark* de Thomas Keneally, baseada em entrevistas com os trabalhadores judeus que Schindler salvou, nos relata que ele tinha relacionamentos extensos com seus trabalhadores, o que lhe permitia vê-los como indivíduos concretos, dotados de valor intrínseco, e tão vulneráveis a ponto de depender inteiramente dele. Ele foi motivado por esses trabalhadores específicos, nesse momento particular, em vista da natureza da ameaça que pesava sobre todos eles e a urgência da triste condição deles. Aparentemente, o relacionamento deles impôs uma demanda sobre ele que era impossível ignorar. Foi sua motivação uma resposta a essa demanda? Ou havia algum traço idiossincrático em seu caráter que explique sua capacidade de dar a resposta que deu? Não há como saber a resposta a esta questão, embora nossa discussão sobre qualidades de caráter, no Capítulo 6, ajudará nossa compreensão das ações de Schindler.

OBJEÇÕES A OBRIGAÇÕES DE RELACIONAMENTOS

A despeito dessas vantagens, no entanto, antes que possamos endossar esta abordagem da obrigação, devemos responder uma série de objeções. Se os relacionamentos dão origem a obrigações, as obrigações terminam quando o relacionamento acaba? Intuitivamente, se fiz uma promessa a um amigo, posso ainda ter uma obrigação de cumprir minha promessa, caso termine a amizade.

A resposta a essa objeção depende da obrigação específica que está em pauta. Em muitos casos, o fim de um relacionamento certamente significa o fim de obrigações assumidas em decorrência do relacionamento. Se prometo ir a um jogo de futebol com um amigo, e a amizade acaba, então a obrigação não necessita ser honrada. No entanto, se tomei dinheiro emprestado de meu amigo, eu ainda deveria o dinheiro, independentemente do término da amizade. Isto, é porque o término de uma amizade não é o término de todas as conexões com aquela pessoa que foi meu amigo. Nós estamos ligados àqueles que foram nossos amigos pela nossa história compartilhada. O relacionamento já não é mais uma amizade, mas não deixa de ser um relacionamento. Assim, a obrigação é ainda mantida por um relacionamento e está ainda vigente dado o sério dano que resulta do não pagamento de dívidas.

Alguém poderia também objetar que obrigações de relacionamentos surgem para tornar obrigatórias ao menos algumas ações que mantêm, ou de outro modo beneficiam um relacionamento, muito embora elas possam ser danosas para os outros ou para mim. Por exemplo, suponha que um dos meus empregados fez algo para ofender um amigo que me é próximo. A fim de evitar o afastamento deste amigo querido, mas vingativo, concordo em despedir o empregado, cujo trabalho tem sido exemplar. Intuitivamente, esta ação seria errada, embora possa ajudar a manter um relacionamento. Temos de explicar tal erro, mas como fazer isso, se a qualidade moral de uma ação está inteiramente ligada ao seu papel no relacionamento em que haja o mais profundo envolvimento?

Esta objeção assume que um único relacionamento determina a qualidade moral de uma ação. No entanto, este não é o caso. Ações danosas que não obstante mantenham um relacionamento podem ser erradas por razões que independem daquele relacionamento. Isto se deve ao fato de que estamos envolvidos em muitos relacionamentos concorrentes, que fazem imposições sobre nós. Despedir meu funcionário para satisfazer o desejo de vingança de meu amigo seria errado, a despeito de qualquer solicitação que meu amigo possa me fazer. Isto é porque eu também tenho relacionamentos com meus empregados, os quais, embora menos extensivos, não obstante, impõem obrigações sobre mim, especialmente tratando-se de uma questão tão urgente e importante quanto o emprego de alguém. Despedir um empregado para satisfazer os sentimentos de vingança de um amigo viola a obrigação, com base no meu papel como empregador, de tratar meus empregados justamente em questões de suma importância.

OS LIMITES DA OBRIGAÇÃO

Algumas objeções à ideia de obrigações de relacionamentos envolvem ambiguidades quanto aos tipos de obrigações que são obrigatórios. Por exemplo, a ética do cuidado sugere que devemos procurar manter relacionamentos. Isto quer dizer que temos uma obrigação de os manter? Caso haja tal obrigação de manter relacionamentos, o que devemos fazer em relação a relacionamentos que nos são danosos ou que não nos interessam mais?

Talvez a objeção mais séria às obrigações de relacionamentos seja a de que algumas obrigações parecem ser independentes de relacionamentos, especialmente obrigações de promover bens tais como a justiça social. Não temos uma obrigação de exigir um tratamento justo, mesmo para aqueles com os quais não temos nenhum relacionamento? Não deveríamos tentar fomentar a causa da justiça para todas as pessoas, independentemente de nosso relacionamento com elas?

Estas duas objeções atribuem um papel demasiadamente significativo para as obrigações. As obrigações desempenham um papel importante, mas limitado em nossas vidas morais. É importante ver que muitos julgamentos morais não produzem obrigações, e muitas prescrições morais não chegam a ser obrigatórias.

A ética do cuidado, de fato, recomenda que devotemos energia e atenção para a manutenção de relacionamentos. Mas esta recomendação não se baseia em uma obrigação; baseia-se em nosso modo fundamental de existir no mundo. Estabelecemos relacionamentos porque eles são essenciais para que tenhamos uma vida significativa e próspera, não porque sejam obrigatórios. Na medida em que nossos relacionamentos nos impedem de ter tal vida, temos boas razões para encontrar novos relacionamentos, embora alguns relacionamentos sejam tão centrais à nossa concepção de vida significativa, que são difíceis de ser descartados. As obrigações nos dão a segurança de que necessitamos para nos engajar na vida social; elas não constituem a vida social.

Da mesma forma, a diretiva de que devemos promover bens tais como a justiça social é importante, mas não está baseada em uma obrigação. Temos a obrigação de tratar justamente as pessoas que encontramos, e é certamente louvável e importante que demandemos que todos sejam tratados justamente. Mas isto é porque uma boa pessoa deve ter qualidades de caráter que a permita ter interesse pela vida dos outros. A apatia a respeito do tratamento dos outros, fora de um relacionamento como aqui definido, é uma falha moral, mas é uma falha de caráter, não uma falha em honrar uma obrigação. Este ponto se tornará mais claro nos Capítulos 5 e 6.

Lembre-se de que o pluralismo moral e o particularismo moral insistem que muitos fatores influenciam a qualidade moral de uma ação. O fato de que uma ação seja obrigatória é somente um deles. Ela é importante em muitos contextos, mas as obrigações não são necessariamente mais importantes do que outros fatores tais como se uma ação exemplifica boas qualidades de caráter ou de ideais pessoais.

Teorias morais que fazem da ideia de obrigação a consideração moral mais importante, tais como as teorias deontológicas, têm sido frequentemente criticadas por não levarem em consideração todo o espectro de traços de caráter. Uma pessoa, afinal de contas, poderia preencher todas as suas obrigações e ainda não ser uma pessoa muito boa. Imaginem alguém que sempre cumpre com suas obrigações porque elas são exigências, mas na realidade não gostam de levar em conta os interesses dos outros. Assim está sempre resmungando e desagradável quando coopera, sempre faz o que é estritamente necessário, quando cumprindo uma obrigação e, embora ela sempre diga a verdade e cumpra com suas promessas, vanglória-se de assim proceder. Esta pessoa desempenharia ações moralmente corretas, mas não seria uma pessoa muito boa. Para serem boas, as pessoas devem fazer mais do que honrar obrigações.

Neste capítulo, tentei mostrar que as pessoas e coisas com as quais mantemos um relacionamento fazem uma exigência sobre nós. No entanto, ainda temos de descobrir o que nos permite assumir tal demanda e porque ela tem tamanha prioridade. Para tanto, necessitamos de uma abordagem do caráter moral e da felicidade, os tópicos dos dois próximos capítulos.

REFERÊNCIAS E SUGESTÕES PARA LEITURAS APROFUNDADAS

BENTHAM, Jeremy (1998) [1789]. *The Principles of Morals and Legislation*. Buffalo, N.Y. Prometheus.

GAUTHIER, David (1986). *Morals by Agreement*. Oxford, Oxford University Press.

KANT, Immanuel (1964) [1785]. *Groundwork of the Metaphysics of Morals*. [PATTON, H.J. trad.] Nova York, Harper & Row.

KENEALLY, Thomas (1982). *Schindler's Ark*. Nova York, Touchstone Press.

RAWLS, John (1972). *A Theory of Justice*. Oxford, Oxford University Press.

READER, Soran (2003). 'Distance, Relationship and Moral Obligation', in *The Monist*, 86, p. 367-82.

SINGER, Peter (1972). 'Famine, Affluence and Morality'. *in Philosophy and Public Affairs*, I, p. 229-43.

SMART, J.J.C. e WILLIAMS, Bernard (1973). *Utilitarianism: For and Against*. Cambridge, Cambridge University Press.

5
Felicidade

Os capítulos anteriores nos permitem concluir que nossas capacidades, na condição de agentes morais, estão sob a dependência de relacionamentos, que a razão moral é pluralista e dependente do contexto, e que as obrigações são requisitos morais limitados, baseados na presença de conexões reais entre pessoas que constituam relacionamentos.

No entanto, não dissemos muito a respeito dos tipos de relacionamentos que devemos manter, como determinar os padrões de correção e de erro que caracterizam os nossos relacionamentos, ou que tipos de tratamento além dos requisitos mínimos da obrigação nos ajudarão a desenvolver como seres humanos. Em outras palavras, precisamos de um conceito do que devemos valorizar e porquê. Para completar o quadro da moralidade, precisamos de uma visão de como viver, que torne inteligível as nossas vidas morais. Uma vez que tenhamos decidido o que queremos da vida e descrito os melhores e os piores modos de viver, podemos partir para a descrição das qualidades de caráter necessárias para viver uma vida boa. Padrões de correção e erro são produtos colaterais desta compreensão de como viver.

Há alguma coisa que todos os seres humanos desejam da vida que daria alguma estrutura e justificação para nossas atribuições de valor moral? Qualquer resposta a esta questão é controversa, mas uma candidata óbvia a algo que todos querem é a felicidade. De todos os bens que os seres humanos buscam, a felicidade pareceria qualificar-se como o derradeiro objetivo.

O problema, certamente, é que os seres humanos discordam consideravelmente sobre o que conta como felicidade. Enquanto eu posso pensar que uma vida dedicada a uma quieta contemplação seja ideal, outros podem pensar que uma vida devotada à aventura militar seja melhor, e ainda outros pensar a felicidade como nirvana ou recebimento da graça de Deus. Quando olhamos para os vários objetivos ao redor dos quais as pessoas organizaram suas vidas, a variedade parece sem fim. Além disso, essas diferentes formas de vida provavelmente produzem diferentes concepções do que seja certo ou errado. Assim, em face disto, não é óbvio como a felicidade possa prover uma estrutura para nossos julgamentos morais em vista da variedade de formas de vida que contam como felicidade. Consequentemente, antes que possamos ver como a felicidade fornece uma estrutura para nossas atribuições de valor, temos de chegar a uma definição defensável de felicidade e uma explicação de como a alcançar.

O problema de definir a felicidade não é um problema abstrato, teórico, mas uma questão prática com a qual a maioria de nós se defronta de vez em quando. Infelizmente, as receitas caseiras e ditados na cultura popular que nos apresentam pomposos discursos sobre como viver, não nos fornecem uma orientação confiável. Os comerciais da televisão nos instigam a tirar o melhor da vida, mas mamãe diz que devemos nos contentar com aquilo que temos. "Se te dá prazer, faz" parece ser um caminho direto à felicidade, se você pode se dar bem com ele, mas somos constantemente lembrados de que o que dá prazer não é necessariamente bom para nós.

Além disso, parece que quanto mais logramos criar as condições para a felicidade, tanto menos felizes somos. Alguns cientistas sociais têm, recentemente, apontado que o crescimento de riqueza material nas sociedades ocidentais não aumentou medidas de bem-estar subjetivo. De acordo com o cientista social, Barry Schwartz, a partir de 1970, o número de norte-americanos que se descrevem como muito felizes diminuiu em cinco por cento, e o índice de depressões clínicas aumentou substancialmente. É justo dizer que estamos confusos sobre a felicidade.

Para que tenhamos sucesso em esclarecer o que seja a felicidade, teremos de decidir uma questão que, por séculos, tem persistido em discussões sobre a felicidade: a de saber se a felicidade é subjetiva ou objetiva. A resposta a esta questão é importante por razões teóricas, porque afetará, substancialmente as visões éticas que possam ser derivadas do conceito de felicidade.

No entanto, a questão de saber se a felicidade é subjetiva ou objetiva é também uma importante questão prática. Para que possamos encontrar a felicidade, temos de saber onde a procurar. Se a felicidade é subjetiva, temos que, em primeiro lugar, procurar melhorar nossos estados psicológicos, buscando a satisfação pessoal sempre que possível, e ater-nos a nossos próprios parâmetros ao julgar a condição de nossas vidas. Mas se a felicidade não é fundamentalmente uma questão subjetiva, talvez tenhamos que buscar significado além da satisfação pessoal, mudar as condições objetivas nas quais vivemos e lutar para fazer com que nossa atividade esteja em conformidade com um padrão externo. É a felicidade uma questão de ajuste de atitude ou de revolução social?

FELICIDADE E PRAZER

No discurso cotidiano, a felicidade, usualmente, se refere a um estado psicológico positivo. Se alguém fosse lhe perguntar: "você está feliz?", você poderia responder, "Sim, eu estou feliz". "Estou agora mesmo terminando os meus exames finais", ou "Aquela refeição foi maravilhosa". A palavra "felicidade" seguidamente se refere a uma experiência prazerosa. Mas se alguém insistisse e perguntasse: "você está realmente feliz, não somente agora, mas quase todo o tempo?" Poderíamos reconhecer que a pessoa que fez a pergunta está procurando por uma resposta mais acurada, que identifique não somente uma sensação atual, mas uma atitude em longo prazo no que concerne à vida como um todo. Alguém é feliz neste sentido mais profundo se sua vida, como um todo, vai bem. Mas o que quer exatamente dizer "vai bem"? Trata-se de simplesmente uma coleção de sensações fisiológicas prazerosas, de modo que se sua vida é preenchida com experiências geralmente prazerosas, você está feliz?

A teoria filosófica que endossa tal visão é chamada hedonismo. O hedonismo equaciona felicidade e prazer e diz que o prazer é a única coisa na vida que é boa, a única coisa que vale a pena buscar. Uma vida de felicidade seria então uma vida que contém um saldo favorável de prazer sobre a dor. A partir desta abordagem da felicidade, parece seguir-se que as ações morais devem causar prazer e evitar a dor.

Esta compreensão de felicidade foi a base do pensamento utilitarista inicial. Jeremy Bentham, o fundador do utilitarismo, argumentava que o prazer é o derradeiro objetivo da vida e que devemos produzir tanto prazer agregado quanto possível. O problema é que não está claro como conseguimos uma concepção de valor moral a partir de hedonismo, uma vez que uma vida de prazer pode ser vivida por uma pessoa de imoralidade chocante. Certamente os utilitaristas saem-se desta, insistindo que adotemos um ponto de vista objetivo, em termos do qual consideremos a felicidade de todos igualmente. Mas, como vimos em capítulos anteriores, esta estratégia não é convincente.

Além disso, muitas experiências satisfatórias que conduzem à felicidade não podem ser descritas como prazerosas, porque não envolvem sensações fisiológicas. Ter um filho, ou ter uma carreira de sucesso são atividades que incluem tanto episódios prazerosos quanto dolorosos, mas o sentimento de satisfação geral que ganhamos tipicamente destas atividades não é em si mesmo uma sensação. Pode dar enorme satisfação reconhecer que de quando em vez há justiça no mundo, mas esta satisfação não é um orgasmo ou um pedaço de chocolate. As satisfações da paternidade, ter uma carreira de sucesso, ou admirar a justiça, são atitudes mais que sensações e estão dirigidas a padrões gerais na vida de alguém ao invés de episódios particulares.

Experiências prazerosas por si só não se qualificam como felicidade, a menos que contribuam para um tom emocional amplamente positivo, que nos disponha, em circunstâncias apropriadas, a apreciar a vida. Uma pessoa que tem muitas experiências intensamente prazerosas, mas, por outro lado, é irascível ou deprimida é mais bem descrita como sendo geralmente infeliz. Embora ter prazer em sua vida seja um importante componente na felicidade, o prazer, enquanto tal, não tem a profundidade emocional para constituir a felicidade. Assim, para que o hedonismo possa ser plausível, ele deve expandir sua noção de prazer incluindo disposições estáveis em longo prazo, que mantenham, dadas as circunstâncias apropriadas, emoções e estados de espírito positivos.

No entanto, mesmo depois de expandir a noção de hedonismo para incluir emoções e estados de espírito positivos, o hedonismo ainda deixa de fora dimensões importantes da felicidade. A felicidade requer que satisfaçamos ao menos alguns dos nossos desejos mais importantes. Afinal de contas, uma pessoa poderia ter, na média, uma existência agradável e manter um tom emocional geralmente positivo, sem ter jamais satisfeito seus desejos mais importantes; mas eu duvido que se possa dizer que esta pessoa é feliz. Alguém que é constantemente frustrada em seus desejos e, ainda assim, mantém um comportamento alegre é com razão criticada como sendo uma "Poliana", que não está suficientemente inteirada de sua situação. Ela parece enganada, pensando que é feliz sem que na realidade o seja.

Como uma última objeção ao hedonismo, lembre-se da questão que motivou esta discussão sobre a felicidade. Frequentemente a pergunta, "Você é feliz?", se refere não a um estado psicológico atual, mas à condição da vida da pessoa em geral, ao longo de um período de vida significativo. Uma resposta afirmativa à pergunta, "Em geral você é feliz?", requer uma avaliação de como se somam os episódios particulares da vida de uma pessoa, que produz uma atitude de satisfação no que se refere à vida da pessoa como um todo. Nem a avaliação, nem a atitude resultante é adequadamente descrita como um prazer.

Embora ter prazeres significativos em sua vida seja parte da felicidade, a felicidade é um estado mais abrangente, que inclui uma grande gama de satisfações – sentimentos, atitudes e julgamentos positivos que não são prazeres. Consequentemente, podemos rejeitar o hedonismo como uma abordagem aceitável da felicidade.

A FELICIDADE É SUBJETIVA OU OBJETIVA?

Ao longo desta discussão sobre o hedonismo, uma abordagem plausível da felicidade foi visualizada. Ao menos inicialmente, podemos definir a felicidade como a disposição psicológica de manter atitudes positivas, estados de espírito e avaliações geralmente positivas, a respeito de sua vida como um todo. Assim, tudo isso é explicado pela satisfação dos nossos desejos mais importantes. Verifique, no entanto, que esta definição de felicidade enfatiza elementos subjetivos da experiência – disposições psicológicas. Esta é a felicidade vista a partir do ponto de vista de uma primeira pessoa, como minha vida a mim parece. A definição pouco diz quanto à necessidade de algumas condições objetivas estarem presentes na vida de alguém para produzir tais disposições psicológicas, ou se os padrões dos quais me sirvo para avaliar feliz a minha vida, são padrões que me são próprios. Se a felicidade é uma condição subjetiva, então isto não se constitui em uma crítica à definição acima. No entanto, se existem elementos objetivos de felicidade, então a definição acima pode estar incompleta.

Em um sentido, qualquer abordagem de felicidade deve ser subjetiva. "Subjetiva" quer frequentemente dizer "que está sob a dependência de sua mente" e contrasta com a ideia de "objetiva", enquanto independente da mente. A felicidade deve ser subjetiva neste sentido. A felicidade é, afinal de contas, algo que experienciamos, e sem uma mente, não poderíamos ter experiências. No entanto, a palavra "subjetiva" também significa que algo seja uma questão de opinião pessoal – inteiramente dependente da minha ou da sua mente. São os sentimentos, atitudes e julgamentos que constituem a felicidade amplamente a meu critério, ou devem responder a algo que seja independente da mente?

Há dois problemas significativos em definir a felicidade em termos de sentimentos, atitudes positivas ou satisfação com sua vida. Ambos os problemas derivam-se da natureza subjetiva desta definição de felicidade. O primeiro problema tem a ver com a possibilidade de que possamos estar enganados quanto à nossa avaliação de felicidade. O filósofo, John Kekes, diz que há uma substancial diferença entre o sentimento ou julgamento de que alguém é feliz e ser realmente feliz. Uma pessoa poderia ter todas as atitudes positivas e satisfações que constituem a felicidade, mas não ser feliz, se tais atitudes ou satisfações estiverem baseadas em ilusões, fraudes ou más interpretações.

Esta visão de que podemos estar errados a respeito de nossa própria felicidade conflita com muitos pressupostos que fazemos a respeito da felicidade, em circunstâncias práticas. Se uma pessoa disser que está feliz, nós, comumente, não a questionamos. Afinal de contas, quem está em melhor situação para determinar se uma pessoa está feliz ou não, se não a própria pessoa cuja felicidade está em questão? No entanto, embora como uma questão prática nós seguidamente damos às pessoas o benefício da dúvida sobre como eles veem suas próprias vidas, é um sério erro pensar que os indivíduos sempre têm uma firme empunhadura sobre sua própria condição.

Suponha, por exemplo, que uma jovem relate que sua vida é extraordinariamente feliz. Ela, por muito tempo, quis ser uma advogada e agora terminou de receber o seu diploma e garantiu um emprego em uma firma de porte. Ela também se casou recentemente. Seu marido também é um advogado com objetivos profissionais semelhantes aos seus. Além disso, um aspecto central da ligação deles é que ambos concordam que ter uma grande família tradicional com muitas crianças é o ideal a que devem aspirar. Independentemente de como ela se sente ou de sua avaliação subjetiva de sua situação, sua concepção de felicidade pode ser criticada por ser irrealista e contraditória. É muito pouco provável que duas pessoas dedicadas ao direito possam desfrutar inteiramente dos benefícios de ter uma família grande. Simplesmente não há tempo suficiente durante o dia. No que diz respeito a uma tal concepção de felicidade, podemos predizer uma boa dose de conflito e insatisfação.

Certamente, eles podem encontrar um meio de equilibrar as aspirações que não se coadunarem. O ponto é, a concepção de felicidade desta mulher pode ser criticada. Há padrões, independentemente de sua concepção subjetiva de sua condição aos quais sua ideia de felicidade deve estar em conformidade. Se podemos estar enganados a respeito de nossa própria felicidade, então a felicidade não é uma questão puramente subjetiva, uma vez que os padrões segundo os quais julgamos a felicidade não estão inteiramente na dependência do indivíduo.

The Trumam Show, um filme de grande popularidade, lançado em 1998, estrelado por Jim Carrey, ilustra um sentido no qual concepções de felicidade não podem ser inteiramente subjetivas, mas devem estar ancoradas na realidade. Truman Burbank, homem de boa natureza, é um homem feliz, com uma esposa feliz, morando na bela cidade de Seahaven, cheia de pessoas felizes, as quais, aparentemente, têm tudo de que necessitam. Trumam vive uma vida comum, embora altamente idealizada, na qual tudo funciona pelo melhor, e a tragédia parece estar inteiramente fora de lugar. No começo do filme, se alguém lhe tivesse perguntado se era feliz ou não, ele certamente teria respondido afirmativamente. Embora Truman não saiba, ele é, de fato, o personagem principal de um show de televisão, que roda vinte e quatro horas por dia, tendo cada um de seus movimentos registrados por um arsenal de 5.000 câmeras. Seahaven é um imenso estúdio de produção, isolado do resto do mundo, e milhões de pessoas tem assistido cada episódio da vida de Truman desde seu nascimento. Seus amigos, mulher e família, na realidade todos aqueles que ele encontra, são, de fato, atores desempenhando um papel fictício em um drama.

A tensão dramática salta na narrativa quando Truman começa a perceber ocorrências estranhas que sugerem que as coisas não são como parecem. Como Truman exaltado procura descobrir o mistério de sua condição, os produtores do show, obstinadamente, colocam obstáculos em seu caminho. Quando Truman finalmente descobre a verdade, ele escolhe escapar do confinamento de sua realidade manufaturada, para a satisfação de milhares de espectadores que presenciaram o episódio final.

O ponto desta parábola é que critérios puramente subjetivos não são suficientes para justificar julgamentos sobre a felicidade. Truman pensou que era feliz, ao menos no início, mas ele estava enganado. Seu estado de espírito positivo, seus sentimentos subjetivos e avaliações sobre sua satisfação pessoal eram fraudulentos, porque não estavam ancorados na realidade – eles eram fabricados, não eram causados de modo apropriado.

Devemos ter esperança de que não sejamos tão maciçamente enganados. *The Truman Show* é um produto da imaginação de Hollywood, ao invés de vida real. Mas é possível que alguns seres humanos estejam em situação análoga – pensando que são felizes, mas estando tristemente enganados? Antes de passarmos a esta questão, quero salientar outro ponto importante sobre *The Truman Show*. Uma vez que Truman suspeita que sua felicidade está baseada sobre uma ilusão, ele luta vigorosamente para escapar de sua condição. Por quê? Se a felicidade não é nada além de sentimentos e atitudes positivas, por que ele deveria se preocupar se as atitudes estão baseadas na realidade ou não?

Quando eu testo a intuição de meus alunos a este respeito, e lhes pergunto se prefeririam uma vida confortável e próspera no *The Truman Show* a uma vida comum cheia de muitas incertezas, falhas e dificuldades a serem superadas, invariavelmente, a maioria prefere uma vida comum e ficam terrivelmente chocadas que alguém pudesse levar a outra alternativa seriamente em conta. Por quê? Aparentemente, a felicidade deve consistir de algo em acréscimo a experiências prazerosas e atitudes positivas. Por outro lado, estas experiências satisfatórias devem ser o produto de ligações autênticas com a realidade para que se qualifique como felicidade.

Um segundo problema com uma abordagem profundamente subjetiva da felicidade é que, visto uma tal definição de felicidade atender somente a um padrão subjetivo, ela não pode gerar um ponto de vista moral. Uma abordagem subjetiva de felicidade tem pouco a dizer sobre como devemos viver nossas vidas. Uma pessoa abjeta poderia ter uma variedade de atitudes positivas e satisfações e, assim, ser feliz sem sequer pensar sobre a moralidade.

A moralidade pareceria desempenhar somente um papel contingente se os desejos de alguém, por acaso, requerem a cooperação de outras pessoas.

Preocupações sobre o caráter subjetivo da felicidade levaram muitos pensadores, incluindo Kant, a rejeitar a felicidade como fonte de moralidade. No entanto, a necessidade de superar essas objeções à felicidade, enquanto uma condição subjetiva, tem entusiasmado outros filósofos a procurar abordagens mais objetivas da felicidade. Muitos encontraram *insights* e inspiração na visão sobre a felicidade proposta por filósofos gregos antigos, sobretudo por Aristóteles.

A FELICIDADE SEGUNDO ARISTÓTELES

Para Aristóteles, todas as coisas no universo têm um propósito ou um fim, e tal propósito expressa a forma mais completa que sua natureza possa assumir. Por exemplo, o propósito de uma semente de um carvalho é tornar-se uma robusta árvore de carvalho, assim como o propósito de uma harpista é o de tocar bem a harpa. Qual é o propósito de todos os seres humanos? Há uma função que é específica aos seres humanos, algo que nos distingue de todos os outros seres. Tal função é a razão, e o nosso propósito deve ser o de cultivar a razão o melhor que pudermos. Viver a vida de acordo com a razão é o nosso propósito, e viver uma vida excelente é raciocinar bem e agir em conformidade com a razão. Atingir tal tipo de vida é atingir a felicidade. Ela é o nosso derradeiro propósito, o fim ao qual todos os demais objetivos estão subordinados.

Segue-se disto que a felicidade, segundo Aristóteles, não é um sentimento ou atitude positiva. Por outro lado, a felicidade é uma vida bem vivida de acordo com padrões objetivos para o que conta como prosperidade humana. Assim como, por meio de uma análise cuidadosa de sua natureza podemos descobrir objetivamente o que quer dizer para uma planta que ela prospere, nós também podemos, mediante uma cuidadosa análise, descobrir o que quer dizer para um ser humano que ele prospere. A felicidade é, portanto, viver aquele tipo de vida próspera na qual deixamos que brilhe a nossa racionalidade. A maior e mais completa felicidade viria de uma vida devotada à razão e à contemplação, porque estas são as maiores expressões do potencial humano.

Certamente, há mais em nossa natureza do que a racionalidade. Nós temos emoções, desejos e uma variedade de necessidades que devemos satisfazer. Para Aristóteles, para que vivamos uma vida próspera, devemos desenvolver todas as nossas capacidades e potencialidades. O papel da razão é o de governar este processo de desenvolvimento, de integrar nossas várias capacidades e de as direcionar à sua perfeição. Se alguém tem uma vida próspera, então é provável que experiencie um bom bocado de prazer e desenvolva atitudes positivas a respeito de sua vida. Mas estes elementos subjetivos são produtos colaterais da felicidade, eles não a definem. A felicidade não é um estado de mente. Em verdade, ela é a condição de alguém que logrou preencher seu potencial humano.

Assim, para Aristóteles, para ser feliz, nossa atividade deve estar em conformidade com nossa natureza e nossa natureza não é coisa sobre a qual decidimos. A felicidade se refere a algo independente de nossos estados subjetivos. No entanto, é algo visado por todos. Embora muitos de nós estejamos equivocados quanto à natureza da felicidade, a sua busca motiva toda a atividade humana. O argumento de Aristóteles para isto é que a felicidade é a única coisa que buscamos por si própria. Não queremos a felicidade para alcançar algo além da felicidade. Ela é boa em si mesma. Qualquer outra atividade ou bem é valioso, porque produz felicidade e, portanto, esses outros bens estão subordinados a ela.

A virtude da visão aristotélica é que aquele conceito de felicidade pode agora gerar uma robusta abordagem da moralidade. Para que possamos preencher nossas potencialidades, há uma variedade de bens de que necessitamos. Necessitamos de um grau de riqueza material, boa saúde, *status* na comunidade, conhecimento, um grau de independência da demanda dos outros, etc. Acima de tudo, devemos viver em uma comunidade que funcione bem. Sem estes tipos de bens, não podemos preencher nossas potencialidades.

No entanto, para alcançar tais bens, temos de desenvolver as virtudes. Virtudes são disposições – hábitos adquiridos – de agir de modos que conduzam ao desenvolvimento de nossas potencialidades. Diferentemente de plantas e de outros objetos naturais, os seres humanos podem escolher afastar-se de sua natureza. Assim, temos de nos treinar na busca da felicidade por meio do desenvolvimento de virtudes que nos permitam preencher nossas potencialidades.

Aristóteles divide as virtudes em virtudes intelectuais e virtudes morais. As virtudes intelectuais envolvem as capacidades necessárias para a compreensão do universo no qual vivemos – essencialmente a habilidade para fazer ciência e matemática. A sabedoria prática também é uma virtude intelectual. A sabedoria prática é a habilidade para avaliar o que é bom e mau para os seres humanos e a habilidade de aplicar este conhecimento em circunstâncias particulares a fim de dirigir nossas ações em direção ao alcance de nossa felicidade. As virtudes morais são hábitos de caráter que se expressam na resposta emocional correta a qualquer situação que possamos confrontar. A resposta emocional correta visa o meio termo entre dois extremos, um extremo envolvendo emoção em demasia, o outro extremo envolvendo falta de emoções. Nossa sabedoria prática identifica qual é o ponto central adequado.

Assim, por exemplo, Aristóteles relaciona a coragem como uma virtude. A habilidade de uma pessoa de agir corajosamente é determinada pelo grau que tenhamos de controle do nosso medo. A coragem envolve ter a quantidade certa de medo em uma situação. Se eu experiencio demasiado medo, sou um covarde. A covardia é um vício. Se experiencio muito pouco medo em uma situação, sou tolo ou inconsequente. Ser inconsequente é um vício. Ter a virtude da coragem envolve ter exatamente a quantia certa de medo, apropriada às circunstâncias. Uma virtude é, portanto, uma média entre dois extremos, o ponto central entre dois vícios, ao que Aristóteles se refere como o meio dourado.

O papel da sabedoria prática é o de controlar as emoções a fim de que nossas ações possam habitualmente atingir o meio. As virtudes se tornam parte de nosso caráter, quando nossa razão modela adequadamente nossos desejos e emoções para responderem corretamente a qualquer situação. Agir de acordo com virtudes, certamente, requer uma grande dose de prática e tentativa e erro. Não há regras para nos ajudar, e o que conta como virtuoso mudará de acordo com a situação e de pessoa a pessoa. Somente uma pessoa com muita experiência e treino pode tornar-se apta a atingir o equilíbrio emocional correto.

Como uma consequência, diferentemente das teorias deontológicas e utilitaristas, não podemos determinar o que é correto, independentemente daquilo que uma pessoa virtuosa faria. Eis porque a avaliação de pessoas é mais importante do que a avaliação de ações, para os aristotélicos. Ao decidir o que fazer, a questão apropriada não é "O que é correto?", mas sim, "O que uma boa pessoa faria?". Isto também significa que não podemos determinar qual seja a coisa certa a ser feita por intermédio de uma regra a ser seguida. Nós devemos ter os motivos e disposições adequadas e devemos exercitá-los de modos que estejam em conformidade com as situações nas quais agimos.

Assim, Aristóteles fornece um modo interessante de responder a questão colocada no Capítulo 1. Como podem os interesses de alguma outra pessoa se tornar uma razão para que eu aja, se não compartilho daqueles interesses? Por que eu deveria dizer à pessoa que está comprando o meu carro que ele vasa óleo e que ele terá de colocar meio litro por semana? A resposta de Aristóteles é que posso não ter razão para fornecer informação que poderia me custar dinheiro, mas tenho razão para adquirir virtudes que me conduzirão à felicidade. Assim, uma vez que eu adquira a motivação para agir virtuosamente, a inteligibilidade de ações altruístas não está sob a dependência de meu desejo imediato. A honestidade é uma expressão do que sou, não do que quero. Consequentemente, devo dizer a verdade, porque é importante que as pessoas mantenham seu caráter.

Aristóteles relaciona uma variedade de qualidades de caráter que contam como virtudes. Além da coragem, ele inclui honestidade, justiça (tratar os outros de acordo com o que merecem), o desfrute de prazeres com moderação (temperança), generosidade, gastar generosamente e receber bem (magnificência), orgulho, honestidade, bom humor, capacidade para ter vergonha, etc. Infelizmente, algumas virtudes não se enquadram no esquema bonito do meio dourado. Aristóteles afirma que assassinato e assalto são sempre errados – não há grau algum de assassinato que seja correto. É sempre errado sentir inveja e má vontade; você nunca pode ter justiça demais. O esquema de Aristóteles para identificar as virtudes é, portanto, incompleto. No entanto, a ideia é intuitiva e atraente. Se desenvolvermos todas as virtudes como hábitos que se tornem partes permanentes do nosso caráter, temos a melhor chance de sermos felizes ao longo de nossa vida.

Algumas dessas virtudes podem surpreender-lhe como sendo menos do que essencial. Dar uma boa festa é essencial para a felicidade? Além disso, Aristóteles deixa fora de sua lista muitas virtudes que em sociedades modernas pareceriam essenciais. Concepções modernas de justiça e tolerância não aparecem. À semelhança disto, ele não menciona as qualidades que alguém deve ter para ser efetivo em seu local de trabalho. Isto se deve ao fato de que a justiça, tolerância e capacidade de trabalho não eram essenciais para aristocratas gregos, como Aristóteles. Aparentemente, dar uma boa festa era importante. Isto salienta o fato de que o que conta como uma virtude está na dependência do tipo de bens que se quer conseguir. Distintos pacotes de bens produzirão distintas listas de virtudes, embora eu suspeite que algumas virtudes, tais como a honestidade, coragem e justiça, apareceriam em quase todas as listas de virtudes.

Aristóteles acrescenta mais um elemento em sua concepção de felicidade – a boa sorte. A felicidade só está disponível para aqueles que são suficientemente afortunados de viver em uma sociedade na qual as virtudes podem ser treinadas adequadamente. Se alguém tem o azar de ser incapaz de adquirir as virtudes, não pode conseguir os bens requeridos pela felicidade.

A teoria de Aristóteles é atraente, porque é uma filosofia prática que leva seriamente em conta toda a personalidade humana. A ética não se opõe à felicidade humana, como parece ser o caso segundo Kant, ou oposta à minha felicidade e integridade pessoal, como para os utilitaristas, mas é uma parte integral da busca de felicidade. Quando agimos corretamente não é porque ignoramos os nossos desejos, mas porque treinamos nossos desejos para buscar o que é de nossa natureza buscar. No entanto, a afirmação de Aristóteles de especificar o que deve contar como uma vida ideal para seres humanos é questionável. Aristóteles argumenta que ser uma boa pessoa é realizar bem as funções de uma pessoa, e ele pensa que podemos dar uma explicação objetiva do funcionamento humano – ou seja, da capacidade de raciocinar, que é descrita em termos de virtudes intelectuais e sabedoria prática. Os valores são simplesmente um produto natural daquilo que somos.

O problema é que muitas atividades são unicamente humanas – as buscas criativas e artísticas, as atividades atléticas, o desenvolvimento tecnológico, o humor, as atividades sociais, etc. Pode-se dizer que qualquer uma dessas é central para o funcionamento humano. Muitas dessas requererão uma variedade de habilidades e capacidades, mas a virtude moral pode não ser essencial para elas, ou podem requerer somente um mínimo de comprometimento com a moralidade, em vez de excelência moral. Muitas delas requererão capacidades cognitivas, mas não necessariamente aquelas que dizem respeito à busca de conhecimento ou de sabedoria prática. Por exemplo, uma pessoa pode fazer bom uso de suas habilidades como jogador de basquete, mas fazer um uso moderado de suas habilidades de raciocínio. Por que tal pessoa não está funcionando bem, de acordo com suas próprias capacidades de desenvolvimento? Ela deve raciocinar suficientemente bem para conseguir sobreviver, mas não requer excelência quanto a isto.

Aristóteles também pensa que devemos ser moderados em nossa busca de prazer. Mas para uma pessoa de paladar refinado, por que deveria ele ser moderado em sua busca de excelente comida e vinho? Usar de moderação em sua busca seria comprometer a sua função característica. E quanta coragem uma pessoa dessas requer? Certamente, em muitas circunstâncias aquele que é avesso ao risco pode ter uma vida feliz. A conexão entre uma vida boa e as virtudes morais e intelectuais não está tão intimamente entrelaçada como pensava Aristóteles.

Assim, Aristóteles não fornece uma visão defensável de uma vida ideal. Quando olhamos as vidas que os seres humanos tendem a escolher, há muitos candidatos à vida boa que requerem diferentes pacotes de bens. Além disso, mesmo se não logramos chegar a uma única explicação do que seja uma vida boa, ainda queríamos dizer que alguém que não a consiga encontrar não pode ser feliz. Isto se deve ao fato de que a felicidade claramente envolve alguns elementos subjetivos. Intuitivamente, queremos dizer que uma pessoa deficiente que não tem algumas das capacidades humanas pode ser feliz. A abordagem de Aristóteles não pode explicar porque alguém com capacidades limitadas, que não pode ter uma vida ideal, poderia, não obstante, ser feliz. De modo semelhante, uma pessoa muito competente e bem-sucedida, que está preenchendo todas as suas potencialidades, possa ser profundamente infeliz de um ponto de vista subjetivo, uma possibilidade que Aristóteles parece ignorar.

Uma teoria da felicidade que deixa inteiramente de fora o elemento subjetivo se depararia com o seguinte obstáculo. Claramente, os aspectos subjetivos da felicidade nos motivam; procuramos a felicidade em parte devido às sensações positivas e satisfações que são tão importantes para nós. Se descontarmos os elementos subjetivos, já não é óbvio que a busca da felicidade possa ser o motivo que alegam ser.

A teoria de Aristóteles não nos forneceu uma fundamentação objetiva da moralidade. No entanto, ele efetivamente nos dá um perfil de como uma tal abordagem poderia parecer. Como seres humanos, temos uma variedade de metas e objetivos que buscamos. Nessa busca há formas melhores e piores de atingir tais objetivos. Embora o jogador de basquete possa não ser excelente em raciocínio, ele deve jogar bem e há modos razoavelmente objetivos de medir sua habilidade. Para o *connoisseur** de comidas requintadas, pode não ser necessário moderação ou mais do que um mínimo de coragem, mas, como um juiz de bom gosto, ele deve ser justo em suas avaliações. Aristóteles tem razão em enfatizar o fato de que para que consigamos concretizar os bens que buscamos, devemos desenvolver as qualidades de caráter que nos permitam adquiri-los. Há muitas coisas dignas de ser buscadas e algumas atividades não contarão como adequadas às suas buscas. Assim, independentemente do fato de que não há uma forma ideal de vida humana, podemos julgar que muitas atividades são inconsistentes com nossos objetivos. Devemos cultivar as virtudes que são internas às nossas práticas, e isto fornece um ponto de partida para críticas e avaliações.

Em resumo, vimos a felicidade como consistindo de sentimentos subjetivos de prazer, atitudes positivas e a satisfação dos principais desejos de alguém. Mas esta posição não pode acomodar a possibilidade de que estejamos enganados a respeito de nosso julgamento sobre a felicidade ou o reconhecimento de que nossas experiências devem ser autênticas para que contribuam à felicidade. As atitudes e experiências, enquanto tais, não constituem a felicidade, a menos que sejam explicadas por nossas capacidades enquanto seres humanos que funcionam em um mundo real. Nós, então, olhamos a felicidade como uma condição objetiva de prosperidade, na qual a felicidade está baseada no exercício das nossas mais altas capacidades humanas objetivamente determinadas. Mas esta visão reduz de modo implausível o escopo do que conta como um objetivo que valha a pena para seres humanos. Além disso, ele deixa de fora a dimensão pessoal da felicidade, que é essencial caso a felicidade deva suprir um motivo para nossas ações. Nem a teoria subjetiva nem a teoria objetiva da felicidade é completa, embora ambas tenham suas virtudes.

---

*N. de T. Termo da língua francesa, refere a alguém que tenha um profundo conhecimento sobre algum assunto sofisticado.

A FELICIDADE EM CONTEXTO

Uma teoria da felicidade para ser adequada deve explicar porque a felicidade é mais do que simplesmente se sentir bem com a vida, mas não deve sacrificar a importância daqueles sentimentos e atitudes positivas, que obviamente, são centrais à felicidade. Eu acredito que podemos fazer algum progresso no desenvolvimento de uma tal teoria, se compreendermos a felicidade como um padrão de atividade e julgamento em que desfrutamos o valor daquilo que nos interessa. As pessoas felizes estão engajadas em um mundo de pessoas, coisas e atividades pelas quais se interessam, e eles são capazes de apreciar tal interesse. O nosso desfrute daquilo que tem valor genuíno nos propicia os estados de espírito, atitudes e satisfações que chamamos de felicidade. Em outras palavras, atitudes positivas e satisfações são produtos colaterais da capacidade de desfrutar de um mundo coberto de valores.

Esta visão difere da aristotélica no sentido de que ela não define a felicidade em termos de um ideal. A felicidade é, em parte, um julgamento sumário sobre o modo como os episódios em nossas vidas extraem valor das situações nas quais nos encontramos. Não requer que nossa situação assuma uma forma em particular. Assim, esta teoria explica alguma coisa que a teoria de Aristóteles não pode – porque pessoas de habilidade corriqueira ou com alguma deficiência, frequentemente reportam estar felizes mesmo sob penosas condições. Porque a felicidade não é questão de alcançar um ideal, mas, sim, de responder ao que tem valor em nossa situação. Alcançar a felicidade é possível sob uma grande variedade de situações. Esta visão também explica porque as pessoas que têm expectativas que crescem rapidamente sob condições de abundância, bem como pessoas que obtêm um tremendo sucesso, podem, não obstante, serem infelizes – eles ainda não aprenderam a apreender o que tem valor genuíno em suas circunstâncias. Assim, esta visão não tem os defeitos da posição aristotélica.

No entanto, à primeira leitura, parece que esta alternativa não difere significativamente da posição subjetivista. Se a felicidade é um padrão de atividade por meio do qual desfrutamos o valor daquilo pelo que nos interessamos, então o que escolhemos para nos interessar e as atitudes que tomamos em relação a tais preocupações parecem ser questões subjetivas. Por que não poderia o personagem em *The Truman Show* satisfazer minha definição escolhendo interessar-se e desfrutar dos compensatórios episódios, assim alcançando a felicidade? A resposta a estas perguntas é que o interesse não pode ser construído como inteiramente subjetivo, sem fazer um mistério do que significa que algo tenha importância para nós. Em outras palavras, os sentimentos e atitudes positivas que geralmente associamos com a felicidade, contam como felicidade somente se são produzidas por nossas interações com coisas dotadas de valor genuíno. E o que conta como tendo valor genuíno não é uma questão profundamente subjetiva.

Para começar a compreender porque nossa capacidade de descobrir valor não pode ser inteiramente subjetiva, pense a respeito da gama de coisas com as quais você se importa. Pense quando elas começaram a ter valor para você. Você conscientemente escolheu começar a se interessar por elas? Você construiu este interesse materialmente ou em sonho? Obviamente alguns de nossos interesses são produtos de decisões conscientes – alguém pode decidir desenvolver um interesse em basquete ou química. Mas no que respeita às coisas pelas quais nos interessamos mais profundamente, em sua grande parte, nós simplesmente constatamos ter tais interesses. Nossa atração por eles não está inteiramente sob nosso controle.

Grande parte das coisas que nos interessam constituem um conjunto de condições de fundo que dão estrutura a como pensamos e sentimos, mas não são o sujeito de deliberação e escolha conscientes. Nossa constituição física, orientação corporal e habilidades de percepção e movimento estruturam nossa experiência do mundo, bem como nossas autoconcepções e ajudam a determinar o que fazemos de nossas vidas. Não decidimos ter uma excelente coordenação entre a visão e a mão, ou uma afinação perfeita de voz. Padrões psicológicos e de comportamento tampouco são escolhidos. Não escolhemos ser uma pessoa que fica zangada facilmente ou que permanece calma em casos de emergência. Nossas habilidades enquanto seres sociais – ser impositivo ou passivo, extrovertido ou introvertido, etc. – desenvolvem-se muito antes que tenhamos controle sobre elas. No entanto, esses padrões influenciam significativamente em como vivemos. O significado de orientações sexual e de gênero é amplamente determinado por padrões e instituições sociais, porém, ele tem muito a ver como determinamos nossos planos de vida, preferências e hábitos, inclusive o tipo de pessoa com a qual nos ligaremos romanticamente. Embora a deliberação e escolha moldem alguns desses fatores, em sua maioria estes padrões de comportamento são simplesmente dados – fatores relativamente fixos em nossas vidas, que descobrimos sobre nós mesmos e que não podem ser alterados sem dificuldade.

Além disso, o modo como estas habilidades e capacidades engajam o mundo nos diz respeito; as atividades que elas tornam possíveis têm um tipo de familiaridade que é intrinsecamente parte de nós. E o que é importante, o exercício delas é inerentemente satisfatório, e a nossa habilidade em os exercitar e desfrutar de tal exercício desempenha um papel significativo em nosso estado de felicidade ou infelicidade.

Muitas das nossas ligações emocionais são fatos que guiam as nossas vidas, mas não estão sujeitos ao nosso controle de qualquer modo significativo. Nossos sentimentos em relação a nossos pais e a outros membros da família são produtos de uma história que começou muito antes que pudéssemos deliberar sobre coisas e fazer escolhas, e eles tornaram-se partes estabelecidas de nossas vidas. Os pais não decidem amar seus filhos – isto simplesmente acontece e muito raramente está sujeito à reconsideração. Para a maioria das pessoas, embora não para todas, suas identidades raciais e culturais são fatos fixos que não estão abertos à modificação. A maioria das pessoas tem alguns comprometimentos básicos de valor que são tão fundamentais para sua identidade ou modo de vida, que elas nunca deliberaram a respeito deles, nem podem considerar seriamente a rejeição deles.

Consequentemente, o modo como encaramos o mundo não é algo que almejamos ou decidimos, mas algo que já somos. As coisas que têm valor, e os padrões pelos quais julgamos o valor delas, não são exclusivamente um produto da minha vontade ou deliberação. Isto não quer dizer que nossas decisões e deliberações não desempenhem um papel naquilo a que atribuímos valor. Melhor dizendo, nossas decisões requerem, como um pano de fundo, um mundo de valor, no qual já estamos engajados e a partir do qual nossas decisões ganham sentido e significância.

Como dizia o filósofo alemão do século XX, Martin Heidegger, a estrutura do cuidado constitui o nosso "estar no mundo" no qual somos "jogados". A situação na qual cada um de nós se encontra tem um aspecto de "doação" ao qual devemos responder. Muitos dos nossos valores nos confrontam com fatos sobre nós, tão inevitáveis quanto a nossa altura, cor dos olhos ou padrões de DNA.

Assim, na medida em que a felicidade está relacionada com ver o mundo como dotado de valor, é enganoso pensar a felicidade como profundamente subjetiva, como algo cuja determinação depende de nós. A abordagem subjetiva deixa de fora do quadro o sentido que o contexto social e natural no qual estamos situados nos faz imposições, nos formata e influencia e demanda respostas nossas, antes que possamos refletir sobre ele, ou tomar decisões sobre como desejamos ser situados. E este posicionamento pré-reflexivo tem forte influência não só sobre nossos prospectos de felicidade, mas também sobre os julgamentos e atitudes que usamos para avaliar nossas vidas como felizes ou não.

Para evitar erros de compreensão, quero enfatizar que não estou dizendo que não temos controle algum sobre as coisas às quais atribuímos valor. Nós temos um substancial controle sobre as coisas que nos são caras, mas esse controle opera contra um pano de fundo de capacidades e comprometimentos aos quais não escolhemos. O ponto geral desta discussão é o de que para que sejamos felizes, devemos responder à nossa situação de modo a produzir as disposições e atitudes associadas com a felicidade. Se a nossa atitude ou julgamentos sobre nossa felicidade não respondem a traços marcantes de nossa condição ou circunstâncias, podemos ser criticados por falta de adequação. Podemos falhar em ser genuinamente felizes.

No entanto, o grau de adequação entre a nossa avaliação subjetiva de nossa situação e a condição sob a qual vivemos deixa ampla margem para nossas respostas criativas. Os seres humanos são notoriamente flexíveis nos modos como respondemos a situações. No entanto, há restrições quanto à conformidade que nossos julgamentos e atitudes devem ter em relação à forma da realidade.

Estas restrições têm muito a ver com a nossa vulnerabilidade à perda. Lembre-se de que na definição de felicidade com a qual estamos trabalhando, a felicidade envolve um julgamento de que o meu mundo e a minha atividade têm valor, um julgamento que se reflete em minha atitude quanto à minha vida. Parte do que significa atribuir valor a alguma coisa é se preocupar com sua perda. Quando nos preocupamos profundamente com alguma coisa, nossa atitude é, em parte, o produto do nosso reconhecimento de que ela pode desaparecer ou ser destruída. Embora alguma coisa possa ser valiosa devido a suas propriedades intrínsecas, a vulnerabilidade à perda aumenta o seu valor. Esta é a razão pela qual as coisas raras são caras. Os diamantes são lindos, mas não valeriam muito se fossem prontamente disponíveis. O mesmo é verdadeiro para bens não materiais. Perder uma pessoa amada é doloroso, porque se trata de uma perda irreparável. Não há ninguém que a possa substituir adequadamente. Embora possamos desenvolver atitudes e pensamentos positivos de prazer quanto a coisas que são substituíveis ou abundantes, estas atitudes tipicamente não têm a profundidade emocional das atitudes que temos quanto a coisas que são vulneráveis.

Assim, ter coisas que são valiosas para a vida de alguém é estar rodeado de coisas que são vulneráveis. Sua vulnerabilidade faz, em parte, que elas sejam valiosas O ponto central deste argumento é que a felicidade não surge quando nos tornamos invulneráveis à perda, uma vez que isso reduziria o valor de nossas vidas. Melhor dizendo, a felicidade requer que reconheçamos a nossa vulnerabilidade e lidemos com ela com sucesso, por meio do desenvolvimento de atitudes de cuidado. Uma atitude de cuidado com as coisas às quais atribuímos valor não é uma atitude opcional, que podemos ou não adotar. O cuidado, no sentido de uma atitude de manutenção, que dá sustentação ao valor, é essencial à felicidade.

No entanto, o grau em que algo ou alguém é vulnerável não está inteiramente sob nosso controle. Em questões de vida, morte, escassez ou abundância, o mundo nem sempre responde aos nossos desejos. Na medida em que a nossa felicidade está sob a dependência do desfrute das coisas com as quais nos preocupamos, os nossos prospectos de felicidade não são subjetivos, nem tampouco os nossos julgamentos sobre a felicidade. Em outras palavras, em vista das coisas com as quais me preocupo, se sou capaz de desfrutar do valor que a minha situação me proporciona, não está inteiramente sob minha dependência.

Esta dependência de nossas atitudes em relação às coisas às quais atribuímos valor por as percebermos como vulneráveis, explica porque a maioria de nós recusaria continuar com *The Truman Show*, não obstante a oferta segura de satisfação. Em um mundo puramente guiado pela fantasia, no qual nada está em risco, nosso profundo sentimento de envolvimento com as coisas, que surge em função de sua vulnerabilidade, estaria ausente. Nossas atividades poderiam nos dar prazer, mas elas não seriam suficientemente significativas para induzir as atitudes e disposições de longo prazo, as quais associamos com a felicidade. As atribuições de valores seriam, quando muito, tentativas e ainda instáveis. Certamente, não as perceberíamos como uma perda.

Em resumo, ser feliz é fazer o que seja a parte valiosa de nossas vidas. Atribuir valor a alguma coisa é, em parte, percebê-la como sendo vulnerável. Consequentemente, ser feliz é manter ativamente o que é vulnerável. As atitudes positivas que constituem a felicidade são produtos colaterais desta atividade de cuidado em relação àquilo que pode ser destruído. Só se atinge a felicidade quando desenvolvemos respostas de cuidados com a realidade que nos é dada.

Isto mostra que nossas atribuições de valores são tipicamente dependentes de nossas percepções de nossas limitações enquanto seres humanos, percepções que são reguladas pela nossa situação real. Uma vez retiradas tais limitações seria difícil imaginar o significado de atribuir valor a alguma coisa. Eis porque a abordagem subjetiva da felicidade faz um mistério do que signifique valorizar alguma coisa.

Até agora tenho me preocupado em mostrar que as atitudes positivas e julgamentos afirmativos a respeito da vida, que constituem a felicidade, devem estar ancorados em fontes genuínas de valor, as quais não podem ser inteiramente descritas como subjetivas. No entanto, atitudes positivas que nossas respostas de cuidados suscitam são somente um componente da felicidade, porque tais atitudes positivas também estão sob a dependência de julgamentos que fazemos sobre como vão nossas vidas. A felicidade envolve um julgamento de aprovação sobre nossa vida, um julgamento que a maioria de nossas necessidades está sendo satisfeita, e que vale a pena ter tais quereres. Isto requer que tenhamos uma visão a respeito do que a vida de alguém deva ser. Quais são os padrões que usamos quando fazemos um tal julgamento de aprovação? É este julgamento do tipo de coisas sobre as quais podemos estar enganados?

O padrão apropriado é o grau segundo o qual somos capazes de desfrutar do valor que existe em nossa situação. A felicidade depende de quão atento, engajado e respondente somos às fontes de valor genuíno de nosso meio. Quando naquelas situações que são significativas para nós, temos sucesso na realização do potencial para o desfrute delas, é justificada a nossa afirmação de felicidade. A palavra "desfrute", aqui, é um termo de arte. Por ela eu quero dizer uma apreciação do que é benéfico, virtuoso, saudável, bonito, admirável, autêntico – poderíamos continuar indefinidamente a listagem de adjetivos, mas a essência está clara. Quando mediante nossas ações e atenção logramos fazer o bem que nos está disponível, persistentemente visível, em nossas vidas, nos é justificado afirmar a nossa felicidade.

Por outro lado, uma pessoa que reconhece que há coisas e atividades de valor que lhe estão disponíveis, mas também reconhece que não consegue fazer com que sejam partes de sua vida, ela julga que sua vida é infeliz. Quando as pessoas dizem que alguma coisa está faltando em suas vidas, elas estão implicitamente reconhecendo o hiato entre o que poderia ser e o que é. Assim, uma pessoa que é rica e bem-sucedida pode ser infeliz, não porque a riqueza e o sucesso sejam ruins, mas porque lhe podem faltar as disposições para apreciar os bens que a riqueza e o sucesso trazem. O sucesso pode resultar em uma agenda repleta de contatos, mas se a pessoa não encontra satisfação em tais relacionamentos, ou não consegue descobrir a força e a vitalidade das pessoas com as quais interage, estas não contribuirão para a sua felicidade. A riqueza permite a compra de um carro de luxo bem projetado mecanicamente, mas se a pessoa não entende nada dos prazeres e desafios de uma mecânica refinada, a compra rapidamente parecerá vazia, quando passar a novidade. E o que é mais importante, se a conquista da riqueza e sucesso não for acompanhada da sensação de que foi difícil e que pode ser facilmente perdida, perderá parte de seu interesse, porque o sentimento de vulnerabilidade subjacente a todo valor estaria faltando. Por outro lado, uma pessoa de modestos recursos pode ser bastante feliz se ela for capaz de descobrir a riqueza da personalidade de um amigo ou apreciar o brilho histórico de um velho carro de passeio.

Até agora tenho argumentado que a felicidade consiste de atitudes e disposições positivas que são causadas por nossa capacidade de nos preocupar por aquilo que tem valor em nossa vida. Há mais um elemento essencial a ser acrescido à felicidade. Nossos julgamentos a respeito da felicidade não são julgamentos sobre episódios individuais em uma vida, mas julgamentos sumários que avaliam a vida como um todo. Um dos nossos mais profundos desejos é o de estar satisfeito com a vida em seu conjunto, não meramente como uma série de episódios distintos. Assim, em acréscimo ao julgamento de que eu tive sucesso em fazer o que a mim importa durante parte de minha vida, a felicidade requer um julgamento de que este procedimento seja o que liga a meu passado, presente e futuro. O julgamento de que a felicidade seja um elemento persistente, de longo prazo na vida, é parte da felicidade. No entanto, se isto é o caso, deve haver algum traço reconhecível na vida que explique esta persistência. O que nos permite fazer com que o valor de nossos relacionamentos e atividades seja um elemento contínuo em nossas vidas?

Quero sugerir que comprometimentos que atribuem identidade desempenham este papel. Algumas coisas a que atribuímos valor tornam-se essenciais a quem somos, de forma que não podemos nos descartar delas, sem sofrer um severo trauma psicológico. Elas fornecem um centro que dá estrutura e coerência às nossas vidas. O escopo de coisas às quais os seres humanos são capazes de atribuir tal significância é incomensuravelmente amplo. Ligações à família, amigos, profissão, objetivos artísticos e atléticos, religião, ganhos materiais, prazeres de todos os tipos, etc., podem ser a fonte de comprometimentos que conferem identidade. Em qualquer caso, estas ligações nos permitem descobrir o que tem valor para nós a longo prazo. Os comprometimentos que conferem identidade dão a perspectiva a partir da qual podemos avaliar a vida como um todo. Se somos capazes de manter tais comprometimentos e desfrutamos de tais cuidados, então nos é justificado afirmar a felicidade em longo prazo. Em resumo, a felicidade requer os seguintes elementos:

a) Disposições em longo prazo para manter atitudes e sentimentos positivos que são causados por:
b) O desfrute do que tem valor na vida de alguém com o suporte de respostas de cuidados; e
c) O julgamento de que se está desfrutando do que tem valor (em outras palavras, a felicidade envolve o reconhecimento de que se é feliz); e
d) Comprometimentos que conferem identidade que dão suporte ao julgamento de que se é feliz em longo prazo.

Eu chamo esta concepção de felicidade de "cuidado voluptuoso"- um modo de ser no mundo segundo o qual fazemos do que tem valor para nós um elemento persistente em nossas vidas.

Acima, argumentei que atitudes e sentimentos positivos associados com a felicidade não são profundamente subjetivos. Argumentei também que a felicidade é uma questão de fazer do que nos é importante uma parte persistente de nossas vidas. O que dizer a respeito dos julgamentos de aprovação que fazemos com relação às nossas vidas? Cabe a cada um de nós decidir o padrão do que conta como uma vida feliz?

O julgamento de aprovação envolvido na felicidade deve ser uma avaliação de como alguém se está saindo no reconhecimento do que tem valor em sua situação e na apreciação da valia daquilo que lhe está disponível. Isto requer uma confrontação entre bens que competem entre si a fim de que o valor de cada um possa ser apreciado. Poderíamos estar enganados sobre qualquer uma das avaliações.

Qualquer escolha que fazemos quanto ao que atribuir valor, e quanto valor lhe atribuir, envolve uma oportunidade renunciada. Ao escolher uma carreira, tornamos impossível buscar carreiras alternativas. Ao decidir passar um tempo com nossa família, comprometemos a qualidade do nosso trabalho, etc. Consequentemente, quase toda escolha significativa envolve alguma perda. Se prestarmos atenção, não podemos evitar o sentimento de que uma experiência que não foi plenamente experimentada amplifica as perdas. Algumas vezes a perda é irreparável, a perda permanente de algo de valor é uma das mais profundas experiências humanas e que regula nossos estados de espírito e atitudes. Esta é uma consequência inevitável do pluralismo de valores, há muitas coisas com as quais se importar, mas recursos limitados para sustentar todos esses interesses.

Consequentemente, os julgamentos de aprovação que a felicidade requer devem ser julgamentos nos quais os ganhos superem as perdas; e estes julgamentos algumas vezes podem estar errados. Podemos errar ao reconhecer o que é importante para nós, ou não prestar a devida atenção quando os valores estão comprometidos. Podemos, por meio de um autoengano fingir que, ao sofrer uma perda, o que foi perdido não nos interessava afinal de contas, ou não conseguir transformar o que nos interessa em comprometimentos que confiram identidade, que tornem possível a felicidade em longo prazo. Quando adotamos estas estratégias enganadas, a felicidade sorrateiramente nos foge, sem que nos demos conta. Desvalorizar os nossos valores fundamentais é negar a constância necessária ao julgamento de que nossas vidas em longo prazo são felizes. O lamento "eu pensava que era feliz, mas era uma ilusão" não é incomum. Ele expressa o fato de que a felicidade vai além de nossos estados subjetivos.

A fim de alcançar a felicidade é essencial a manutenção de conexões com as coisas às quais atribuímos valores. Prosperar é encontrar significado sustentado em suas atividades e relacionamentos. Preocupar-se com o que é vulnerável não é uma forma opcional de vida que podemos aceitar ou recusar. É o nosso modo fundamental de estar no mundo. A tarefa humana é a de encontrar significado no mundo, e quando nos engajamos em atividades que inibem a nossa tarefa, as nossas vidas, assim como as vidas dos outros, são diminuídas.

Duas advertências são importantes para que se evite enganos. Uma forma de comentar esta abordagem é que a felicidade é uma questão de aprender a aceitar a situação na qual você se encontra e tirar dela o melhor proveito.

Mas este comentário seria enganoso. Alguém poderia estar em uma situação na qual houvesse poucas fontes de valor, nada que atraia um comprometimento profundo ou que garanta um investimento emocional ou cognitivo. Ou a situação de alguém, embora satisfatória, pode dispor de poucas perspectivas de progresso, assim fazendo com que julgamentos de aprovação estáveis, de relativamente longo prazo sejam difíceis de manter. A felicidade provavelmente não estaria disponível para uma pessoa em tais circunstâncias.

Além disso, a ideia de tirar "o máximo" daquilo a que atribuímos valor não é um ideal disponível a seres humanos. A maioria dos seres humanos valoriza uma diversidade de bens e muitos desses bens estão em conflito, ou são mutuamente incompatíveis. Por exemplo, posso valorizar o meu emprego e a minha família, mas para tirar "o máximo" de meu emprego implicaria em um substancial comprometimento de tempo e energia devotado à família. Assim, para tirar satisfação tanto do emprego quanto da família, devo encontrar um equilíbrio que me permita apreender a riqueza de ambos, sem que isso demande que eu maximize o meu desfrute de qualquer um dos dois. Consequentemente, a felicidade requer que nossas circunstâncias sejam ao menos minimamente dotadas de sorte e que sejamos capazes de trocas razoáveis entre a variedade de coisas que nos interessam.

Temos de compreender como a felicidade, como um cuidado voluptuoso, gera um ponto de vista moral. Para tanto, necessitamos de uma discussão sobre as qualidades de caráter que são necessárias para a felicidade, um tópico que abordaremos no próximo capítulo. No entanto, esta discussão sobre a felicidade nos permite colocar em contato uma variedade de temas que foram levantados em capítulos anteriores.

Em capítulos anteriores, vimos que as capacidades para o agir moral e o pensar moralmente, bem como a autoridade das obrigações, estão baseadas em relacionamentos. Mas para que estas afirmações sejam inteiramente inteligíveis devemos colocar os relacionamentos em um contexto mais amplo. Estabelecemos relacionamentos porque eles são essenciais para que se tenha uma vida significativa e próspera. Eles são essenciais para a nossa felicidade. Nossas conexões com as outras pessoas são os relacionamentos mais vulneráveis que temos, e nossos sentimentos e julgamentos sobre a qualidade de nossas vidas estão sob a dependência de mantermos esses relacionamentos.

No final do Capítulo 4, vimos que as obrigações são apenas uma entre uma variedade de considerações morais. As outras surgem a partir de nosso interesse pela felicidade. A maioria dos nossos relacionamentos íntimos é governada por um mínimo de obrigações somente, e mais por profundos sentimentos de estima e ligação que, em grande parte, dão segurança por meio de sentimentos naturais de confiança. Estes relacionamentos e as normas morais que os regulam são inteligíveis em vista de nosso interesse na felicidade.

Embora haja mais o que dizer sobre o raciocínio moral no próximo capítulo, esta abordagem da felicidade auxilia a esclarecer o processo do raciocínio moral descrito no Capítulo 3. Fazemos julgamentos a respeito da força relativa de propriedades morais em um contexto, tendo como pano de fundo a nossa busca de felicidade. Prosperar é encontrar um significado sustentado em nossas atividades e relacionamentos, e julgamos as nossas ações à luz desta necessidade. Certamente, julgamos nossas ações tendo como pano de fundo a vulnerabilidade percebida. O foco de atenção e a descriminação conceitual são uma função daquilo pelo qual nos interessamos, e aquilo pelo qual nos interessamos é uma função de percepções de vulnerabilidade. O padrão de julgamentos que usamos em tais julgamentos é o grau segundo o qual uma ação nos permite fazer com que uma coisa de valor venha tornar-se parte de nossas vidas. Relacionamentos que contribuem para nosso sentido de significado e valor, mesmo quando são exigentes ou difíceis, valem a pena ser preservados. Mas relacionamentos que não contribuem para o nosso sentido de significado e valor têm um *status* diminuto, e, consequentemente, uma demanda diminuta sobre nosso tempo e atenção, certamente sujeitos às demandas das obrigações.

Lembre-se que, no Capítulo 3, vimos que uma dificuldade com a ética do cuidado é que ela pode ser demasiadamente exigente, a menos que possamos especificar quando é permitido que se recuse cuidar de alguém. Temos uma resposta geral a esta preocupação. A busca de felicidade restringe nossas decisões sobre como distribuir nossos recursos de cuidados, uma vez que algumas atividades de cuidados serão incompatíveis com a necessidade de manter a nossa busca de valor e de significado. Nossas respostas de cuidados com os outros, para que sejam inteligíveis, não devem violar o critério da capacidade de viver. Há limites para os cuidados com os outros, enquanto um requisito moral.

A felicidade, enquanto um cuidado voluptuoso, também traz à cena a nossa humanidade comum. Embora cada pessoa tenha uma perspectiva que é única e confronte obstáculos singulares, todos os seres humanos compartilham certas vulnerabilidades que definem as condições limites da existência humana. Todos os seres humanos devem lidar com a moralidade, conhecimento e recursos limitados, e restrições biológicas e sociais. Devido a essas vulnerabilidades compartilhadas, as experiências dos outros são raramente tão opacas que tornam a compreensão impossível. Embora haja muitas formas de vida que permitem que os seres humanos prosperem, podemos fazer julgamentos defensáveis sobre a adequação ou não de uma forma de vida para tratar das condições limites da existência humana.

Finalmente, esta abordagem da felicidade coloca mais em foco as ações de Schindler. A extrema vulnerabilidade dos trabalhadores de Schindler e seu relacionamento com eles não lhe deixou muitas outras opções, senão a de tentar uma elaborada operação de salvamento. Uma recusa de salvar teria colocado Schindler em uma posição de negar algo de extraordinário valor. Não deveríamos subestimar o custo de subtrair tanta coisa de valor da vida de alguém. Caso Schindler não tivesse feito o que fez, ele poderia ter sido esmagado por seu julgamento a respeito de seu procedimento quanto ao desfrute de coisas que têm valor na vida. Sua felicidade estaria em perigo. Certamente, ele poderia ter feito outra escolha e descoberto algo diferente para dar valor. Mas não sem sofrer uma perda. O que poderia ter forçado Schindler a decidir que uma perda de tal natureza não merecia ser sofrida? Para respondermos a esta pergunta, temos de ver como qualidades de caráter preenchem um ponto de vista moral.

REFERÊNCIAS E SUGESTÕES PARA LEITURAS APROFUNDADAS

ARISTÓTELES (1985). *The Nichomachean Ethics* .[IRWIN, Terence, trad.] Oxford, Oxford University Press.

BENTHAM, Jeremy (1988) [1789]. *The Principles of Morals and Legislation.* Buffalo, N.Y., Prometheus.

HEIDEGGER, Martin (1962*). Being and Time*. [MACQUARRIE, John e ROBINSON, Edward, trads.]. New York, Harper & Row.

KEKES, John (1982). 'Happiness'. *in Mind,* v. 91, 358-76.

McFALL, Lynn (1989). *Happiness.* New York, Peter Lang.

MILL, John Stuart (1969) [1863]. *Utilitarianism.* [ROBSON, J.M., ed.]. Toronto, University of Toronto Press.

SCHWARTZ, Barry (2004). 'The Tyranny of Choice'. in *The Chronicle of Higher Education,* v. 50, 20, B6.

SUMNER, Wayne L. (1996). *Welfare, Happiness and Ethics.* Oxford, Clarendon Press.

6

Qualidades do caráter moral

Os capítulos precedentes deixam algumas questões fundamentais sem resposta. Quais processos cognitivos e emocionais usamos para fazer julgamentos morais confiáveis? O que quer dizer ser guiado por aquilo com que você se importa? Como devemos resolver conflitos entre obrigações, e entre obrigações e outras preocupações morais? Quais são as atividades decorrentes do cuidado? Uma vez que a obrigação constitui somente uma parte da moralidade, quais são as outras considerações específicas que desempenham um papel na reflexão moral?

Respostas a essas questões requererão a apresentação de uma abordagem do que significa ser uma boa pessoa. Essa questão nunca esteve longe de nossa discussão. Mas nós a temos discutido indiretamente, em parte devido ao fato de que grande parte da teoria moral tradicional a trata como uma questão secundária. O utilitarismo e a deontologia focalizam quais ações são certas e quais erradas. Eles definem uma boa pessoa como aquela que realiza ações corretas e evita as erradas, mas dirigem a sua atenção à definição do que seja uma ação correta. No entanto, a ética do cuidado começou a mudar esta discussão, porque ações corretas são definidas como ações que surgem de certos motivos, particularmente daqueles que demonstram cuidado. Assim, na ética do cuidado, a ideia de cuidar de uma pessoa é primordial e da qual se derivam as concepções de ações corretas ou erradas.

A ética do cuidado está, portanto, estreitamente relacionada com o que veio a ser conhecido como a ética da virtude. Ao invés de focar em ações, a ética da virtude busca orientação moral por intermédio do desenvolvimento de um modelo de uma boa pessoa e dos traços de caráter que compõem uma boa pessoa. Tais traços são chamados de virtudes ou qualidades de caráter. Em vista das limitações do utilitarismo e da deontologia, a ética da virtude, cuja inspiração e *insight* vêm dos antigos filósofos gregos e helênicos, recebeu muita atenção recentemente. A abordagem das virtudes é atraente, porque nos é importante a avaliação geral do caráter. Não avaliamos as pessoas simplesmente ao ver suas ações; olhamos igualmente para seus motivos, e uma pessoa que faz a coisa certa, mas pelos motivos errados está sujeita à crítica. Além disso, como visto em capítulos anteriores, muitas qualidades de caráter e as ações delas decorrentes não são geradas por uma obrigação. Uma boa pessoa pode ser cautelosa, vibrante, cooperadora, sincera, comprometida, amistosa, cortês, compassiva, cheia de gratidão, civilizada, atenciosa, e defender aquilo em que acredita sem ser obrigada a fazer o que quer que seja. Uma moralidade baseada em obrigações não consegue cobrir uma vasta área de nossas vidas morais.

Quais qualidades de caráter ou virtudes são necessárias para que uma pessoa seja boa? Por "uma boa pessoa" queremos dizer algo mais do que simplesmente a posse de qualidades admiráveis. Podemos admirar alguém que tenha habilidades para o basquete, inteligência ou um senso de humor, mas uma tal pessoa não seria necessariamente uma boa pessoa. "Boa pessoa" é uma referência usualmente feita a alguém que é moralmente boa. Como especificamos, quais qualidades incluir na categoria da bondade moral? Como salientei no último capítulo, qualidades do caráter moral ou virtudes são usualmente componentes de concepções de felicidade. A quantidade de virtudes é por demais extensa para que se as possa discutir nesta breve introdução. A questão que nos interessa é a de saber quais são as qualidades mais importantes necessárias à felicidade enquanto cuidado voluptuoso. Discutirei três virtudes – cuidado, integridade e sabedoria prática – com a ressalva de que esta lista não é exaustiva.

O CUIDADO COMO UMA VIRTUDE

O conceito de cuidado, discutido no Capítulo 5, vagamente baseado no trabalho de Heidegger, não trata de uma qualidade de caráter. Melhor dizendo, é um termo filosófico que nomeia o modo como a atividade humana, em geral, adquire significado. O cuidado faz parte da estrutura básica da experiência humana, não uma qualidade que uma pessoa possa ter ou não.

No entanto, a ética do cuidado não depende de um uso mais familiar da palavra cuidado, que seja apropriadamente chamado de virtude. E os dois usos de virtude estão conectados, como argumentarei em breve. Pense em cuidado neste sentido mais comum, como uma disposição para nutrir e preservar aquilo que tem valor. O cuidado está focado em pessoas em particular, ou coisas, com as quais um agente moral tem um relacionamento íntimo. Concentrar-me-ei no cuidado devotado a pessoas, embora uma análise do cuidado voltado a coisas e animais também seja importante.

O cuidado devotado a pessoas envolve o que Nels Noddings chamou de "preocupação de deslocamento de motivos". "Preocupação" quer dizer apreender a realidade de uma outra pessoa, a partir de seu interior, nos termos que lhe são próprios, ao invés de como nós a preferimos ver. Também envolve uma abertura para ser mudado por outra pessoa. O "deslocamento de motivos" significa que a pessoa que cuida adota os objetivos daquele que está sendo cuidado, e auxilia na promoção destes, ao menos indiretamente.

A preocupação e o deslocamento de motivos implicam em que a pessoa que cuida tenha conhecimento íntimo da pessoa que está sendo cuidada, porque as ações da pessoa que cuida devem ser apropriadas às necessidades da pessoa que está recebendo os cuidados. Porque os relacionamentos de cuidados envolvem algum grau de intimidade, há frequentemente um elemento emocional no cuidado. A pessoa que cuida está preocupada com as necessidades e aspirações da pessoa que está sendo cuidada. Consequentemente, ela sentirá prazer quando as coisas estiverem indo bem, e desapontamento e tristeza em tempos difíceis; quando possível, as atividades de cuidar lhe trarão satisfação, mas ela também compartilhará da dor, quando houver sofrimento. É importante notar que se o cuidado é uma virtude, segundo as linhas da concepção aristotélica, uma pessoa que cuida deve engajar-se nas atividades de livre e espontânea vontade. No entanto, o elemento emocional não necessita estar presente, uma vez que muitas atividades de cuidar são mundanas ou rotineiras e, portanto, carecem de elementos que estimulem os sentimentos.

O cuidado tem qualificação como uma virtude, porque está relacionado de modo apropriado à felicidade enquanto cuidado voluptuoso e tem a estrutura de uma virtude. Lembre-se da abordagem da felicidade no Capítulo 5. Quando, por meio de nossas ações e atenção logramos fazer com que o bem que nos está disponível seja persistentemente visível em nossas vidas, a afirmação de nossa felicidade é justificada. A felicidade, enquanto um cuidado voluptuoso, requer uma disposição para o cuidado, porque as coisas que nos são importantes são vulneráveis e, consequentemente, dependem do nosso apoio. Algumas vezes, para que mantenhamos nossa conexão com elas, um extraordinário suporte de nossa parte se faz necessário. Necessitamos de uma variedade de relacionamentos para nossa simples sobrevivência e saúde e muitos outros relacionamentos para ter uma vida rica e plena. Nenhum desses relacionamentos pode sobreviver sem a nossa disposição para cuidar do relacionamento, assim como das pessoas com as quais estamos relacionados.

Igualmente importante é o fato de que o cuidado é uma forma de aprendermos o que tem valor. O cuidado começa com um comprometimento de fazer com a pessoa que está sendo cuidada tenha valor. O cuidado envolve um tipo de submissão ao objeto no qual o objeto do cuidado se revela de um modo muito particular. Descobrimos o valor genuíno das coisas que valorizamos pelo processo de cuidar delas. O envolvimento é um processo de descoberta. O cuidado nos possibilita reconhecer e compreender a particularidade e a individualidade da pessoa que está sendo cuidada, informação que não está disponível por meio do envolvimento desinteressado ou da dependência de estereótipos.

Dizer que o cuidado tem a estrutura de uma virtude é dizer que o cuidado deve ser aprendido. Não é uma reação espontânea, não tutorada, às coisas que nos cercam, mas um complexo conjunto de motivações e capacidades que se adquirem por meio de um processo de tentativa e erro. À semelhança das virtudes aristotélicas, ele pode ser compreendido como um meio termo entre dois extremos. O cuidado pode ser prestado em excesso ou pouco demais, no momento certo ou no errado, e pode ser dirigido a objetos apropriados ou não. Se eu cuido de uma pessoa enquanto outra necessita de mais atenção, ou apoio projetos destituídos de valor, ou cuido de modo intrusivo, estou fugindo do meio termo; o erro é um vício.

Esta versão da ética do cuidado interpreta o cuidado como uma virtude dominante. Isto quer dizer que as outras virtudes são virtudes porque elas contribuem para nossas respostas do cuidado. A coragem, por exemplo, é uma virtude porque ela nos permite defender o que é vulnerável. A lealdade nos permite manter nossas conexões com pessoas com as quais nos importamos; a honestidade mantém a confiança necessária à manutenção dos relacionamentos. A justiça é necessária para que se atinja o equilíbrio adequado entre as coisas que nos são caras, a fim de que cada uma receba o cuidado que merece.

No entanto, o cuidado não pode ser a única virtude dominante, conforme as razões sugeridas pelos exemplos a seguir. Suponha que um amigo muito próximo, que conheço há muito tempo e pelo qual tenho uma profunda estima, me anuncia, em estrita confidência, que está em vias de cometer um crime – um ato de terrorismo ambiental. O crime é em benefício de uma causa válida – a proteção ambiental – com a qual ele e eu estamos comprometidos há muito tempo. No entanto, o ato envolverá alguma destruição de propriedade e pode colocar pessoas em risco, embora não haja a intenção de ferir as pessoas, e medidas serão tomadas para evitar que isso aconteça. Meu amigo está convencido do valor moral deste ato, mas, na realidade, eu não estou. Estou convencido de que tais atos violentos são moralmente errados e estrategicamente questionáveis.

Para uma análise da ética do cuidado, esta situação suscita a questão de se saber se uma pessoa que tem estima por outra necessita endossar ou dar apoio aos objetivos da pessoa estimada, quando tais objetivos podem estar errados ou desprovidos de valor. Intuitivamente, pareceria errado solicitar a alguém que dê apoio a objetivos que julgam sem valor, independentemente da natureza do relacionamento. Ou considere um outro caso bastante diferente, mas que levanta questões semelhantes a essa. Suponha que sua mãe, na medida em que ela vai ficando velha, torna-se cada vez mais crítica a respeito do seu modo de vida, e está decepcionada com a quantidade de atenção que você dispensa a ela, embora você regularmente a visite ou lhe telefone. Muitos dos comentários dela são insultantes e dolorosos, e aparentemente a intenção dela é a de que eles assim sejam. Ela precisa desesperadamente de sua companhia e apoio, mas utiliza várias formas de chantagem emocional em seu intento. O comportamento dela faz com que o tempo que vocês passam juntos seja tanto desagradável quanto moralmente desgastante, fazendo com que você fique de mau humor e cínico, prejudicando o seu relacionamento com sua própria família. Em resumo, o relacionamento está se tornando destrutivo. Você já falou com ela a este respeito e até mesmo sugeriu um aconselhamento psicológico, mas ela simplesmente toma isto como mais evidência de sua falta de atenção com ela.

Aqui, a questão é a da existência de limites para o cuidado, e como devemos justificar tais limites. Intuitivamente, parece que deveria haver alguns limites. Para que uma pessoa tenha cuidado em relação à outra, não podemos requerer que ela mantenha todos seus relacionamentos, mesmo chegando a ponto de destruir outros aspectos de sua vida. Estes exemplos sugerem que o cuidado, enquanto uma virtude dominante, algumas vezes entra em conflito com outra virtude dominante – a integridade moral. Devemos nos preocupar com o nosso próprio caráter tanto quanto nos preocupamos com o bem-estar dos outros. Portanto, é mais apropriado se referir ao cuidado como uma virtude codominante.

INTEGRIDADE

A integridade se refere à medida em que nossos vários comprometimentos formam um todo harmonioso e intacto. Um dos meios mais acessíveis de descrever a integridade é apelar para a estrutura do eu, discutida no Capítulo 1. Lembre-se de que, segundo Frankfurt, o eu é constituído de modo hierárquico. Desejamos vários bens (desejos de primeira ordem) e também desejos de que tenhamos certos desejos (desejos de segunda ordem, valores, etc.). Pode haver também desejos ou valores de terceira ou quarta ordem. De acordo com Frankfurt, ter integridade é harmonizar esses vários níveis de desejos, e de todo o coração se identificar com eles, de modo que suas ações estejam consistentes com eles.

Sugerirei modificações a esta abordagem de integridade mais adiante, mas, por enquanto, podemos pensar que a integridade envolve dois tipos de coerência. Em primeiro lugar, deve haver uma coerência entre os comprometimentos, princípios ou valores de alguém. Uma pessoa careceria de integridade caso tivesse muitos desejos conflitantes e sempre agisse segundo os seus desejos mais fortes a cada momento, sem deliberação alguma quanto ao valor de tais desejos. Ela seria uma casa dividida, a suas ações faltaria a constância necessária a que se dê valor às coisas. Em segundo lugar, deve haver coerência entre as ações de uma pessoa e seus desejos, valores e comprometimentos. Uma pessoa carece de integridade caso haja contrariamente a seus comprometimentos ou valores de ordem superior, porque ela não seria verdadeira para consigo própria, agindo em oposição ao que é importante para ela.

O autoconhecimento é essencial para a integridade, porque devemos saber quais são os nossos valores e comprometimentos para que os possamos pôr em ordem. A integridade requer que façamos a discriminação entre desejos de primeira ordem, usando nosso sistema de valores de ordem superior para os descartar ou endossar. Por exemplo, você pode endossar um desejo de estudar e descartar um desejo de ir ao cinema hoje à noite, porque o sucesso escolar é um valor de ordem superior a assistir perseguições de automóveis e explosões produzidas digitalmente. No entanto, pode haver conflitos entre valores de ordem superior. O sucesso escolar não é tudo e você poderia valorizar o tempo despendido com amigos, como um valor de ordem superior também. Assim, se seus amigos querem ir ao cinema, você pode ainda ser levado a ir ao cinema, não obstante o seu desejo de sair-se bem na escola. Este conflito pode ser resolvido quer endossando um dos desejos em conflito, quer apelando para um valor de ordem ainda mais elevada – talvez você tenha decidido, em geral, ser menos levado pelas tentações da vida diária. Pessoas que são capazes de resolver tais conflitos sem continuar a se sentir profundamente dilaceradas entre os valores em pauta têm integridade; aquelas que não possuem esta capacidade não têm integridade.

Desejos, comprometimentos e valores certamente estão em constante mudança, consequentemente a integridade não é algo que se tenha simplesmente mas, por outro lado, é algo que requer um processo contínuo de renovação e adaptação. Esta abordagem de integridade requer que uma pessoa íntegra tenha algumas coisas que deva fazer, ou não, para que continue a ser a pessoa que é. Deve haver alguns comprometimentos que sejam incondicionais e cuja violação consistiria na perda do sentimento de que se tem uma ideia estável de si próprio. Estes comprometimentos aos quais, em capítulos anteriores, me referi como sendo comprometimentos que conferem identidade, devem ser diferenciados daquelas coisas com as quais temos compromissos, mas poderíamos descartar sem sentir remorso. Por exemplo, se um soldado apregoa que seu comprometimento mais elevado é o de ser leal a seu país, sua unidade militar e ao sucesso de sua missão, e se autodefine de acordo com tais comprometimentos, mas depois cai fora e corre ao primeiro sinal de fogo inimigo, não pode mais apregoar que tem aqueles comprometimentos incondicionais – ele não é a pessoa que acreditava ser.

Por outro lado, uma pessoa que gosta do *rap metal*, mas que depois de algum tempo se cansa dos acordes da guitarra, não tinha um comprometimento que confere identidade – tão somente uma preferência que não estava suficientemente arraigada em sua psicologia para que contasse como outorgante de identidade.

Por que a integridade é uma virtude? Ela satisfaz o requisito de ser uma disposição que deve ser aprendida por meio da prática. A integridade não é fácil de manter, em vista das demandas que disputam o nosso tempo e recursos. Saber como fazer pequenos ajustes em nossos comprometimentos que nos permitam manter os valores que nos são caros requer uma boa dose de tentativa e erro. Além disso, a integridade é o tipo da coisa de que necessitamos na dose certa, na hora certa, e para a razão certa. Podemos ter integridade em demasia e sermos inflexíveis e sem reação, ou podemos ter muito pouca integridade e ser inconstantes e indecisos. Direi mais a este respeito mais adiante.

Mas o que é mais importante, a integridade é um requisito da concepção da felicidade enquanto cuidado voluptuoso. Como vimos no capitulo anterior, comprometimentos que conferem identidade são centrais à felicidade, porque a felicidade requer que persistentemente encontremos valor em nossas vidas em longo prazo. Os comprometimentos que conferem identidade nos auxiliam a fazer isso, porque eles são elementos estáveis em nossas psicologias, aos quais não podemos sacrificar sem sofrer um trauma psicológico.

A integridade desempenha um papel importante na regulação da virtude do cuidado. Lembre-se de que o problema do cuidado, enquanto uma virtude dominante, é que ele pode ser exigente além do razoável, dirigido a objetos equivocados, ou requerer que violentemos outros requisitos morais. Uma vez que a integridade é uma virtude codominante também, ela evita que uma pessoa virtuosa possa permitir que as exigências do cuidado venham sobrepujar outros valores, incluindo a importância do respeito por si próprio, autonomia pessoal, etc. Uma pessoa íntegra reconhece os seus vários comprometimentos e a variedade de coisas e atividades que são importantes para ela e procura encontrar coerência entre elas, sem permitir que qualquer um deles possa ser seriamente comprometido. Assim, ao ter cuidado com meu amigo, não necessito endossar seu terrorismo ambiental; ao ter cuidado com sua mãe, você não necessita se submeter a seus ataques depreciativos, se ao fazer isso você estivesse comprometendo seriamente algum outro comprometimento. Assim, uma ética do cuidado, quando acoplada com a virtude da integridade, não está sujeita à crítica de que ela não atende ao critério de existência, uma crítica em potencial levantada no Capítulo 3.

No entanto, há dois problemas com a integridade enquanto um ideal moral. Um, é que comprometimentos incondicionais podem ser baseados em quase qualquer coisa. Uma pessoa profundamente devotada à sua habilidade de assassino poderia ter integridade desde que seus comprometimentos possam ser consistentes e suas ações em conformidade com eles. No discurso cotidiano, seguidamente falamos de uma pessoa íntegra, como alguém que é honesta e justa. No entanto, este discurso não reflete a natureza da integridade, mas os contextos nos quais nós tipicamente escolhemos para aplicar o termo. Enquanto tal, a integridade se refere à coerência de um ponto de vista, não a seu conteúdo.

No entanto, a neutralidade da integridade no que se refere a ações morais não é um problema, se a integridade não for a única virtude dominante. Uma vez que o cuidado é uma virtude codominante, o cuidado e as obrigações de relacionamentos fornecem o conteúdo moral à ideia de integridade. Assim sendo, o primeiro problema tem solução.

No entanto, a integridade apresenta um segundo e mais profundo problema, que aponta para um obstáculo que a ética da virtude em geral deve vencer. A felicidade, como a descrevi, requer uma concepção pluralista de valor. Há muitas coisas de valor das quais podemos desfrutar. O cuidado e a integridade nos auxiliam a desfrutar delas plenamente e são um componente de tal desfrute. No entanto, valores, obrigações, comprometimentos e virtudes são inerentemente diversos e, provavelmente, não possam ser reconciliados dentro de um sistema harmonioso, que elimine conflitos. Conflitos entre objetivos pode haver em muitos níveis – entre culturas, grupos dentro de uma cultura, entre pessoas – mas aqui focamos conflitos internos a uma pessoa. Por exemplo, comprometimentos que conferem identidade podem entrar em conflito, como quando os comprometimentos de uma musicista talentosa para com a sua arte conflitam com o seu desejo de passar mais tempo com suas crianças. As virtudes também podem entrar em conflito. A integridade – a coerência dos comprometimentos básicos de alguém – pode conflitar com o desejo de ser mais aberto a novas demandas quanto à sua capacidade de cuidar, como quando uma crise de saúde de um membro de sua família exige tanto tempo e atenção de você, que você não consegue mais manter o sentimento de que sua vida forma um todo inteligível. A virtude da honestidade pode demandar que eu diga uma verdade difícil a alguém, enquanto a virtude da amabilidade poderia sugerir que eu dissesse uma mentira, assim evitando causar uma dor.

Em vista de tais conflitos, como podemos atingir a atitude de agir com toda a sinceridade e a coerência que constituem a integridade? De fato, a existência de conflito ameaça o papel que a integridade desempenha na conquista da felicidade. Imagine uma pessoa completamente integrada, cujos desejos de primeira ordem são regulados por desejos de segunda ordem, aos quais ela endossa e cujas ações estão em rigorosa conformidade com seus valores. Uma tal pessoa pode não ser capaz de experienciar o chamamento de desejos novos, talvez fugidios, que podem não se enquadrar em seu sistema de valores. Uma tal limitação pode impedir uma pessoa de desfrutar de coisas em seu contexto, que têm valor.

Além disso, se ficarmos excessivamente preocupados em resolver conflitos entre comprometimentos, podemos tender a evitar fontes genuínas de valor. Pode ser necessário um esforço grande demais cuidar de coisas que nos são de valor, se os nossos comprometimentos nos despedaçam. Consequentemente, a busca da integridade deve me estimular a limitar as pessoas e coisas com as quais tenho comprometimentos. Integridade em demasia inibe a busca de felicidade. Tanto o conceito aristotélico de virtude, quanto o conceito de integridade de Frankfurt assumem que uma boa pessoa age segundo a base de uma visão unificada de uma vida boa. Embora Aristóteles expresse um grau de admiração por pessoas que fazem a coisa certa, mas lutam para administrar desejos conflitantes, ele argumenta que uma pessoa virtuosa não tem tais conflitos. Do mesmo modo, a noção de Frankfurt de agir com todo o coração sugere que a ausência de conflito é desejável, uma vez que se tenha tomado a decisão de agir.

Infelizmente, eu duvido que em nossa sociedade contemporânea com nossos diversificados comprometimentos e pressões, qualquer um possa estar aberto ao desfrute do que tem valor e conseguir viver sem conflitos. O agir com toda a sinceridade parece fora de questão. No entanto, podemos experienciar conflitos de valores e emoções sem perder a motivação para agir. As virtudes são necessárias, porque sem elas as coisas com as quais nos preocupamos são vulneráveis. Cancelar o valor das coisas para com isso atingir a paz de espírito leva a um distanciamento da virtude, não à sua direção. Ser virtuoso é proceder com pleno conhecimento do que está em risco. Consequentemente, a integridade requer a virtude da coragem. Para que tenhamos integridade, temos de suportar algumas perdas sem titubear.

Uma vez mais, as emoções desempenham um papel essencial na explicação do que significa manter a integridade face ao conflito. Martha Nussbaum, diz que uma pessoa virtuosa não só age apropriadamente; ela também experiencia os sentimentos apropriados. Ela diz que quando enfrentamos situações trágicas, nas quais a escolha de uma resposta moral inevitavelmente causará danos a alguma outra coisa pela qual temos estima, pode não haver resolução, independentemente de quão imaginativos formos. Em tais casos, uma boa pessoa pode preservar sua integridade moral expressando a emoção apropriada, que mantém seu comprometimento com os valores com os quais tem compromissos. Expressar um remorso genuíno por ter quebrado a promessa feita a seu filho, para assim manter uma promessa feita à outra pessoa, é uma indicação de que o filho desapontado ainda é valorizado. Esta resposta emocional preserva a nossa integridade, uma vez que indica que o agente continua firme em seu comprometimento com o valor ao qual se comprometeu.

Ao tratar desta questão de conflitos entre comprometimentos que conferem identidade, cometemos um erro se pensarmos que a integridade é estática ou imutável. Os comprometimentos que conferem identidade, em parte, fazem com que sejamos quem somos. Mas, enquanto indivíduos, cada um de nós está constantemente mudando. O que interessa é que, não obstante, tais mudanças, permanecemos inteligíveis a nós próprios e aos outros – que há suficiente continuação ao eu, de modo que podemos ser, ao longo do tempo, responsáveis por nossas ações.

A natureza específica desta continuidade por muito tempo tem sido um tópico de grande debate entre os filósofos, um debate que não podemos retomar detalhadamente aqui. No entanto, para o propósito de articular o tipo de continuidade que a integridade moral requer, é proveitoso pensar a identidade própria como uma narrativa. Paul Ricoeur, Alasdair MacIntyre e Nina Rosenstand, têm argumentado que os seres humanos veem a si próprios como contínuos, por meio das muitas mudanças ao longo da vida, quando se representam em uma narrativa. Apreendemos nossas próprias experiências, assim como as experiências dos outros como histórias interconectadas, com começos, meios e fins esperados. O modo como antevemos o fim de nossas narrativas dão estrutura à experiência, porque dão significado ao passado e ao presente.

A identidade é o produto de um extenso processo de pensamento, no qual os indivíduos repassam suas vidas e as editam à luz das circunstâncias presentes e expectativas para o futuro, de modo tal que os permita mover-se continuamente em direção ao futuro. As nossas vidas fazem sentido se podemos contar uma historia coerente sobre onde temos estado, onde estamos e para onde estamos indo. As histórias que contamos sobre nós próprios envolvem uma série de constantes ajustes de nossa compreensão a respeito do nosso passado e presente à luz do nosso futuro – o eu está constantemente sendo reinterpretado. Por outro lado, se ao tomarmos decisões ou fazermos julgamentos simplesmente pulamos de uma escolha incongruente para outra sem estabelecer conexões entre nossas decisões quanto a ligações no passado e planos para o futuro, concernentes a como logramos ser felizes, nossa vida será fragmentada, com pouca conexão ao que importa. Os comprometimentos que conferem identidade são elementos significativos na unidade dessas narrativas – eles representam os fios comuns que reúnem os vários episódios das narrativas de nossas vidas. Ter integridade, portanto, é ser capaz de viver uma narrativa integrada – a história como uma unidade, porque os vários comprometimentos que conferem identidade coexistem em relacionamentos relativamente estáveis. No entanto, a unidade narrativa não é uma questão de que todos os elementos estejam simultaneamente em algum tipo de equilíbrio estável. A tensão, o conflito e a perseverança de uma variedade de pontos soltos em vários graus de resolução caracterizam as melhores narrativas. A estabilidade e unidade de uma narrativa mostram-se ao longo do tempo.

Ter integridade, então, não é uma questão de integrar todos comprometimentos simultaneamente, mas sim de ser capaz de fazer com que nossas identidades tenham sentido na medida em que flutuam ao longo do tempo. Não podemos nos ater firmemente a todos os comprometimentos ao mesmo tempo, mas seguidamente podemos recuperar amanhã o que colocamos em perigo hoje. Construímos nossas identidades a partir de materiais que são destituídos de forma em qualquer tempo particular, porque as finalizações das várias linhas das tramas de nossas histórias ainda permanecem no futuro. Todas as ações são conduzidas à luz da minha busca de cuidado voluptuoso, o qual está constantemente formatando e reformatando os meus comprometimentos, recuperando neles o que parece ser de valor do ponto de vista de uma narrativa em andamento. Os comprometimentos que conferem identidade devem ser constantemente reavaliados à luz de novas situações. O poder que eles têm de nos conferir identidade vem precisamente do fato deles subsistirem sob contínuas reavaliações.

Por exemplo, os comprometimentos familiares são importantes para nós, porque nos dão um sentimento de quem somos, não obstante as tentativas, separações, tragédias e traumas da vida. No entanto, com certeza, o sentimento de identidade que os comprometimentos familiares nos dão mudam à medida que nossa vida passa. A vida familiar, para muitas pessoas, pode ser tão rica de significados que pode suportar reinterpretações múltiplas. A vida familiar tem um conjunto de significados para uma criança, outro para um adolescente, e ainda outro para uma pessoa idosa. Ela significa uma coisa para alguém que está estabelecido em sua cidade natal, outra para aquela mesma pessoa, quando se põe a viajar pelo mundo. Quando surgem os conflitos, os comprometimentos familiares resistirão a alguns compromissos, porque são do tipo de coisa que tem profundidade de significado. Por outro lado, um comprometimento que não pode ser reinterpretado para acomodar modificações pode não ser digno de ser mantido.

Deste ponto de vista, ter integridade quer dizer que quando tomamos uma decisão de reavaliar um comprometimento, o fato de que ele aparece com proeminência em nosso autoconceito narrativo conta muito em seu favor. Levamos mais a sério os valores de ordem superior do que os desejos de primeira ordem e resistimos a fazer uma reavaliação daqueles valores, a menos que a unidade narrativa de nossas vidas exija reavaliação. A integridade, sob este ponto de vista, não requer a ausência de conflitos; uma vez que os conflitos fazem parte da ideia de uma narrativa. Por outro lado, a integridade requer que os agentes foquem o desenvolvimento de suas narrativas de modo a, potencialmente, resolver os conflitos, isto produz redescrições convincentes e coerentes de comprometimentos, quando a narrativa em andamento da vida de alguém necessita de novos recursos. À semelhança da identidade, a integridade não é algo que nós simplesmente possuímos, mas algo por cuja manutenção temos de lutar.

A SABEDORIA PRÁTICA

A inevitabilidade do conflito e as exigências de integridade indicam a necessidade de mais uma virtude codominante – a sabedoria prática. As virtudes que examinamos até agora têm sido virtudes de caráter. Elas são disposições para bem viver, que são adquiridas pelo treinamento e atividades habituais que nos permitem fazer a coisa certa na hora certa e do modo certo. Mas, para que adquiramos virtudes de caráter, devemos fazer difíceis julgamentos sobre o que é mais importante em uma situação e tais julgamentos devem ser guiados por uma compreensão daquilo que tem valor genuíno. Em outras palavras, no bem viver há um componente intelectual, ao qual chamamos de sabedoria prática. Aristóteles a incluía em sua lista de virtudes intelectuais e argumentava que ela desempenha um papel essencial no desenvolvimento de uma virtude moral. Nenhuma das virtudes de caráter pode ser adquirida sem sabedoria prática. Consequentemente, ela não é somente uma virtude entre outras, mas um tipo de virtude executiva, que faz com que as outras sejam possíveis.

A sabedoria prática é deliberação sobre viver uma vida boa, e está especialmente preocupada em fazer com que os vários aspectos de uma vida boa enquadrem-se juntamente em um todo coerente. A sabedoria prática nos permite responder à seguinte pergunta: "Como podemos prever objetivos e agir segundo comprometimentos que devem ser revisados, uma vez que devemos buscar uma variedade de bens que estão em conflito?"

Assim, um componente essencial da sabedoria prática é a habilidade de ser sensível às demandas de circunstâncias particulares e a habilidade de modificar os nossos fins para acomodar tudo aquilo que nos é caro. É a sabedoria prática que nos permite saber quando a generosidade é apropriada em vista dos recursos limitados, saber quando mostrar gratidão sem parecer obsequioso, saber quando a interferência na vida de uma pessoa pode causar mais dano do que bem. Como salientei acima na discussão sobre o cuidado, esta habilidade requer conexão emocional e sensibilidade, bem como uma apreensão cognitiva de conceitos morais e uma compreensão refletida de sua própria experiência.

A sabedoria prática pode envolver alguma compreensão de regras morais e princípios, como meios de resumir a experiência do passado. No entanto, essas regras não substituem a necessidade de que a ação seja guiada por julgamentos sensíveis ao contexto. Assim, para que se tenha sabedoria prática deve-se saber quais as coisas que merecem ser cuidadas, quais são os meios adequados de as cuidar, e quais ações realizar no tempo certo e do modo certo, a fim de preservar as coisas que nos são caras.

Quais são os componentes da sabedoria prática? A doutrina aristotélica do meio é um ponto de partida que auxilia a pensar sobre isto, porque a capacidade de dar forma às emoções para que se possa adequadamente responder ao mundo é essencial para que se viva bem. A doutrina aristotélica do meio implica que o autocontrole faz parte da sabedoria prática. Uma pessoa sábia não só sabe o que deve ser feito, mas sabe utilizar tal compreensão para dar forma a seus impulsos, a fim de que suas ações estejam em conformidade com a sua compreensão. No entanto, embora útil, a abordagem de Aristóteles não revela a variedade de outras habilidades que constituem essa capacidade. Além disso, a doutrina do meio, por buscar a moderação, parece incompatível com fortes paixões e os tipos de excesso que frequentemente fazem aflorar a criatividade. No entanto, a criatividade é um componente essencial da felicidade enquanto cuidado voluptuoso. Consequentemente, necessitamos de uma compreensão mais abrangente de sabedoria prática do que a que Aristóteles nos fornece.

A seguir, fazemos uma breve apresentação de apenas algumas das capacidades que estão envolvidas na sabedoria prática.

Habilidade de raciocínio

Para que possa agir bem, o agente deve saber qual é o propósito ou resultado final de uma ação, saber porque tal resultado final é desejável, desenvolver uma estratégia para chegar a tal resultado final, julgar a efetividade de estratégias competitivas e tomar uma decisão de levar a termo uma dessas estratégias. Consequentemente, a sabedoria prática requer todas as habilidades que comumente associamos com a inteligência: a habilidade de fazer inferências lógicas, sintetizar e interpretar a informação, reconhecer similaridades e diferenças, etc.

Conhecimento de como o mundo funciona

Para que um agente possa fazer julgamentos sobre o que vale a pena cuidar e desenvolver estratégias para manter relacionamentos de cuidado, ele tem de conhecer bastante sobre as necessidades humanas, como tais necessidades se inserem no mundo natural no qual vivemos, os modos mais efetivos de satisfazer tais necessidades, e como utilizar tal informação para fazer predições acuradas. Consequentemente, um conhecimento geral da natureza, da psicologia e da natureza humana é essencial. Uma ampla compreensão de história, ciências sociais e naturais é necessária para que se possa fazer julgamentos informados sobre como lidar com a vulnerabilidade humana.

Estas capacidades referem-se a nossa habilidade geral de diagnosticar e resolver problemas. No entanto, a sabedoria prática requer que resolvamos problemas de modo a preservar a integridade moral. Além disso, antes que possamos pensar sobre os problemas que surgem, antes que saibamos quais as generalizações sobre a natureza humana são apropriadas, temos de ter uma visão acurada de qual seja a nossa situação. Assim, a sabedoria moral vai além da inteligência geral e incorpora as capacidades abaixo listadas.

Atenção moral e percepção

A percepção moral é a capacidade de interpretar sua situação apropriadamente, de reagir aos detalhes de sua situação sem se deixar distrair por ilusões ou autoengano. Esta é uma habilidade importante, porque dá a base para a deliberação, julgamento e ação subsequentes. Não deliberaremos sobre qual ação adotar até que vejamos a necessidade de agir. Assim, a percepção moral envolve a identificação de uma necessidade moral e ser sensível ao que é moralmente relevante em uma situação, o que pode incluir vários traços sutis de difícil articulação. A palavra "percepção" aqui é, em parte, metafórica. A identificação de traços moralmente relevantes de uma situação não é uma questão de pura experiência sensorial como observar uma mancha de cor. Melhor dizendo, envolve um tipo de compreensão intuitiva por meio da qual se apreende, tanto de uma forma detalhada quanto sintética, os vários fatores aos quais se deve prestar atenção em uma situação, para que se seja moralmente responsável.

O fenomenologista, Hubert Dreyfus, tem comparado a capacidade para uma excelente percepção moral ao jogo de "xadrez rápido" jogado por peritos os quais, não obstante o requisito de fazer movimentos dentro de cinco a dez segundos, podem jogar mantendo quase toda a qualidade de seus jogos. Seu ponto não é o de que devamos tomar decisões éticas rapidamente. O que ele está dizendo é que a habilidade, no xadrez e na moralidade, envolve o uso de intuições finamente treinadas, em vez de um processo de análise e comparação deliberada de alternativas.

A razão para isto é que nossos relacionamentos não são relacionamentos com personagens abstratos, mas com pessoas reais que são distintas e únicas, e nós as podemos levar em consideração moral somente se aceitarmos estas distinções. Um amigo não é somente um ocupante de um papel social particular, de tal modo que descrevendo exaustivamente o que significa ser um amigo em geral, descobrimos todos os traços moralmente relevantes de nossas interações com amigos.

A adição a drogas é uma coisa ruim e não leva a uma amizade genuína, mas se meu amigo se tornou um drogado, os traços moralmente relevantes de nossa situação incluirão detalhes sutis de nossas histórias compartilhadas e os modos de enquadrar o futuro, que só a nós diz respeito. Julgamentos sobre quanta paciência devo ter com ele, quando afrontá-lo e quando deixá-lo abatido, quando permitir o autoengano dele e quando ser honesto, etc. são cruciais para agir corretamente. No entanto, nada fora dos particulares de nosso relacionamento determina o que é correto.

As situações com as quais nos confrontamos diariamente estão incrustadas em costumes sociais e histórias pessoais e relacionais, que se voltam a valores incompatíveis e rivais. Mesmo um julgamento básico, tal como se algo é uma mentira, se fundamenta em um complexo conjunto de atitudes desenvolvido ao longo da trajetória de interações sociais, que ocorrem na vida de um indivíduo, e que é única. Consequentemente, o resultado da capacidade de percepção moral das pessoas não será uniforme, mesmo quando se deparam com circunstâncias similares. Regras e princípios não podem funcionar como guias confiáveis aqui. Isto não quer dizer que nunca usemos princípios. Pessoas no processo de aquisição de excelência moral aprenderão, à semelhança dos jogadores de xadrez, os movimentos padrão e as movimentações estratégicas de sua comunidade e desenvolverão modos cada vez mais sofisticados de aplicar tais regras nos devidos contextos. No entanto, a excelência genuína verá as regras como resumos toscos do que parece funcionar na maioria das vezes, e desenvolverá percepções para dirigir ações, cada vez mais sofisticadas.

Certamente, como salienta Dreyfus, quando confrontados com uma situação tão inusitada, para a qual não temos o respaldo e respostas intuitivas nas quais nos basear, temos de nos voltar a princípios, embora as nossas respostas provavelmente serão cruas e imprecisas, sem o refinamento que a experiência nos dá.

A percepção moral requer a atenção moral também. Uma vez que nossas situações são complexas e que novos fatores a serem considerados surgem continuamente, a deliberação se torna seguidamente essencial. Como salientei acima, mesmo agentes de bom caráter experimentarão uma variedade de empurrões contraditórios ao decidir o que fazer, escolher entre eles demanda tempo e esforço. Não obstante a comparação de Dreyfus com o "xadrez rápido", a percepção moral frequentemente envolve esforço e paciência para esperar até ter clareza em um meio dinâmico, com muitas programações em conflito. Assim, a atenção sustentada a coisas de valor constrói continuadamente atitudes e padrões de resposta que nos permitem evitar a indiferença e responder às demandas dos outros.

A filósofa e novelista inglesa, Íris Murdoch, nos dá uma explicação muito instrutiva da atenção moral. Uma mãe, a quem Murdoch se refere como M, é hostil à sua nora D, porque ela age de forma imatura, tem um pouco de sotaque em sua fala, e não é refinada. Na sociedade britânica da metade do século XX, que tem consciência de classe social, M vê o seu filho como alguém que se casou com uma pessoa abaixo de sua condição social – ele poderia ter feito melhor. Mas com o passar do tempo, M se critica por haver saltado a tais julgamentos e com o que Murdoch chama de "atenção cuidadosa e justa" altera gradualmente seu ponto de vista sobre D. Ela começa a ver D não como carente de polidez e de maturidade, mas como espontânea, sem complicações e cheia de jovial exuberância. Em vez de ser distante e desdenhosa, M se atém a D, e mantém com alguma luta e frustração uma posição de cuidado em relação a ela, o que lhe dá novos *insights* sobre a natureza de D. Ao manter a atenção moral, M talvez tenha mudado suas atitudes em relação a diferenças de classe social também.

Murdoch vê este processo como uma questão de o ego de M ter saído fora do caminho, de modo a possibilitá-la ver sua nora imparcialmente. No entanto, creio que seria mais apropriado vê-lo como uma questão de reconhecimento do valor de alguém em seu próprio contexto. Ao admirar a jovial exuberância de sua nora, M aumentou, de modo significativo, sua própria felicidade, por meio da manutenção de um relacionamento com um membro da família que é agora uma fonte de satisfação.

Antes de investigarmos outros componentes da sabedoria prática, devemos levantar uma objeção contra a percepção moral. Frequentemente os filósofos tratam com suspeição os apelos a percepções morais, porque elas não são amplamente compartilhadas. Minhas percepções a respeito de um caso particular provavelmente serão diferentes das suas, mesmo se nós dois tivermos uma ampla gama de experiências. Consequentemente, como podemos estar seguros de que nossas intuições não são simplesmente arbitrárias, julgamentos subjetivos que não demonstram nada mais do que arrogância moral.

Esta crítica parece ser especialmente pertinente devido à minha dependência de relacionamentos como embasamento da ética. Ligações fortes frequentemente nos impedem de ver as coisas com clareza. A intensidade de nossa preocupação com pessoas íntimas pode nos cegar à dor de estranhos, patriotismo pode nos cegar quanto aos efeitos da guerra, etc. Mesmo que a abordagem, acima apresentada, da percepção moral seja uma descrição correta de como as pessoas com sabedoria moral deliberam, não podemos concluir que os resultados da percepção moral sejam justificados. Julgamentos intuitivos ou perceptuais não são corretos porque são intuitivos – eles são corretos porque têm o suporte de boas razões. Precisamos de algum modo para distinguir julgamentos intuitivos sólidos, daqueles baseados na ignorância ou preconceito, e a melhor forma de determinar uma tal distinção é ver se as intuições estão baseadas em princípios teóricos sólidos.

Esta crítica está exatamente correta enquanto um modo de encaminhamento para uma discussão filosófica das intuições morais. Na qualidade de filósofos, desejamos manter os julgamentos do dia a dia até que um escrutínio filosófico seja feito, e esta empreitada é certamente de valor. Mas a nossa tarefa é a de compreender a sabedoria prática, não o método filosófico, e esta crítica erra o alvo a este respeito. Para ver porque, quero introduzir um outro traço da sabedoria prática.

Capacidade para autorreflexão

Até mesmo alguém com muita experiência moral, talvez especialmente pessoas com muita experiência, possa estar estabelecido em seus caminhos, tendo já formado uma variedade de hábitos sobre os quais não mais reflete. Qualquer percepção ou intuição moral deve estar sujeita à correção e revisão. Seguidamente nos confrontamos com situações nas quais nossas intuições morais são questionadas ou criticadas, não conseguem produzir um acordo, ou produziram consequências que lamentamos ou que não estavam em nossas intenções. Em tais situações, a simples insistência na correção de nossas percepções morais não será o suficiente, uma vez que elas podem ter sido arbitrárias, preconceituosas, mal informadas, ou simplesmente o resultado de hábitos não apropriados ao contexto. Temos que ganhar uma melhor compreensão da situação para que possamos enfrentar o desafio da discórdia ou lograr corrigir os erros. No entanto, a primeira linha de defesa contra argumentos arbitrários, subjetivos, não é tentar encontrar um princípio filosófico imparcial que ajude a resolver a discórdia ou esclarecer a situação. Ou seja, uma pessoa dotada de sabedoria prática se engajará em autorreflexão.

Uma vez que nossas percepções são o produto de muitas experiências construídas ao longo do tempo, primeiramente devemos considerar a possibilidade de que a nossa compreensão atual esteja baseada em um engano. Dreyfus sugere que seria típico de uma pessoa sábia tentar re-experienciar a cadeia de eventos que nos levaram a ver as coisas como as vemos, focando em elementos que poderiam ter nos escapado no passado. Poderíamos imaginar M retrocedendo seu pensamento a instâncias anteriores, nas quais ela pode ter julgado mal alguém em função de maneirismos superficiais. O diálogo entre pessoas que estão em desacordo pode produzir novos *insights* sobre outros meios de conceituar a situação, especialmente se puderem articular o processo que as levaram a ver a situação de tal modo. A motivação para tal autorreflexão, que frequentemente pode ser dolorosa e difícil, é simplesmente o desejo de relacionamento e o reconhecimento da importância dele para o nosso crescimento.

    De qualquer modo, usualmente este processo não será de dedução lógica a partir de princípios básicos e imparciais, mas uma questão de imergir nos detalhes das circunstâncias de alguém, até que algo de novo se apresente. Certamente, não há garantias de sucesso. Ao final, podemos não ser capazes de chegar a um acordo ou satisfazer às críticas, e os nossos recursos usuais para autorreflexão e diálogo podem ser insuficientes para exterminar os falsos preconceitos que podem estar tão arraigados, que só os possamos ver mediante a adoção de um ponto de vista teórico imparcial de nossas próprias crenças. Mas como indiquei, é impossível viver segundo uma crença e ser extremamente imparcial ao mesmo tempo. Estamos, aqui, nos limites da sabedoria prática, porque se podemos encontrar o ímpeto para mudar um ponto de vista no contexto de nossa própria experiência, ou para ter empatia com as experiências dos outros, não é obvio como uma mudança de ponto de vista possa vir a ocorrer. Bloqueamos nossas tendências favorecendo aos preconceitos que nos interessam, não sendo imparciais, mas permitindo que uma variedade de ligações e comprometimentos, sustentados pela atenção moral, guie nossos julgamentos. A imaginação prática fornece recursos adicionais para o fomento de uma compreensão mais extensa de nossa própria experiência e de uma ampla faixa das experiências dos outros.

A imaginação prática

    Por imaginação prática quero me referir à habilidade de levar em consideração todos os detalhes relevantes da situação de alguém e imaginar concretamente como eles possam ser transformados para produzir um futuro mais aceitável. Expressamos julgamentos éticos em afirmações de "deveres"--julgamentos a respeito de como o mundo deve ser. A ética está centrada em querer algo distinto do que existe e, consequentemente, sempre faz referência a um possível futuro. Assim, as prescrições morais inevitavelmente ocorrem como se mentalmente estivéssemos ensaiando uma peça. Julgamos nossas ações certas ou erradas imaginando como será o futuro, caso nossa escolha incorra sobre uma ação e não outra. Se estou deliberando se devo manter uma promessa, ou não, eu não imagino somente como o mundo será caso a mantenha, ou não, mas como o mundo será em vista dos vários modos de manter ou quebrar promessas.

Quanto mais rica e detalhada for a nossa imaginação, tanto mais finamente ajustada às complexidades contextuais serão nossas ações, caso nossa imaginação esteja ancorada em percepções morais acuradas. Eu chamo isto de "imaginação prática", porque não estou me referindo a sonhar acordado ou ao entretenimento de elaboradas ficções. A imaginação prática é uma extensão de nossas percepções morais que descrevem com precisão o estado das coisas. Longe de se deixar levar pela fantasia, a imaginação prática se dirige a ações das quais deve resultar um estado plausível de coisas, dentro de um contexto de substancial incerteza. Mesmo nos contextos mais sérios, quando devemos ter nossos pés bem assentes no chão, usamos a imaginação para descobrir o que fazer.

A imaginação desempenha também um outro papel importante – ela é essencial para a empatia e, portanto, essencial para que possamos compreender toda a dimensão moral da nossa situação. Seguidamente, nossa capacidade de nos colocar imaginariamente na condição de outras pessoas nos auxiliará a compreender as necessidades deles e os efeitos de nossas ações sobre eles. A imaginação prática sustenta e mantém aberto o desejo fundamental de que o mundo seja diferente do que é, um desejo que está como coração da ética. Nossa vulnerabilidade compartilhada, que contribui para o valor que atribuímos às coisas nos une e descortina um mundo compartilhado de possibilidades, mas somente se a nossa imaginação nos manter com abertura para essas possibilidades. A manutenção de abertura para o mundo e suas possibilidades é uma dimensão crucial da ética. A indiferença e falta de atenção é uma falha de imaginação.

Para que possamos dar sustentação à imaginação, devemos imergir em tanta diferença quanto possível – culturas alternativas, etc. Não podemos ficar à dependência somente de nossos recursos próprios para imaginar – também ela requer relacionamentos. Uma pessoa dotada de sabedoria prática não pode ser tacanha, sem inspiração ou excessivamente ortodoxa em sua habilidade de conceituar soluções para problemas.

O papel da imaginação na sabedoria prática nos permite dar conta de um dos problemas centrais para que se alcance e mantenha a integridade moral. Lembre-se, argumentei, acima, que ter integridade moral é agir de um modo razoavelmente entusiasmado, segundo seus valores e comprometimentos mais profundos. No entanto, os nossos comprometimentos mais profundos seguidamente entram em conflito e frequentemente não podemos agir segundo um comprometimento, sem sacrificar algo mais, que nos é igualmente importante, assim sofrendo uma perda de integridade. Quando logramos resolver com sucesso tais conflitos, é porque somos capazes de imaginar possibilidades alternativas que nos permitem manter comprometimentos com tudo aquilo que nos é caro.

Ao tratar de conflitos entre o trabalho e a família, obrigações que competem entre si, ou relacionamentos que nos impõem demandas incompatíveis, a habilidade de ver o conflito como uma oportunidade de encontrar novos modos de cuidar é essencial. Quando o trabalho entra em conflito com a família, algumas vezes podemos descobrir novos agenciamentos de trabalho ou novas oportunidades de trabalho para evitar o conflito. Quando nossos amigos nos impõem demandas incompatíveis, o conflito pode ser suavizado por intermédio da busca de novas formas de compreender a amizade (e da habilidade de a articular de modo convincente).

No entanto, frequentemente, o caso é que não conseguimos resolver os conflitos. A ética é um domínio no qual algumas vezes simplesmente não há solução para os problemas. Isto simplesmente segue-se da ideia de que ao menos alguns valores são incompatíveis. No entanto, uma pessoa de caráter deve saber superar tais situações. É a inteligência emocional que lhe permite fazer isso.

A inteligência emocional

Quando somos confrontados com escolhas trágicas para as quais não há solução, o melhor que podemos fazer é preservar o valor da opção não adotada por meio da expressão da emoção apropriada. As emoções são necessárias para que possamos exercer a percepção moral, a autorreflexão e a imaginação. Como salientei anteriormente, na discussão sobre o cuidado, as respostas emocionais contribuem para nossas percepções morais ao guiar-nos por meio do processo de raciocínio prático. A empatia, compaixão, vergonha, raiva, culpa e afetos mais sutis, tais como um vago sentimento de confiança ou desconfiança, ansiedade, etc. estimulam o nosso sentido do que é moralmente relevante. São também motivos poderosos que nos incentivam à autorreflexão e ao processo de imaginar futuras alternativas.

QUALIDADES DE CARÁTER E RAZÕES MORAIS

No Capítulo 3, desenvolvemos um conceito de raciocínio moral, que vê as razões morais como produtos orgânicos de relacionamentos e consiste primariamente da detecção da propriedade moral adequada em uma situação que requer atenção e resposta. No entanto deixamos, no Capítulo 3, uma série de problemas sem solução. Progredimos no tratamento de alguns desses problemas nos capítulos subsequentes. Estamos finalmente, agora, em posição para os colocar em repouso.

Se o raciocínio moral concerne à identificação de propriedades moralmente relevantes, como avaliamos a força relativa de propriedades morais?

Certas propriedades morais se sobressairão porque são do tipo de coisa a que uma pessoa moralmente virtuosa presta atenção em vista de uma conceituação particular do que tem valor. Outras serão levadas em conta porque elas são necessárias aos relacionamentos nos quais estão inseridas. A doutrina do meio de Aristóteles, o papel epistêmico das emoções, a disposição de manter relacionamentos com cuidado, a capacidade de reconhecer a premência da necessidade contra um pano de fundo da vulnerabilidade humana, e a demanda de manter a integridade pessoal mediante o emprego da razão prática, todos forçam os tipos de razões que serão justificadas em um conjunto particular de circunstâncias.

Finalmente, um julgamento correto é o que uma pessoa virtuosa plenamente desenvolvida julga ser correto no contexto apropriado. A ação correta é um produto do exercício de virtudes específicas e pensamentos a respeito do que uma virtude solicita em um contexto específico, determinam o conteúdo da moralidade. Este é o padrão de correção que rege todos os julgamentos morais. E este próprio padrão se justifica, porque virtudes são necessárias à manutenção dos relacionamentos que contribuem para a felicidade enquanto cuidado voluptuoso e são um elemento constitutivo de tais relacionamentos.

Ao encerrar, quero tratar de uma última questão que tem permeado este texto. Talvez a objeção potencial mais séria ao argumento deste livro seja a de que não forneci recurso algum para prevenir a introdução de preconceitos e danos no processo de raciocínio. Tenho argumentado que se "imparcial" significa independente de nossas concepções particulares daquilo que nos é caro, então a imparcialidade é simplesmente não disponível para nós. No entanto, a imparcialidade, em um sentido muito mais prático, significa tornar-se consciente de como os preconceitos podem adentrar nossos julgamentos, e tentar eliminá-los, na medida do possível. Fazemos isto mediante exercício das virtudes do cuidado, integridade e sabedoria prática – cuidando dos interesses dos outros, levando em conta pontos de vista que conflitam com os nossos próprios, engajando-nos em autorreflexão e autocrítica, quando os outros objetam nossas ações e julgamentos, e abordando diferenças com tanta empatia e imaginação quanto possível. A imparcialidade, assim como outros aspectos de nossas vidas morais é, em parte, um produto dos tipos de relacionamentos que desenvolvemos. A deliberação é, ao menos até certo ponto, um processo de colaboração no qual os agentes esclarecem seus pontos de vista e alargam seus horizontes somente à condição de ficarem abertos às perspectivas dos outros. Estas capacidades de colaboração não garantem o tipo de imparcialidade que Kant e os utilitaristas buscam. No entanto, é a única forma de imparcialidade disponível aos falíveis seres humanos.

UMA PALAVRA FINAL A RESPEITO DE OSKAR SCHINDLER

Em vista da compreensão das qualidades do caráter moral, finalmente podemos apreender as motivações que poderiam explicar as ações de Schindler. Schindler foi escolhido para uma tarefa extraordinária. Ele se achou responsável pelas vidas de muitas pessoas que não dispunham de nenhum outro recurso senão confiar nele. Uma pessoa dotada das virtudes do cuidado e integridade não pode facilmente descartar uma responsabilidade de tal magnitude. Para uma tal pessoa em uma tal situação, a questão não é: "Devo aceitar esta incumbência ou não?". A incumbência já foi imposta. A questão é: "Será que estou à altura da tarefa?" Esta questão colocaria a maioria de nós no aperto. Schindler foi extraordinário, porque ele viu nisto uma oportunidade.

Nós não podemos fazer muito mais do que especular sobre os fatores que estimularam Schindler assumir a tarefa de salvar seus operários. No entanto, sabemos que ele era um manipulador charmoso, persuasivo e oportunista, dotado da autoconfiança necessária para desfazer esta maciça charada sob os narizes de guardas brutais e desconfiados. Pode ter sido o caso de que Schindler tivesse construído a sua vida e seu respeito próprio com base nessa sua vontade de correr riscos, astuta e fértil em recursos. Talvez, na qualidade de alguém dotado de integridade, ele não pode suportar o pensamento de falhar nessas capacidades. De qualquer modo, podemos ver como as virtudes do cuidado, integridade e sabedoria prática explicam nossa capacidade de ser agentes morais plenos.

REFERÊNCIAS E SUGESTÕES PARA LEITURAS APROFUNDADAS

ARISTÓTELES (1985). *The Nichomachean Ethics*. [IRWIN, Terence, trad.]. Oxford, Oxford University Press.

BLUM, Lawrence (1994). *Moral Perception and Particularity*. New York, Cambridge University Press.

DREYFUS, Hubert L.; DREYFUS, Stuart E. (1990) "What is morality?: a phenomenological account of the development of ethical expertise", in: RASMUSSEN, David, ed. *Universalism vs. Communitarianism*. Cambridge, MIT Press.

FRANKFURT, Harry G. (1987). "Identification and Wholeheartedness", in: SHOEMAN, F. ed. *Responsibility, Character and the Emotions*. Cambridge, Cambridge University Press.

FURROW, Dwight (1998). 'Schindler's compulsion: on essay in practical necessity'. *American Philosophical Quarterly*, v. 35, n.3.

MACINTYRE, Alasdair (1984). *After Virtue*. Indiana, University of Notre Dame Press.

MURDOCH, Iris (1970). *The Sovereignty of the Good*. London/New York, Routledge.

NODDINGS, Nels (1984). *Caring: A Feminine Approach to Ethics and Moral Education*, Berkeley: University of California Press.

NUSSBAUM, Martha (1986). *The Fragility of Goodness.* Cambridge: Cambridge University Press.

NUSSBAUM, Martha (1990). *Love's Knowledge: Essays in Philosophy and Literature*, Oxford: Oxford University Press.

RICOEUR, Paul (1992). *Oneself as Another*, trad. Kathleen Blamey, Chicago: University of Chicago Press.

ROSENSTAND, Nina (2003). *The Moral of the Story.* (4ª.ed). New York: McGraw-Hill.

7

A responsabilidade moral

No Capítulo 1, vimos que o agir moral é dependente de nossa capacidade de ingressar em relacionamentos e de os sustentar. Este capítulo continua aquela análise mostrando que atribuições de responsabilidade moral são similarmente dependentes de relacionamentos.

Uma das características mais predominantes de nossa realidade social é a prática de elogiar ou repreender as pessoas por suas ações. Elogio e repreensão são atitudes reativas assim como ressentimento, raiva, admiração, gratidão e indignação. Elas são reações a algo que alguém fez. Ver pessoas (incluindo a si mesmo) como merecedoras de elogio e repreensão é atribuir responsabilidade moral a elas. Dizer que alguém é moralmente responsável por uma ação é dizer que ele merece elogio ou repreensão.

O conceito de responsabilidade moral não deve ser confundido com outros usos da palavra "responsável". Frequentemente falamos de responsabilidade causal, como, por exemplo, em "O terremoto de ontem foi responsável pela queda do edifício". O terremoto causou a queda, mas não foi moralmente responsável por ela, porque o terremoto não pretendeu provocar a queda. Terremotos não são o tipo de coisa que pode ter intenções. Como veremos a seguir, a responsabilidade causal relaciona-se com a responsabilidade moral, mas não é idêntica a ela, uma vez que algo pode ser causalmente responsável por um evento sem ser moralmente responsável.

Falamos também de pessoas tendo certas responsabilidades como o resultado de ocuparem uma posição ou função, por exemplo, "A polícia é responsável pela segurança pública". A responsabilidade funcional difere da responsabilidade moral na medida em que é uma responsabilidade por algo que deve ocorrer no futuro. A polícia tem um dever de fazer com que o público esteja seguro. Frequentemente usamos o conceito de responsabilidade quando nos referimos à ideia de que uma pessoa é responsável, porque ela tem caráter moral o suficiente para compreender e levar a sério exigências morais. A responsabilidade funcional (Capítulo 4) e a responsabilidade de caráter (Capítulo 6) já foram discutidas em outros contextos. Para uma pessoa ser responsável em qualquer desses sentidos ela deve ser suscetível a atribuições de elogio e repreensão moral, de modo que ignoraremos, por ora, aqueles outros usos de responsabilidade, uma vez que a ideia de responsabilidade moral é mais básica.

O PROBLEMA DO LIVRE ARBÍTRIO

O conceito de responsabilidade moral é alvo de muita discussão filosófica, porque parece ser central à nossa ideia de uma pessoa. De acordo com muitos filósofos, a principal característica que distingue pessoas de terremotos, animais e outros processos naturais é que apenas pessoas merecem elogio e repreensão por, pelo menos, algumas de suas ações. Merecer elogio e repreensão moral é o que é distintivo dos seres humanos.

A dificuldade filosófica com esta ideia é que não é óbvio porque seres humanos merecem elogio ou repreensão pelo que eles fazem. A dificuldade surge porque atribuições de responsabilidade moral parecem exigir que a pessoa, sendo elogiada ou repreendida, escolha fazer o que ela fez – que ela agiu livremente. Em outras palavras, se sou moralmente responsável por não cumprir uma promessa de permitir à minha filha usar o carro hoje à noite, deve ser o caso que eu poderia ter cumprido a promessa e ter escolhido o contrário. Se eu não pudesse ter cumprido minha promessa porque, sem culpa alguma de minha parte, o carro estava com defeito, não posso ser repreendido por isso. Não escolhi quebrar minha promessa. Para ser responsável, minha ação deve ser uma ação livre. Assim, de acordo com muitos filósofos, para que uma ação seja livre é necessário que eu possa agir de outra maneira – que possa escolher diferentemente.

Isto sugere que a liberdade da vontade é mais bem definida como a habilidade de agir diferentemente. Se você decidiu ir ao cinema hoje à noite em vez de estudar para seu exame, sua ação – ir ao cinema – foi uma ação livre se, e somente se, você pudesse ter escolhido fazer outra coisa. Mas, de acordo com uma explicação muito plausível de como o mundo funciona, não podemos agir livremente. Esta posição é chamada de determinismo; se o determinismo é verdadeiro ele ameaça nossas atribuições de responsabilidade moral. Este não é o lugar para debater a questão do livre arbítrio e do determinismo, mas alguma discussão sobre essa questão é necessária para compreender o quebra-cabeça que a responsabilidade moral coloca.

O determinismo baseia-se na afirmação simples de que todo evento tem uma causa suficiente para produzir aquele evento. Todo evento é causado por estados de coisas antecedentes, juntamente com as leis causais que explicam como os eventos se relacionam. Quando meu carro não deu partida esta manhã, foi porque o estado do mecanismo logo antes de eu girar a chave, e as leis que governam os mecanismos de combustão interna, eram tais que o carro não deu partida. Dada a bateria esgotada e todas as outras condições naquele momento, não havia alternativa ao carro, senão a de não dar partida. O fato de ele não dar partida estava determinado.

Este princípio de que todo evento tem uma causa é uma ideia de senso comum que rotineiramente aceitamos acerca de todos os eventos. Além disso, é um princípio básico da ciência, pelo menos para objetos de tamanho ordinário. Excetuando-se estados isolados da mecânica quântica, o universo físico parece ser determinista. Contudo, os seres humanos são sistemas físicos da mesma forma que os automóveis o são, e o comportamento humano segue leis tão deterministas quanto os automóveis. Quando decidi pegar uma xícara de café, aquela decisão foi causada pelo estado de meu cérebro e de meu sistema nervoso antecedente à minha decisão. Desse modo, naquele ponto do tempo, dada minha psicologia, eu não poderia ter agido de outra maneira. Se meu estado cerebral tivesse sido diferente, eu poderia ter optado por um suco de frutas em vez de café, mas dada minha psicologia naquele momento, minha ação foi determinada. Toda ação é o produto de reações bioquímicas complexas no cérebro. Mesmo quando delibero sobre o que fazer, aquela deliberação é o produto dessas reações bioquímicas e, por conseguinte, o resultado é determinado. Assim, todos os meus estados cerebrais podem remontar a causas ambientais e genéticas, de modo que em nenhum ponto de minha vida eu poderia ter feito outra coisa em vez daquilo que fiz.

Obviamente, não sabemos tudo o que há para saber sobre nossos estados cerebrais e o que os está influenciando, e estamos longe de conhecer todas as leis que governam os estados cerebrais, assim, não podemos predizer, de maneira confiável, o que os seres humanos farão. Nesse sentido, somos bastante diferentes de automóveis. Mas poderíamos fazer tais predições se tivéssemos o devido conhecimento. Assim, nossas ações não são livres. O determinista irá conceder que nossa experiência do livre arbítrio é um elemento básico da consciência humana. Mas esta experiência é devida à complexidade do nosso cérebro e à nossa falta de conhecimento detalhado. Nossa consciência do livre arbítrio não é evidência de sua existência.

Se o determinismo é verdadeiro, obviamente ele cria muitos problemas para a responsabilidade moral. Se as pessoas não podem escolher suas ações, se elas não podem fazer outra coisa senão o que elas fizeram, não faz muito sentido elogiá-las ou repreendê-las pelo que elas fizeram. Se o determinismo é verdadeiro, parece que nossas atribuições de elogio e repreensão e nossas atitudes reativas são injustificadas e até mesmo irracionais.

O determinismo é uma concepção controversa, e muitos filósofos (assim como a maioria dos não filósofos) a rejeitam, porque ela ameaça nossas noções fundamentais de personalidade e de responsabilidade moral. Contudo, a posição alternativa – o indeterminismo – está repleta de problemas que a tornam difícil de aceitar.

Indeterministas argumentam em favor da afirmação intuitivamente plausível de que temos livre arbítrio, e, assim, somos moralmente responsáveis por algumas de nossas ações, ao menos. Mas este argumento depende ou da negação do princípio básico do senso comum e da ciência de que todo evento tem uma causa, ou da afirmação de que algumas ações são o produto de razões que não são causas. A primeira abordagem, com efeito, argumenta que as ações livres são eventos aleatórios. Mas, se esse é o caso, o indeterminista tem que explicar como estamos no controle de nossas ações se elas são aleatórias. É importante para o conceito de responsabilidade moral que eu esteja no controle das ações pelas quais sou responsável. Mas como posso estar no controle de uma ação se ela não é causada.

A segunda abordagem deve defender que nossa capacidade de raciocinar não pode ser reduzida a um processo causal. Em outras palavras, quando dou razões para minha ação não estou citando as causas de minha ação. Ações que são o produto de razões são livres, enquanto que ações que são o produto de causas não. Por exemplo, uma coisa é dizer que minha decisão de comer tofu no jantar foi causada por meu desejo de tofu. Isso é fornecer uma explicação causal. Mas se eu explicar minha decisão de comer tofu como uma decisão guiada por raciocínio sobre seus nutrientes e benefícios para a saúde, então dei uma explicação muito diferente – uma explicação que apela para a razão. Na medida em que minha decisão é guiada por razões, ela é uma decisão livre.

Mas essa abordagem é problemática, porque o indeterminista agora deve explicar porque um conjunto de razões é mais atrativo para ele do que outros, e não é óbvio porque a resposta a essa questão não possa remontar a reações bioquímicas no cérebro e no sistema nervoso e, em última instância, a causas ambientais e genéticas.

Assim, no que diz respeito ao assunto da responsabilidade moral, parece que estamos numa situação difícil. Devemos abandonar a ideia plausível de que somos moralmente responsáveis por algumas de nossas ações ou abandonar a ideia, igualmente plausível, de que todo evento tem uma causa. A insatisfação com esse dilema estimulou o desenvolvimento de uma posição de compromisso, chamada de determinismo brando ou compatibilismo.

Compatibilistas concordam com os deterministas que todo evento tem uma causa e que condições antecedentes e leis físicas determinam todas as nossas ações. Contudo, compatibilistas argumentam que o determinismo é compatível com a liberdade da vontade – de onde deriva a designação "compatibilismo". Os compatibilistas são capazes de chegar a esse meio-termo redefinindo a ideia de uma ação livre. Lembre-se de que, tanto para os deterministas quanto para os indeterministas, uma ação é livre, se e somente se, o agente que desempenha a ação poderia ter agido de outro modo. Os compatibilistas argumentam que essa definição é enganadora. Para ver porque, examinemos novamente a decisão de ir ao cinema ou estudar para um exame. Suponha que seus amigos estão suplicando que você vá ver *"O Ataque dos Tomates Assassinos"*, um filme que você está morrendo de vontade de ver. Mas você tem um exame de filosofia amanhã para o qual não estudou. Assim, você delibera sobre o que importa mais para você. Você realmente quer gastar mais tempo com seus amigos, você realmente vai gostar do filme, a filosofia se tornou muito tediosa ultimamente e você nem mesmo está seguro de que sabe por que ela é importante. Assim, dado quem você é nesse momento do tempo – seu sistema de desejos, valores, intenções, padrões de tomada de decisão, etc. – você escolhe ir ao cinema. De acordo com a definição de uma ação livre como a habilidade de agir de outro modo, aquele mesmo processo deliberativo, seu estado psicológico no ponto da decisão, poderiam ter produzido o resultado alternativo – uma decisão de estudar para o exame. Os compatibilistas reclamam que alguém que delibera desse modo seria completamente inconstante e arbitrário. Como poderia o mesmo estado psicológico produzir uma ação alternativa, a menos que a ação estivesse completamente desconectada de um processo coerente e lógico de pensamento?

O compatibilista argumentará que o que nos interessa é que nossas ações são o produto de nossos caráteres, nossas ações expressam quem somos em um ponto particular do tempo. O fato de que nossas ações são determinadas por nossos caráteres não torna nossas ações não livres. Pelo contrário, isso é exatamente o que uma ação livre é – uma ação que desempenho porque quero. Assim, o compatibilista modifica a definição de liberdade. Uma ação é livre se, e somente se, o agente está fazendo o que ele quer. A habilidade de agir de outro modo não nos interessa; o que nos interessa é a habilidade de fazer o que queremos. Na medida em que nossas ações são voluntárias, isentas de impedimentos externos, nossas ações são livres. Mas esta concepção de liberdade é compatível com o determinismo. Quando você escolhe ir ao cinema ao invés de estudar, sua ação foi determinada por seu estado psicológico (crenças, desejos, intenções) anterior à ação. E aquele estado psicológico foi determinado por estados psicológicos anteriores, etc., que em algum momento poderão remontar a influências ambientais e genéticas. Assim, nossas ações são livres, embora determinadas.

O indeterminista rejeitará esse compromisso de meio-termo defendendo que interessa como nossos caráteres e estados psicológicos são formados. Se quisermos ser genuinamente livres, precisamos de alguma espécie de controle sobre nossos estados psicológicos. Assim, eles defendem que a definição do compatibilista, para a liberdade, é empobrecida.

Concepções tradicionais da responsabilidade moral tipicamente se basearam em suposições sobre se o indeterminista ou o compatibilista fornecem a melhor explicação do livre arbítrio. Teorias deontológicas da ética tipicamente adotaram uma visão baseada no mérito da responsabilidade moral, a qual, em última instância, se baseia no indeterminismo. Um agente é responsável por uma ação se, e somente se, ele merece elogio ou repreensão. E um agente merece elogio ou repreensão por uma ação se, e somente se, ele pudesse ter agido de outro modo. Teorias utilitaristas da ética adotaram uma visão conseqüencialista da responsabilidade moral que, em última instância, baseia-se no compatibilismo. Devemos considerar um agente responsável por uma ação se, e somente se, fazer isso pudesse ser globalmente benéfico, especialmente se produzisse uma melhora no comportamento do agente. De acordo com o compatibilismo, nossas ações são, em última instância, determinadas por influências ambientais e genéticas. Se o elogio ou repreensão influenciarem a conduta de um agente de maneira que se produzam boas consequências, então, atribuições de elogio e repreensão estão justificadas.

A dificuldade aqui é que o caráter apropriado de nossas práticas de elogiar e repreender pessoas pelo que elas fazem, que são traços centrais de nossas vidas morais, baseiam-se em afirmações metafísicas difíceis e controversas sobre o livre arbítrio e o determinismo que não foram, e talvez não poderão ser, decisivamente validadas. Seria de grande benefício se pudéssemos obter uma explicação coerente da responsabilidade moral que não dependesse da metafísica para a sua justificação.

A RESPONSABILIDADE MORAL SEM METAFÍSICA

Felizmente, há uma abordagem alternativa ao problema da responsabilidade moral que foi desenvolvida, por P. F. Strawson, em 1962. Strawson argumentou que, se quisermos considerar as pessoas responsáveis por suas ações, não precisamos saber como a ação efetivamente foi produzida no universo físico. O que interessa é que nossas atitudes para com as ações de outras pessoas expressem o que nos importa em nossos relacionamentos com elas. As atitudes reativas de elogio e repreensão são reações naturais a como os outros nos veem e a como muitas de suas ações nos interessam, dado que ambos somos participantes em um relacionamento particular.

Esperamos que os outros ajam em relação a nós com um grau razoável de boa vontade, e quando eles não o fazem, os repreendemos por isso. Agentes merecem elogio e repreensão dependendo de eles haverem satisfeito nossas exigências de ser tratados com respeito ou não. Esses juízos podem ser suspensos ou modificados com respeito a ações e eventos específicos. Se alguém me causa um dano por acidente não o repreendo porque o dano não foi intencional – ele não possui as marcas da má vontade. Podemos, também, suspender nossos juízos de elogio e repreensão quando julgamos que alguém ou algo é incapaz de participar de um amplo espectro de relacionamentos e está, dessa maneira, fora da comunidade moral. Alguns animais, crianças muito novas, pessoas psicologicamente debilitadas de maneira severa e objetos inanimados, não são sujeitos apropriados para atitudes reativas.

As atitudes reativas regulam respostas de primeira, segunda e terceira pessoa. Posso estar zangado comigo mesmo por algo que fiz, zangado com outra pessoa por algo que ela fez para mim, e zangado com outra pessoa pelo que ela fez para os outros. Desse modo, para Strawson, as atitudes reativas expressam a natureza interpessoal da existência humana. Ser uma pessoa é existir com outras pessoas e ser tanto capaz dessas atitudes reativas quanto ser um alvo delas. O conceito de responsabilidade moral é completamente definido por essas atitudes reativas e pelo modo como as usamos. Assim, elas não estão baseadas em nenhuma razão independente e externa ao quadro da vida social humana. Elas são simplesmente parte de nossa natureza social e não precisam de justificação ulterior. É de todo modo improvável que pudéssemos nos livrar delas, e também não seria desejável fazer isso. A vida social seria ininteligível sem essas atitudes. O que as torna racionais não é que elas estejam baseadas na explicação correta da liberdade metafísica, mas que sejam reflexos de como os seres sociais devem interagir para que relacionamentos possam ser mantidos.

Independente de os seres humanos terem livre arbítrio ou não, o que importa é se uma pessoa tem as atitudes interpessoais apropriadas como definido por nossas práticas de considerar pessoas responsáveis. Obviamente, em casos particulares, se uma pessoa exibe a atitude apropriada ou não, pode ser uma questão incerta. Mas resolvemos essa incerteza nos concentrando em quais foram as intenções do agente e que papel elas tiveram no relacionamento e não se elas tiveram livre arbítrio.

A concepção de Strawson se encaixa no tema geral deste livro, segundo o qual podemos compreender melhor os fenômenos morais concentrando-nos em relacionamentos. Mas Strawson não está livre de críticos. A principal objeção é que ele nos compromete com o irracionalismo em uma área essencial de nossas vidas, uma vez que essas atitudes não podem ser defendidas – elas são apenas uma parte de nossa natureza, que devemos aceitar. É excessivamente ingênuo tomar as práticas morais e sociais por seu valor de face sem crítica ou avaliação. Por exemplo, o fato de que a sociedade opte por considerar jovens recém-adolescentes completamente responsáveis por crimes sérios que eles cometem, não torna aquela prática moralmente correta. Obviamente há casos em que considerar pessoas responsáveis é injusto ou cruel. Este pode ser um daqueles casos. Assim, precisamos de alguns parâmetros por meio dos quais possamos avaliar nossas práticas correntes de considerar pessoas responsáveis, e a questão que imediatamente vem à mente, é se elas atentam suficientemente ao grau no qual um agente está no controle de sua ação.

Strawson mostra que podemos dar sentido à prática de atribuir responsabilidade moral sem decidir o debate entre o determinismo e o indeterminismo. O que precisamos, para colocar de lado essas objeções, é uma explicação de quando os sujeitos estão no controle de suas ações, que não exija uma solução para o debate entre determinismo e indeterminismo. Os filósofos contemporâneos, John Fischer e Mark Ravissa (1998), fornecem uma abordagem que auxiliará na solução de algumas dessas dificuldades.

CONTROLE DE DIRECIONAMENTO E RESPONSABILIDADE MORAL

Fischer e Ravissa, argumentam que agentes possuem controle sobre suas ações quando possuem a capacidade de responder a razões. Eles começam a tratar do que significa responder a razões distinguindo duas espécies de controle que o agente pode ter sobre suas ações – controle de direcionamento e controle regulador. Controle de direcionamento significa que os agentes possuem controle sobre a sequência efetiva de eventos que levam a uma ação. Se quero biscoitos no café da manhã, sei onde pegá-los, e essa crença e desejo fazem com que eu pegue biscoitos para o café da manhã, então, tenho controle de direcionamento. O controle regulador envolve tanto o controle sobre a sequência efetiva de eventos, quanto a habilidade de agir de outra forma. Para ter controle regulador, minha ação de pegar biscoitos não apenas deve ser resultado de minhas crenças e desejos, mas também devo ter a habilidade de agir de outro modo, por exemplo, escolher toucinho e ovos.

Fischer e Ravissa, ilustram essas duas formas de controle sugerindo os seguintes casos. No primeiro, imagine que Sally está dirigindo seu carro e é capaz de escolher dentre uma variedade de rotas para chegar ao seu destino. Ela escolhe uma rota, mas poderia ter escolhido outras. No segundo caso, um instrutor de autoescola está monitorando o modo como Sally dirige, e possui seu próprio volante, o que lhe permite sobrepor-se às decisões dela. Se ela toma uma rota diferente daquela que seu instrutor quer que ela tome, o instrutor irá passar por cima da decisão dela. Sally, contudo, ao decidir que rota tomar, acaba dirigindo pela rota que o instrutor prefere, e ele nunca toma o controle do carro. Em ambos os casos, Sally escolhe livremente a rota que toma. Mas no primeiro caso, Sally possui controle de direcionamento e controle regulador. Ela dirige o carro pela rota que quer (controle de direcionamento) e possui a habilidade de agir de outro modo e dirigir por uma rota diferente (controle regulador).

No segundo caso, contudo, Sally possui controle de direcionamento uma vez que ela dirige o carro pela rota que escolheu. Mas ela não possui controle regulador, porque não pode tomar uma rota alternativa dada a existência da habilidade de o instrutor sobrepor-se à sua escolha. O segundo caso mostra que mesmo se não temos a habilidade de agir de outro modo, ainda assim, temos uma espécie importante de controle sobre nossas ações – o controle de direcionamento.

Este é um franco compatibilismo, como o descrevi acima. O controle de direcionamento significa que nossas ações estão sendo guiadas por aquilo que queremos, por nossos caráteres, valores, etc. Sally está agindo livremente porque está fazendo o que ela quer. Fisher e Ravissa, então argumentam que esse é o tipo relevante de controle requerido para a responsabilidade moral. Para ilustrar, estendamos o exemplo de Fisher e Ravissa. Suponha que Sally, ao escolher a rota que ela quer, pretende matar seu marido, que a está seguindo no carro atrás dela, ativando um dispositivo temporizador que irá detonar uma bomba ao lado da estrada exatamente quando seu marido passar. Suponha que seu novo namorado, o instrutor de autoescola, planeja a assegurar-se de que Sally não perca sua coragem e escolha uma rota diferente, ficando preparado para sobrepor-se ao controle de Sally sobre o carro. Sally não perde a coragem e dirige na estrada como planejado, ativando, portanto, a bomba e matando seu marido. Sally é moralmente responsável pela ação, embora ela não pudesse ter agido de outro modo e, consequentemente, não possuía controle regulador. O controle de direcionamento de Sally é suficiente para assegurar um juízo de que ela é moralmente responsável.

Esse argumento não demonstra a verdade do determinismo, do indeterminismo ou do compatibilismo. Ele simplesmente mostra que, independentemente desta questão, podemos encontrar fundamentos para atribuir responsabilidade moral a Sally. A questão para nós é porque o controle de direcionamento é suficiente para a responsabilidade moral. De acordo com Fischer e Ravissa, o controle de direcionamento é baseado no fato de que seres humanos respondem a razões. Se uma pessoa foi induzida a cometer um crime por meio da hipnose, diríamos que ela não é moralmente responsável. A razão para esse juízo seria que ela não pôde responder às razões para não cometer o crime. Dizer-lhe que poderia ser encarcerada ou que o ato está errado, não teria efeito porque seu estado psicológico é tal que ela não pode considerar razões. A pessoa não possui controle de direcionamento sobre seu comportamento. Quando atribuímos responsabilidade moral às pessoas, assumimos que se lhes fosse dada razão suficiente para não fazer a ação, então elas evitariam fazê-la. O fato de que elas responderiam a razões, indica que estão no controle de suas ações e são, dessa forma, responsáveis.

O que dizer sobre Sally quando mata seu marido? Ela está respondendo a razões? À primeira vista pode não parecer que sim. Se ela tivesse pensado numa razão para não matar seu marido, ainda assim não poderia ter impedido o assassinato, porque seu namorado se sobreporia à sua decisão. Mas, assumindo que não estivesse sofrendo nenhuma espécie de dano psicológico, ela poderia ter mudado de ideia, caso no qual o assassinato que ela inevitavelmente cometeu poderia ter sido contra sua vontade, assim como no caso da hipnose. O ponto aqui é que, quando atribuímos responsabilidade moral, observamos a sequência causal de eventos que explicam uma ação, e os mecanismos (isto é, a capacidade de razão prática de Sally) que são parte daquela sequência. Se aquele mecanismo está expressando controle de direcionamento por responder a razões, então estamos justificados em atribuir-lhe responsabilidade. Não nos importamos em saber se possibilidades alternativas que não são partes da sequência efetiva estavam disponíveis. Se o cérebro de Sally está funcionando bem o suficiente para responder a razões, então Sally estava agindo livremente e era responsável por sua ação, não importando o poder de seu namorado de sobrepor-se às suas decisões.

O resultado desses exemplos é que para ser moralmente responsável, devo possuir controle de direcionamento. Possuir controle de direcionamento é estar apto a agir a partir das suas próprias crenças e desejos, assim como Sally fez, e agir a partir de um mecanismo (sua capacidade de deliberação) que é capaz de responder à razão, assim como Sally presumivelmente era. Fisher e Ravissa, adicionam condições extras às suas explicações da responsabilidade moral, mas podemos ignorá-las para nossos propósitos. O ponto importante é que sua explicação do controle de direcionamento nos dá uma indicação de como podemos avaliar nossas práticas sociais de elogio e represão. Podemos avaliar as normas que governam nossa atribuição de elogio e represão testando-as contra um parâmetro de controle de direcionamento.

Contudo, quero argumentar agora que há problemas com essa explicação do controle de direcionamento, que sugerem que ela possui aplicação apenas dentro do quadro mais amplo da concepção de Strawson, segundo o qual, atribuições de responsabilidade moral são fundamentalmente juízos que fazemos sobre as exigências e a coerência de relacionamentos sociais. Em alguns contextos, questões de controle deveriam tomar precedência. Em outros contextos, as exigências de relacionamentos sociais tomarão precedência, e nenhuma explicação teórica exata de quando uma deve tomar precedência sobre a outra está disponível. Para começar a discutir esses problemas, quero retornar à questão da capacidade de responder a razões.

Lembre-se que um agente está no controle se ele responde a razões e ele responde a razões se for o caso que, se razões suficientes fossem apresentadas a ele para agir de outra forma, então, pelo menos em alguns casos, poderia agir diferentemente. Mas se uma pessoa age como ela o faz não lhe importando as razões apresentadas, então ela não responde a razões e não está no controle. A condição da capacidade de responder a razões é um pouco ardilosa, porque exige que distingamos pessoas que são capazes de moralidade, mas que não fazem o que é correto, de pessoas que são incapazes de agir por razões morais, por causa de uma incapacidade. Uma pessoa é responsável por agir erradamente se ela em geral respondia a razões, mas em algum caso particular não respondeu apropriadamente. Por contraste, o insano ou a criança muito nova não podem agir por razões morais de maneira alguma e, assim, não são responsáveis. Alguém que devesse agir devido a uma razão e não o faz é responsável, se ele fosse capaz de responder a razões.

Mas há complicações infinitas para explicar o quanto um agente precisa ser capaz de responder a razões para que seja moralmente responsável. Se tivéssemos que responder a todas as razões objetivamente suficientes, nenhum de nós poderia ser responsável. Mesmo os melhores dentre nós são irracionais durante algum tempo e, geralmente, nosso raciocínio fica inerte em contextos nos quais a objetividade é inapropriada, por exemplo, quando conexões e comprometimentos emocionais estão em jogo. Por outro lado, se uma pessoa responde apenas ocasionalmente à razão, por exemplo, um viciado em drogas que parasse de se injetar apenas quando sua canção favorita tocasse no rádio, está exercitando muito pouco controle de direcionamento para ser qualificado como responsável. Os parâmetros para a capacidade de responder a razões não podem ser completamente idiossincráticos.

Para sermos precisos sobre quem é responsável por suas ações, precisamos de uma posição que fique entre "Sempre ser capaz de responder a razões" (perfeição) e "quase nunca ser capaz de responder à razão (insanidade). A explicação, de Fischer e Ravissa, é complexa demais para ser repetida em detalhe aqui, mas, grosso modo, o que eles argumentam é que para ser capaz de responder a razões uma pessoa deve, em uma grande variedade de circunstâncias possíveis, exibir um padrão compreensível de reconhecimento de razões, ser capaz de agir baseada num subconjunto daquelas razões e reconhecer algumas razões como razões morais.

Essas condições devem excluir o insano e as crianças muito novas, eximindo-as, assim, de responsabilidade, e devem incluir pessoas que mantêm um vínculo com a realidade ao reconhecerem razões, mas que em muitos contextos não agem segundo elas, por causa de uma vontade fraca ou de transgressão intencional. Há problemas aqui, contudo. Razões devem exibir um padrão compreensível, mas para quem essas razões devem ser compreensíveis? Não pode ser o caso que as razões devam ser compreensíveis apenas para o próprio agente – o insano, presumivelmente, compreende suas razões, embora ninguém mais possa. Já excluímos parâmetros idealmente objetivos para avaliar razões como sendo muito fortes. Fischer e Ravissa, devem ter em mente os tipos de razões que uma pessoa comum possa compreender. Contudo, isso começa a se assemelhar à abordagem de Strawson, na qual os juízos sobre a responsabilidade dependem de uma prática convencional de considerar as pessoas responsáveis.

Além disso, atribuições de responsabilidade moral nem sempre dependem da coerência de um padrão de raciocínio. Uma das estipulações que Fischer e Ravissa fazem, para o que conta como um padrão compreensível, é que, se um agente pudesse ter reconhecido uma razão suficiente para agir de outro modo, então, ele deve também reconhecer outras razões similares e atribuir pesos apropriados para suas importâncias relativas. Imagine que Gordon quebre sua promessa de auxiliar sua mãe deficiente a se mudar neste fim de semana, porque ele quis assistir seu time favorito jogar futebol. Mas, suponha que Gordon teria cumprido sua promessa se sua mãe tivesse telefonado para ele e suplicado, também a teria cumprido, se ele realmente tivesse gostado do apartamento para o qual ela estava se mudando, mas não se ela e seus pertences fossem ser atirados à rua pelo senhorio, se ela não liberasse sua moradia atual. A capacidade de responder a razões de Gordon é tão fortuita que seu pensamento parece não ter qualquer coerência. Contudo, eu duvido que concluiríamos que ele não seja responsável. Intuitivamente, não seria injusto considerá-lo responsável por quebrar sua promessa. A condição de que o padrão de raciocínio deva ser compreensível é forte demais, uma vez que podemos imaginar um caso (como o de Gordon) no qual o padrão de raciocínio de uma pessoa não é compreensível e, mesmo assim, continuaríamos considerando-a responsável.

Suponha que Cristina, que possui um emprego sem perspectivas, conta falsamente a seu novo namorado que ela recebeu uma promoção lucrativa em sua companhia visando impressioná-lo. Contudo, suponha que Cristina teria dito a verdade, se sua canção favorita sobre honestidade tivesse tocado no rádio, se ela estivesse precisando de simpatia por que estava jogando tênis muito mal, ou se ela quisesse provar que as pessoas que disseram que ele estava apenas atrás de seu dinheiro, coisa que ela possuía pouco, estavam erradas. O raciocínio de Cristina é incoerente. Mas acho que conheço pessoas que raciocinam desse modo e nós corretamente as consideraríamos responsáveis por suas ações. Assim, não parece que possuir um processo compreensível de raciocínio seja necessário para a responsabilidade moral.

Além disso, não é óbvio que estamos sempre em uma posição de saber muito mais sobre o grau em que uma pessoa é capaz de responder a razões. Para usar um dos exemplos de Fischer e Ravissa, imagine um hedonista chamado Brown, que gasta a maior parte de seu tempo em um estupor induzido por uma droga chamada Plezu, que não vicia, mas é muito divertida. Ele reconhece que há muitas razões pelas quais não deveria tomar essa droga pela manhã em primeiro lugar, mas acontece que a única coisa que fará com que ele pare, é ficar sabendo que injetar a droga mais uma vez irá matá-lo. Ele é capaz de responder a essa razão e somente a essa razão. Brown não é a mais brilhante das luzes, mas, Fischer e Ravissa argumentam, que mesmo assim ele é responsável, porque há pelo menos uma razão à qual ele responde – a ameaça da morte. Ele reage pouco, mas mesmo assim mantém-se sob controle. Sua capacidade de razão prática está funcionando, embora com defeito.

Contudo, o fato de que Brown irá responder ao incentivo para evitar a morte não é um indicador de que sua obsessão por Plezu está sob controle. Evitar a morte é um incentivo ao qual a maior parte das pessoas irá responder, qualquer que seja sua condição. Mesmo viciados ou pessoas sofrendo de compulsões severas podem responder à ameaça da morte, embora lhes falte o controle, quando outros incentivos são oferecidos. Brown está deliberando sobre o que fazer e simplesmente atribuindo um peso desmedido à busca de prazer, ou sua obsessão com o prazer suspendeu sua capacidade de deliberar até o momento em que ele se confrontar com a ameaça da morte?

Fischer e Ravissa argumentam que, se um agente pode reagir a um incentivo, então ele pode reagir a qualquer incentivo. Mas não é de modo algum óbvio que a razão prática funcione desse modo. Pode ser o caso que compulsões e obsessões possam ser fortemente direcionadas para a resistência a alguns incentivos e não a outros e, mesmo assim, continuarão sendo compulsões. Se este é o caso, reagir a uma razão não é suficiente para qualificar um agente como responsável. Eu não estou seguro de que sabemos o suficiente sobre a psicologia humana para distinguir entre um mecanismo que está funcionando, embora com defeito, de um mecanismo que não está funcionando. Intuitivamente há uma diferença, mas em casos particulares será difícil saber.

Contudo, mais uma vez intuitivamente, parece que Brown é responsável, não porque está, de fato, no controle de si próprio (uma vez que não sabemos se ele está ou não), mas porque temos a expectativa de que pessoas não devem sucumbir ao prazer no grau que Brown o fez. O prazer, diferentemente do vício, não é o tipo de coisa que deva sobrepujar tão persistentemente nossas capacidades cognitivas. Nós temos a expectativa de que as pessoas devam ter aquela espécie de controle. A interação social o exige. É claro que algum nível de racionalidade mínima e a ausência de patologias debilitantes são requeridos para a responsabilidade moral, mas especificar as condições precisas não é tarefa fácil.

O resultado dessas objeções à explicação do controle de direcionamento é que as considerações de Strawson explicam melhor nossas atribuições de responsabilidade. A falta de acesso a nossos estados motivacionais significa que, para propósitos práticos, não podemos confiar apenas em critérios objetivos para fazer juízos sobre o controle. Em muitos contextos, não conhecemos o suficiente sobre o mecanismo de controle de uma pessoa específica. Desse modo, nossa prática será guiada por restrições pragmáticas a respeito das espécies de juízos que devemos fazer para permitir que a vida social prospere. Não é surpreendente que as atitudes reativas sejam reguladas pela necessidade percebida de considerar as pessoas responsáveis por certos tipos de comportamento, uma vez que não fazer isso seria dilacerante, não seria prático, etc. A ciência cognitiva pode algum dia descobrir muito sobre nossos mecanismos de controle, mas até que tenhamos essa compreensão em mãos, teremos que confiar em juízos sobre como nossas práticas de elogio e repreensão nos auxiliam a manter as normas requeridas para a vida social.

Essas críticas apontam para limitações na explicação de Fischer e Ravissa, e destacam o fato de que não há escapatória ao *insight* geral de Strawson de que atribuições de responsabilidade são governadas pelas necessidades de nossa vida social. Mas, a concepção que quero adotar é a de Strawson, com uma diferença, porque penso que devemos rejeitar a concepção de Strawson de que a atribuição de responsabilidade não se baseia em *nenhuma* razão independente e externa ao quadro da vida social humana. Lembre-se de que o problema com a concepção de Strawson é que ela não deixa espaço para criticar nossas práticas sociais de atribuir elogio e repreensão. O valor da abordagem, de Fischer e Ravissa, é que ela nos faz buscar uma razão independente que seja relevante – o grau de controle que um agente tem na sequência efetiva de eventos que produz uma ação – que serve como uma restrição sobre nossas práticas de elogio e repreensão. O que precisamos, para essa perspectiva crítica acerca de nossas práticas, são parâmetros que nos possibilitem defender uma afirmação de que práticas particulares são injustas.

A consciência dos mecanismos de controle de direcionamento nos auxilia a estabelecer a barreira normativa acerca do nível de responsabilidade em que devemos insistir. Em outras palavras, a responsabilidade não é mitigada por má sorte ou determinismo. Ela é mitigada pela falta de controle, mas apenas quando essa mitigação não viola as exigências normativas presentes na vida social. A concepção de Fischer e Ravissa é valiosa porque coloca pressão sobre essas exigências normativas. Mas, temos que pesar a fidedignidade a agentes contra as demandas da vida social e fazer uma acomodação mútua quando possível, embora, como argumentei no Capítulo 2, como e quando fazemos isso não será uma questão de princípio, mas de julgamento contextual. Esse julgamento será guiado especialmente por quanto nós podemos, plausivelmente, discernir sobre as motivações de uma pessoa.

O fato de suspeitarmos que o controle de direcionamento se perde, quando a capacidade de responder a razões ou oportunidades para autorreflexão são limitadas, coloca pressão em nossas práticas sociais e fornece um ímpeto de reforma. Fischer e Ravissa mostraram-nos que questões acerca do controle de direcionamento são as questões corretas a serem colocadas, e critérios de controle de direcionamento podem funcionar independentemente de preocupações sobre o determinismo. Mas, as necessidades da vida social irão, inevitavelmente, intrometer-se quando os critérios para o controle entrarem em curto-circuito devido aos caprichos da psicologia humana.

REFERÊNCIAS E SUGESTÕES PARA LEITURA APROFUNDADA

FISCHER, John e RAVISSA, Mark (1998). *Responsibility and Control: A Theory of Moral Responsibility*. Cambridge, Cambridge University Press.

KANE, Robert (1996). *The Significance of Free Will*. New York, Oxford University Press.

STRAWSON, P.F. (1962). "Freedom and Resentment", in: *Proceedings of the British Academy*, V. 48.

Epílogo

Nós moramos num vale de incerteza e esperança, circundado por nossas limitações e pelos relacionamentos que nos permitem lidar com essas limitações e prosperar a despeito delas. Não há como voltar atrás dessas limitações ou relacionamentos para encontrar algo mais fundamental que as possam ancorar. Não há nada de que precisemos saber sobre ética que não possa ser descoberto no sorriso de uma voz de criança, ou na hesitação da carícia de um amante. Quando genuinamente experimentamos tais coisas, sabemos que nenhuma autoridade é exigida para certificá-las. Mas, como Aristóteles salienta, podemos não nos dar conta daquilo que está em nossa natureza, assim, a filosofia é um lembrete. A ética começa na abertura que a liberdade nos dá – o pensamento de que as coisas deveriam ser diferentes do que são, e a confiança de fazer com que aquele futuro se torne concreto. Mas essa abertura se faz possível por aquele sorriso e por aquela hesitação, e pela capacidade de rir da ironia de que a ética, talvez, seja o mais vulnerável dos bens humanos.

Índice

Altruísmo 21-25, 27-32, 41, 66-67, 125-126
Aristóteles 123-130, 139-140, 143-145, 149-150, 152-154, 160-162, 181
Atitudes reativas 165-166, 170-172, 177-178
Autonomia 17-18, 29-44, 48-49, 57-58, 72-73, 89, 98, 147-148
  procedimental 34-37
  relacional 36-42

Bem-estar 52-56, 61-62, 66-67, 118
Bentham, Jeremy. 52-53, 115, 119, 139-140. *Ver também* Utilitarismo

Compatibilismo 168-170, 172-174
Comprometimentos que conferem identidade 98, 112-113, 135-151
Contrato Social 20, 98-101, 103-105, 110-111
Cuidado, como virtude 142-146
Deontologia 15, 52-53, 57-65, 74-75, 90-91, 96-97, 125-126, 141-142, 170. *Ver também* Kant
Determinismo 166-174, 178-179
Dilema do prisioneiro 23-25
Direitos 54-58, 68-69, 73-76, 80-81, 99-100, 103-104, 110-111
Dreyfus, Hubert 154-158, 162

Egoísmo 19-30, 36-37, 40, 42
Emoções e moralidade 29-35, 57-58, 62-63, 72-74, 78-79, 86-91, 108-111, 120, 125-126, 149-150, 153-154, 160-161

Ética da virtude 141-142, 148-149. *Ver também* Aristóteles
Ética do cuidado 71-81, 85-92, 102-104, 105-106, 107-108, 113-115, 138-139, 141-145

Felicidade 11-12, 22, 61-62, 83, 99-100, 115-129
  e cuidado 89, 98, 107-108, 128-140, 142-144, 147-151, 153-154, 156-157, 161
Feminismo 36-37
Fischer, John 171-179
Frankfurt, Harry 35-36, 42, 145-146, 149-150, 162

Gilligan, Carol 72-75, 91-92

Hedonismo 119-121
Heidegger, Martin 131-132, 139-140, 142-143
Hume, David 71-72

Imperativo categórico 32-33, 58-64, 75-76, 80-81, 96-97. *Ver também* Kant
Indeterminismo 168, 170-174
Integridade, como virtude 39-40, 42, 95-97, 126-127, 145-155, 159-162

Justiça 54-57, 72-78, 80-81, 85-86, 88, 98-101, 103-104, 114-115, 120, 126-127

Kant, Immanuel 29-37, 42, 57-68, 72-81, 86, 89-91, 93-100, 102-105, 115, 123-124, 126-127, 161

Kekes, John 120-121, 139-140
Keneally, Thomas 112-113, 115
Kohlberg, Lawrence 72-74, 91-92

Livre arbítrio 33-34, 166-168, 170-171

MacIntyre, Alasdair 150-151, 162
Moral, autoridade 13-15, 34-35, 67-69, 72-73, 93-96, 99-103, 107-112, 137-138, 181
Moral, filosofia, propósito da 9-13
Moral, particularismo 79-91, 111-115
Moral, percepção 154-158, 160-161
Moral, realismo 48-51
Moral, relativismo 44-49
Moral, universalismo 48-51, 59-60, 65-67, 72-73, 75-76, 90-91, 103-104
Murdoch, Íris 156-157

Nagel, Thomas 50-53, 67-68
Narrativa, unidade e integridade 122-123, 150-153
Noddings, Nels 143-144, 163
Nussbaum, Martha 91-92, 149-150, 163

Objetividade 15, 32-33, 35-36, 44, 49-55, 58-59, 61-63, 65-69, 71-72, 74-75, 86, 89-91, 95-96, 101-105, 118-121, 123-124, 127-129, 158-159, 161, 174-178
Obrigação 11-12, 22, 54-57, 59-61, 75-78, 80-84, 90-118, 137-139, 141-143, 148-149, 159-160
Obrigações de relacionamentos 106-108, 113-115

Ravissa, Mark 171-179
Rawls, John 98-102, 115
Razões, como motivos 51-52, 65-66
Reader, Soran 104-107, 109-110, 115
Relacionamentos, como fundação da moralidade 36-37, 39-42, 71-74, 75-78, 80-81, 86, 90-91, 102-111, 113-115, 117-118, 136-138, 165-166, 171
Religião, e moralidade 13-15, 68-69, 91-92, 135-136
Ricoeur, Paul 150-151
Rosenstand, Nina 48, 150-151
Ross, W.D. 83

Sabedoria prática 124-126, 127-128, 142-143, 152-162
Schindler, Oskar 19-21, 28-29, 42, 67-68, 112-113, 115, 139-140, 162
Schwartz, Barry 118, 139-140
Silêncio dos Inocentes, O 36-37
Singer, Peter 103-105, 115
Strawson, P.F. 170-172, 174-179
Subjetividade e moralidade 12-13, 87-88, 120-124, 128-129, 130-132, 133-134, 135-137, 156-158

Teoria do comando divino 13-1547, 48-49, 52-53
Tradição, como fonte de justificação
Truman Show, The 121-123, 130, 133-134

Utilitarismo 15, 52-58, 59-61, 63-69, 74-81, 86, 89-92, 95-98, 102-106, 119, 125-127, 141-142, 161, 170
 de regras 55-57

Valor intrínseco 57-59, 61-62
Valor, pluralismo 48-49, 68-69, 85, 114-115, 117-118, 136-137, 148-149
Virtudes 124-129, 141-162
Vulnerabilidade, como fonte de valor 105-106, 107-112, 133-135, 138-140, 159-161

Williams, Bernard 65-66, 96-97